Auxiliar de Cocina

Cuerpo de Servicios Auxiliares (Subgrupo C2)

GENERALITAT VALENCIANA

Si aún no dispones de tu **Curso MAD360**, te ofrecemos un acceso GRATIS de 30 días para que disfrutes de los siguientes recursos:

- Técnicas de Memoria 360.
- MADTEST: Test *online* Nivel PRO.
- Temario en formato digital.
- Planificación de estudio.
- Foro entre opositores hasta la fecha del examen.*
- Recursos y novedades exclusivas.
- Consúltanos sobre tu oposición y proceso selectivo.
- Actualizaciones legislativas (Boletines Oficiales) hasta 60 días antes de la fecha del examen.*

Para acceder a esta prueba del Curso MAD360** será necesaria la compra de todos los libros para esta especialidad de la edición 2025.

Regístrate en **mad.es/iniciar-sesion** y en la pestaña BIBLIOTECA valida los códigos que encuentras en la última página de tus libros.

AF212293

NOTA IMPORTANTE:

* Examen de esta categoría profesional correspondiente a la convocatoria publicada er el DOGV n.º10121, de 2 de junio de 2025, o hasta el 31 de julio de 2026, lo que se cumpla antes, y previa renovación del servicio.

** El acceso al CURSO MAD360 estará disponible desde julio de 2025 (algunos recursos podrían estar disponibles en fecha posterior). Tendrá una duración de 30 días RENOVABLES mediante pago, desde la validación de códigos, o hasta el 31 de enero de 2027, lo que se cumpla antes.

MAD se reserva el derecho a ampliar dichas fechas.

Cuerpo de Servicios Auxiliares (subgrupo C2) de la Generalitat Valenciana. Escala Auxiliar de Cocina

Julio 2025

Cuerpo de Servicios Auxiliares (subgrupo C2) de la Generalitat Valenciana. Escala Auxiliar de Cocina

Test del Temario

Autores

ANA MARÍA SERRANO BÁRCENA
Licenciada en Biología

LIDIA PONCE MARTÍNEZ
Licenciada en Psicología

JUAN MANUEL GIL RAMOS
Licenciado en Medicina

HERMINIA ANDRADES ROMERO
Diplomada en Fisioterapia. Técnico Superior en Imagen para el Diagnóstico.
Técnica Superior en Laboratorio de Análisis Clínico.
Prevencionista de Riesgos laborales (grado intermedio). Auxiliar de Enfermería

FRANCISCO JESÚS TORRES FONSECA
Licenciado en Derecho

MAGALÍ RIERA ROCA
Licenciada en Derecho

© 7 Editores Recursos para la Cualificación Profesional y el Empleo, S.L. (7 Editores)
© Los autores
Primera edición, julio 2025 (394 páginas)
Derechos de edición reservados a favor de 7 Editores
IMPRESO EN ESPAÑA
Diseño Portada: 7 Editores
Edita: 7 Editores
Avda. San Francisco Javier, 9 · Edificio Sevilla 2 · Planta 11 · Módulos 25-27 · 41018 Sevilla
Teléfono: 954 784 411 · WEB: www.mad.es · e-mail: administracion@7editores.com
ISBN: 978-84-142-9738-4
© "Editorial Mad" y "Eduforma" son nombres comerciales registrados de
7 Editores Recursos para la Cualificación Profesional y el Empleo, S.L.

Índice

D. FUNCIÓN PÚBLICA

E. TEMAS TRANSVERSALES

TEST PARTE ESPECIAL

Test
Parte General

A. Derecho Constitucional

La Constitución Española de 1978: Título Preliminar; Título Primero, De los Derechos y Deberes Fundamentales

1. ¿En qué se fundamenta la Constitución Española?

a) En un Estado social y democrático de Derecho.
b) En la indisoluble unidad de la Nación española.
c) En la independencia de los poderes del Estado.
d) En la organización territorial del Estado.

2. Según el artículo 3 de la CE, el castellano es la lengua oficial del Estado y todos los Españoles:

a) Tienen el deber de usar y el derecho de conocer el castellano.
b) Tienen el derecho y el deber de conocer el castellano.
c) Tienen el deber de conocer y el derecho de usar el castellano.
d) Tienen el derecho de conocer y usar el castellano.

3. La Constitución Española reconoce y garantiza el derecho a la autonomía:

a) De las nacionalidades que la integran.
b) De las regiones que la integran.
c) De las Comunidades Autónomas que la integran.
d) De las nacionalidades y regiones que la integran.

4. El Preámbulo de la Constitución:

a) Tiene en sí carácter de norma jurídica.
b) Es una declaración de intenciones, destinada a interpretar lo que se quiere alcanzar con el contenido normativo de la Constitución.
c) Se trata de un texto sin fuerza jurídica de obligar.
d) Las respuestas b) y c) son correctas.

5. Señala la afirmación correcta, respecto de la aprobación, ratificación y publicación de la Constitución Española:

a) Aprobada por las Cortes el 31 de octubre de 1978, ratificada por el pueblo en referéndum el 6 de diciembre de 1978 y publicada el 29 de diciembre de 1978.
b) Aprobada por las Cortes el 30 de octubre de 1978, ratificada por el pueblo en referéndum el 16 de diciembre de 1978 y publicada el 27 de diciembre de 1978.
c) Aprobada por las Cortes el 31 de octubre de 1978, ratificada por el pueblo en referéndum el 16 de diciembre de 1978 y publicada el 29 de diciembre de 1978.
d) Aprobada por las Cortes el 10 de octubre de 1978, ratificada por el pueblo en referéndum el 26 de diciembre de 1978 y publicada el 30 de diciembre de 1978.

6. ¿En qué parte de la Carta Magna se establece la exposición de motivos que impulsan la norma constitucional y los objetivos que con ella se pretenden alcanzar?

a) En el Título preliminar.
b) En el Preámbulo.
c) En el Título I.
d) En el Título II.

7. La Constitución Española fue sancionada por:

a) El Rey.
b) El Presidente del Congreso.
c) Las Cortes Generales.
d) El Presidente del Gobierno.

8. ¿Cuáles de los siguientes españoles de origen pueden ser privados de su nacionalidad?

a) Exclusivamente los miembros de grupos terroristas.
b) Los miembros de grupos terroristas y los que atenten contra el Rey u otro miembro de la Casa Real.
c) Los que atenten contra un miembro de la Familia Real o del Gobierno de la Nación.
d) Ningún español de origen podrá ser privado de su nacionalidad.

9. Según la CE son fundamentos del orden político y la paz social:

a) La dignidad de la persona, los derechos violables que les son inherentes y el respeto a la ley.
b) La dignidad de la persona, el desarrollo limitado de la personalidad y el respeto a la ley.
c) El respeto a la ley, a los reglamentos administrativos y demás disposiciones legales.
d) La dignidad de la persona, los derechos inviolables que le son inherentes, el libre desarrollo de su personalidad, el respeto a la ley y a los derechos de los demás.

10. ¿Cuál de los siguientes es considerado por la CE como uno de los valores superiores del ordenamiento jurídico?

a) La jerarquía normativa.
b) El pluralismo político.
c) La publicidad normativa.
d) La equidad.

11. La forma política del Estado español es:

a) Democracia parlamentaria.
b) Gobierno parlamentario.
c) Monarquía parlamentaria.
d) República democrática.

12. La parte de la CE que regula la estructura de los principales órganos del Estado recibe el nombre de:

a) Parte dogmática.
b) Parte orgánica.
c) Parte estatal.
d) Parte estructural.

13. Según la CE, la soberanía nacional:

a) Corresponde a las Cortes Generales, al estar compuestas por los representantes del pueblo.
b) Corresponde al Rey.
c) Reside en el pueblo español.
d) Corresponde al Gobierno de la Nación elegido directamente por el pueblo.

14. El derecho a la propiedad en nuestra Constitución es un Derecho:

a) Inherente a la condición humana.
b) Absoluto.
c) Limitado por la función social de la misma.
d) Ninguna de las respuestas anteriores es correcta.

15. ¿En qué parte de la Carta Magna se señalan los valores superiores del ordenamiento jurídico?

a) En el Preámbulo.
b) En el Título Preliminar.
c) En el Título I.
d) Ninguna respuesta es correcta.

16. ¿Cuál de las siguientes es una de las características de nuestra Constitución de 1978?

a) Consensuada.
b) Corta.
c) Conservadora.
d) Originalidad.

17. Son el fundamento del orden político y de la paz social:

a) El libre desarrollo de la personalidad.
b) Los derechos inviolables que les son inherentes.
c) El respeto a la ley y a los derechos de los demás.
d) Todas las respuestas son correctas.

18. ¿Qué quedará excluido de extradición?

a) Los delitos criminales.
b) Los delitos políticos.
c) Los actos de terrorismo.
d) Ninguno.

19. ¿Qué debe ser democrático, a tenor de lo dispuesto en la Constitución Española, en los sindicatos de trabajadores y las asociaciones empresariales?

a) Su funcionamiento.
b) Su estructura interna.
c) Su funcionamiento y estructura interna.
d) Sus órganos asamblearios.

20. ¿De cuántos Capítulos consta el Título I de la CE de 1978?

a) De tres.
b) De cinco.
c) De dos.
d) De cuatro.

21. Dispone la Carta Magna que todos contribuirán al sostenimiento de los gastos públicos de acuerdo con su capacidad económica mediante un sistema tributario justo inspirado en los principios de:

a) Legalidad y equidad.
b) Igualdad y progresividad.
c) Publicidad y legalidad.
d) Eficacia y sostenibilidad.

22. Las primeras elecciones democráticas celebradas en España tras la muerte de Franco tuvieron lugar en:

a) 1975.
b) 1976.
c) 1977.
d) 1978.

23. El referéndum en el que se aprobó popularmente la Constitución se llevó a efecto el:

a) 27 de diciembre de 1978.
b) 6 de diciembre de 1978.
c) 31 de octubre de 1978.
d) 29 de diciembre de 1979.

24. La ponencia encargada de redactar el borrador de la Constitución se constituyó en el:

a) Senado.
b) Senado y Congreso de los Diputados.
c) Congreso de los Diputados.
d) Gobierno de la Nación.

25. Si un poder público, en su actuación, infringe lo dispuesto en el Preámbulo de la Constitución:

a) Incurre en nulidad.
b) Incurre en inconstitucionalidad.
c) No pasa nada salvo que, como consecuencia de esa actuación, se infrinja un artículo de la propia Constitución.
d) Nada de lo anterior es cierto.

26. El principio en virtud del cual el ciudadano está amparado por una legislación no sujeta a continuos vaivenes es el de:

a) Legalidad.
b) Publicidad normativa.
c) Seguridad jurídica.
d) Jerarquía normativa.

27. El principio en virtud del cual un Reglamento no puede contradecir una ley es el de:

a) Legalidad.
b) Jerarquía normativa.

c) Las respuestas a) y b) son correctas.

d) Seguridad jurídica.

28. Según la Constitución, una norma que imponga una nueva pena más leve para un delito:

a) No se aplica retroactivamente.

b) Puede aplicarse retroactivamente.

c) Ha de ser reglamentaria.

d) Atenta contra el principio de legalidad penal si se aplica retroactivamente.

29. Todos los españoles, respecto al castellano, tienen el:

a) Derecho-deber de conocerlo.

b) Derecho de usar y deber de conocerlo.

c) Derecho-deber de usarlo.

d) Nada de lo anterior.

30. La capital del Estado en España es:

a) La propia de cada Comunidad Autónoma.

b) La villa de Madrid.

c) Aquella donde se establezca en cada momento el Gobierno de la Nación.

d) Aquella en la que resida generalmente el Rey.

31. Las Comunidades Autónomas deben usar o instalar la bandera española:

a) En sus edificios.

b) En los actos oficiales.

c) Cuando lo solicite el Delegado del Gobierno de la Nación en las mismas.

d) Cuando lo estimen oportuno.

32. Deben tener una estructura interna y un funcionamiento democrático los/las:

a) Partidos Políticos.

b) Colegios Profesionales.

c) Organizaciones Profesionales.

d) Todos ellos.

33. La defensa de la integridad territorial de España se atribuye por la Constitución a/al/a las:

a) Fuerzas y Cuerpos de Seguridad.

b) Fuerzas Armadas.

c) Gobierno de la Nación.

d) Todas las anteriores.

34. El derecho a la vida se consagra en el siguiente artículo de la Constitución:

a) 10.
b) 16.
c) 15.
d) 24.

35. La pena de muerte en España:

a) Ha quedado abolida.
b) Puede aplicarse en cualquier momento.
c) Solo se aplicará, en tiempo de guerra, a los militares.
d) Rige solo en el ámbito civil.

36. La inmediata puesta a disposición judicial derivada del *habeas corpus*, se produce por:

a) Detención ilegal.
b) Prisión ilegal.
c) Prisión preventiva.
d) Detención preventiva.

37. El proceso en el que se enjuicie a un presunto delincuente debe:

a) Ser sumario.
b) No dilatarse.
c) Entorpecer los instrumentos probatorios.
d) Nada de lo anterior es cierto.

38. La entrada en un domicilio en caso de flagrante delito, sin autorización de su titular:

a) Puede dar lugar a la aplicación del habeas corpus.
b) Requiere autorización previa de la autoridad judicial.
c) Puede efectuarse en todo momento.
d) No puede realizarse en momento alguno.

39. Cuando, al conocerse la comisión de un delito por una persona, se acude a su domicilio para detenerla:

a) Está obligada a franquear la entrada.
b) Se necesitará autorización judicial para entrar, si no da su consentimiento para ello.
c) Pese a que no dé su consentimiento, se puede entrar.
d) Nada de lo anterior es correcto.

40. La autorización previa para celebrar una manifestación pública:

a) La da el Subdelegado del Gobierno en la Provincia.
b) Es ineludible.
c) Sería inconstitucional.
d) Se da cuando no se prevean alteraciones al orden público, con peligro para personas o bienes.

41. El tipo de sufragio que consagra la Constitución es el:

a) Proporcional.
b) Universal.
c) Censitario.
d) Las respuestas a) y b) son correctas.

42. Además de la no autoinculpación, la Constitución prevé que no se está obligado a declarar sobre un hecho presuntamente delictivo en caso de:

a) Parentesco y afinidad.
b) Cláusula de conciencia.
c) Secreto profesional.
d) Las respuestas a) y b) son correctas.

43. Una vez declarado el estado de excepción no se puede suspender el derecho/libertad de:

a) Huelga.
b) Enseñanza.
c) Adopción de medidas de conflicto colectivo.
d) Libertad de circulación.

44. Durante el estado de excepción, un detenido conserva el derecho de/a:

a) Setenta y dos horas para ser puesto a disposición judicial.
b) Secreto de comunicaciones.
c) Asistencia de Letrado.
d) Ninguno de ellos.

45. Se puede suspender, con motivo de investigaciones relativas a bandas armadas, el derecho de:

a) Huelga.
b) Inviolabilidad del domicilio.
c) Libertad de circulación.
d) Las respuestas b) y c) son correctas.

Solución al test n.º 1

1. b) En la indisoluble unidad de la Nación española.

2. c) Tienen el deber de conocer y el derecho de usar el castellano.

3. d) De las nacionalidades y regiones que la integran.

4. d) Las respuestas b) y c) son correctas.

5. a) Aprobada por las Cortes el 31 de octubre de 1978, ratificada por el pueblo en referéndum el 6 de diciembre de 1978 y publicada el 29 de diciembre de 1978.

6. b) En el Preámbulo.

7. a) El Rey.

8. d) Ningún español de origen podrá ser privado de su nacionalidad.

9. d) La dignidad de la persona, los derechos inviolables que le son inherentes, el libre desarrollo de su personalidad, el respeto a la ley y a los derechos de los demás.

10. b) El pluralismo político.

11. c) Monarquía parlamentaria.

12. b) Parte orgánica.

13. c) Reside en el pueblo español.

14. c) Limitado por la función social de la misma.

15. b) En el Título Preliminar.

16. a) Consensuada.

17. d) Todas las respuestas son correctas.

18. b) Los delitos políticos.

19. c) Su funcionamiento y estructura interna.

20. b) De cinco.

21. b) Igualdad y progresividad.

22. c) 1977.

23. b) 6 de diciembre de 1978.

24. c) Congreso de los Diputados.

25. c) No pasa nada, salvo que, como consecuencia de esa actuación, se infrinja un artículo de la propia Constitución.

26. c) Seguridad jurídica.

27. c) Las respuestas a) y b) son correctas.

28. b) Puede aplicarse retroactivamente.

29. b) Derecho de usar y deber de conocerlo.

30. b) La villa de Madrid.

31. b) En los actos oficiales.

32. d) Todos ellos.

33. b) Fuerzas Armadas.

34. c) 15.

35. a) Ha quedado abolida.

36. a) Detención ilegal.

37. b) No dilatarse.

38. c) Puede efectuarse en todo momento.

39. b) Se necesitará autorización judicial para entrar, si no da su consentimiento para ello.

40. c) Sería inconstitucional.

41. b) Universal.

42. c) Secreto profesional.

43. b) Enseñanza.

44. c) Asistencia de Letrado.

45. b) Inviolabilidad del domicilio.

B. Derecho Autonómico

El Estatuto de Autonomía de la Comunitat Valenciana: Título I, La Comunitat Valenciana; Título II, De los derechos de los valencianos y valencianas; Título III, La Generalitat; Título IV, Las competencias

1. Les Corts designarán los Senadores que le correspondan para representar la Comunitat Valenciana de conformidad:

a) Con la Ley Electoral General Estatal.
b) Con el Reglamento de Les Corts.
c) Con la Ley de Designación de Senadores en representación de la Comunidad Autónoma.
d) Con la Ley Electoral Valenciana.

2. La Ley Electoral Valenciana precisará, para su aprobación:

a) 2/3 partes de Les Corts.
b) Mayoría absoluta de Les Corts.
c) 3/5 partes de Les Corts.
d) 2/5 partes de Les Corts.

3. Las leyes de la Generalitat serán publicadas:

a) En el Boletín Oficial del Estado, en las dos lenguas oficiales.
b) En el Diario Oficial de la Generalitat.
c) En el Boletín Oficial del Estado, en los quince días siguientes a su aprobación.
d) En el Diario Oficial de la Generalitat con carácter inmediato.

4. ¿Cuál de las siguientes no es función de Les Corts?

a) Exigir la responsabilidad política de un Conseller.
b) Controlar la acción del Consell.
c) Controlar parlamentariamente a la Administración que esté bajo la autoridad de la Generalitat.
d) Interponer recursos de inconstitucionalidad.

5. ¿Cuál de las siguientes no es función de Les Corts?

a) Crear comisiones especiales de investigación.
b) Nombrar al President de la Generalitat.
c) Aprobar las emisiones de deuda pública.
d) Solicitar al Gobierno del Estado la adopción de proyectos de ley.

6. La iniciativa legislativa de Les Corts será ejercida por:

a) Los grupos parlamentarios, exclusivamente.
b) Únicamente por los diputados y diputadas.
c) El Consell, los diputados y diputadas de Les Corts, y los grupos parlamentarios de Les Corts.
d) El Consell exclusivamente.

7. El Reglamento de Les Corts:

a) Es una norma de rango inferior a ley.
b) Es una norma de rango equivalente al Estatuto de Autonomía.
c) Es una norma administrativa.
d) Tiene rango de ley.

8. El aforamiento de un Diputado o Diputada de Les Corts:

a) Supone la inviolabilidad del mismo.
b) Se extiende a responsabilidad penal y civil.
c) Supone la inmunidad del mismo.
d) Supone que su responsabilidad penal o civil será exigida siempre ante el Tribunal Superior de Justicia de la Comunitat Valenciana.

9. El President de la Generalitat podrá disolver Les Corts:

a) En la forma que determine el Estatuto de Autonomía.
b) En la forma que determine la Ley del Consell.
c) En la forma que determine la Ley Electoral Valenciana.
d) En la forma que determine el Reglamento de Les Corts.

10. Para que Les Corts celebren sesiones en lugar distinto a su sede oficial:

a) Se precisará conformidad del Consell.
b) Se precisa decisión en tal sentido del Consell y de los órganos de gobierno de Les Corts.
c) Se necesita decisión en tal sentido del Presidente del Consell.
d) Se precisa decisión en tal sentido de los órganos de gobierno de Les Corts.

11. Para determinados efectos, el mandato de los Diputados de Les Corts concluye:

a) El día en que se convocan las elecciones.
b) El día en que se celebran las elecciones.
c) El día de antes al de celebración de las elecciones.
d) El día siguiente al que se convocan las elecciones.

12. Las sesiones del Pleno de Les Corts:

a) Tienen que ser públicas salvo en los supuestos en que la ley permita lo contrario.
b) Tienen que ser públicas.
c) Tienen que ser públicas salvo en los supuestos en que el Reglamento de Les Corts permita lo contrario.
d) Tienen que ser públicas salvo en las materias en que el Estatuto de Autonomía permite lo contrario.

13. La denominación del Título III del Estatuto de Autonomía es:

a) La Generalitat
b) Los órganos de la Generalitat.
c) El Gobierno de la Generalitat.
d) Instituciones de la Comunidad Valenciana.

14. Según el Estatuto de Autonomía, ¿qué número de votos deberá haber obtenido el partido, federación, agrupación de electores o coalición que se hayan presentado a las elecciones para poder ser proclamados diputados electos de Les Corts?

a) El 5 % de los votos de la Comunidad.
b) El 3 % de los votos de su circunscripción electoral.
c) El número de votos que determine la Ley Electoral Valenciana.
d) El 5 % de los votos de su circunscripción electoral.

15. El Título III del Estatuto de Autonomía:

a) No tiene Capítulos.
b) Tiene 5 Capítulos.
c) Tiene 3 Capítulos.
d) Tiene 7 Capítulos.

16. Las leyes de la Generalitat son promulgadas:

a) Por el President de la Generalitat.
b) Por el Presidente de Les Corts.
c) Por el Rey.
d) Por el Consell.

17. Les Corts podrán:

a) Presentar en la Mesa del Congreso proyectos de ley y nombrar a los diputados encargados de defenderlas.

b) Solicitar al Gobierno del Estado que este realice un proyecto de ley.

c) Presentar, ante cualquiera de las Cámaras de las Cortes Generales, proyectos de ley y nombrar a los diputados encargados de defenderlas.

d) Remitir al Gobierno del Estado proyectos de ley.

18. El Título III del Estatuto de Autonomía comprende los artículos:

a) 25 a 49, inclusive.

b) 20 a 48, inclusive.

c) 24 a 52, inclusive.

d) 31 a 62, inclusive.

19. La convocatoria de una sesión extraordinaria de Les Corts se realiza por:

a) El Presidente de Les Corts.

b) El Consell.

c) El President de la Generalitat.

d) La Diputación Permanente de Les Corts.

20. Los acuerdos de Les Corts:

a) Se tomarán por mayoría absoluta salvo que el Reglamento de las mismas disponga lo contrario.

b) Se tomarán siempre por mayoría absoluta o por mayoría simple.

c) Se tomarán por mayoría simple, salvo que la ley disponga otra cosa.

d) Se tomarán por mayoría simple, salvo que una disposición expresamente disponga otra cosa.

21. Los firmantes de una moción de censura que no resulte aprobada:

a) No pondrán presentar otra en el mismo año.

b) No podrán votar la siguiente que presente su grupo parlamentario en ese mandato.

c) No podrán presentar otra en el mismo periodo de sesiones.

d) No podrán presentar otra en el mismo año.

22. La proposición a Les Corts de candidato a President de la Generalitat se realizará:

a) Por los grupos parlamentarios.

b) Por el Presidente de Les Corts.

c) Por los partidos políticos con representación en Les Corts.

d) Por los grupos políticos existentes en Les Corts.

23. Si la moción de censura presentada es aprobada:

a) El candidato será nombrado President de la Generalitat.

b) El candidato se someterá a la votación de investidura.

c) El candidato solicitará la ratificación por Les Corts.

d) El candidato disolverá Les Corts, dentro del plazo marcado legalmente, y convocará elecciones.

24. El plazo para repetir la votación de nombramiento de President de la Generalitat, si en la primera no consigue la mayoría absoluta:

a) Es el mismo plazo que dispone en el Estatuto para presentar mociones de censura alternativas.

b) Es de 72 horas.

c) Es el mismo plazo que dispone el Estatuto de espera antes de votar la moción de censura.

d) Es de 48 horas.

25. El debate de elección de President de la Generalitat se realizará:

a) Conforme a las normas determinadas en el Reglamento de Les Corts.

b) Conforme a las normas determinadas en la Ley de Gobierno Valenciano.

c) Tal como determine libremente el Presidente de Les Corts.

d) Tal como determine la ley estatal aplicable.

26. Para que el Presidente del Consell presente cuestión de confianza:

a) Se precisa autorización de Les Corts.

b) Se precisa celebración de reunión y deliberación del Consell.

c) No se precisa otro requisito que la voluntad libre del Presidente.

d) Se precisará mayoría simple de Les Corts.

27. ¿Cuál de las siguientes respuestas es cierta?

a) La responsabilidad penal del Presidente del Consell se exige de la misma forma que la de los Diputados de Les Corts.

b) Al Presidente del Consell no se le puede exigir responsabilidad civil alguna.

c) El Presidente del Consell no es aforado.

d) La responsabilidad penal del Presidente del Consell, se exige de la misma forma que a los miembros del Consell.

28. La convocatoria de una consulta popular en la Comunitat Valenciana:

a) Se realizará conforme a lo que disponga exclusivamente la ley autonómica.

b) Se realizará conforme a lo que disponga la legislación estatal.

c) Se realizará teniendo en cuenta únicamente la ley autonómica cuando el asunto sometido a consulta sea local o autonómico.

d) Se realizará conforme a la norma autonómica si el objeto de la consulta es local, si es autonómica o estatal se estará a lo que disponga la legislación estatal.

29. No elegido por Les Corts el primer candidato a la Presidencia de la Generalitat propuesto:

a) El Presidente de Les Corts realizará nuevas consultas.

b) El Presidente de Les Corts las disolverá mediante decreto.

c) El Presidente de Les Corts podrá proponer otro candidato sin necesidad de realizar nuevas consultas.

d) Se verá ratificado en su cargo para un nuevo mandato el President de la Generalitat en funciones.

30. La forma de nombramiento de los miembros del Consell será regulada por:

a) Disposiciones del President de la Generalitat.

b) El Reglamento de Les Corts.

c) Ley de Les Corts.

d) Normas internas del Consell.

31. La interposición de un recurso de inconstitucionalidad:

a) Solo puede realizarlo el Consell.

b) Lo podrá realizar el Consell y Les Corts.

c) Únicamente podrá realizarlo Les Corts.

d) Lo tendrán que realizar conjuntamente el Consell y Les Corts.

32. Las normas que dicte el Consell:

a) Deberán ser publicadas en el Diario Oficial de la Generalitat.

b) Serán publicadas en el Boletín Oficial del Estado según lo que disponga la norma autonómica correspondiente.

c) Podrán, algunas de ellas, no ser publicadas en el Diario Oficial de la Generalitat.

d) Se publicarán en el Diario Oficial de la Generalitat y en el Boletín Oficial del Estado.

33. El President de la Generalitat:

a) Ostenta la más alta representación del Estado en la Comunitat Valenciana.

b) No ostenta representatividad alguna del Estado en la Comunitat Valenciana.

c) Ostenta la representación ordinaria del Estado en la Comunitat Valenciana.

d) Ostenta la representación administrativa del Estado en la Comunitat Valenciana.

34. Que el Consell establezca sedes en lugares de la Comunitat Valenciana diferentes al que tiene su sede oficial, responde al principio de:

a) Desconcentración.

b) Responsabilidad administrativa.

c) Autonomía funcional.

d) Descentralización.

35. Si el Consell presenta una cuestión de confianza respecto a un proyecto de ley:

a) La aprobación de la cuestión de confianza supone la aprobación íntegra del proyecto de ley.

b) La aprobación de la cuestión de confianza no supone que Les Corts no puedan modificar, por mayoría simple, el proyecto de ley.

c) Supone, al igual que sucede con las proposiciones de ley, la aprobación íntegra del proyecto de ley.

d) La aprobación de la cuestión de confianza no supone que Les Corts no puedan modificar, por mayoría absoluta, el proyecto de ley.

36. La moción de censura:

a) Precisa para su interposición de una décima parte de los Diputados de Les Corts y para su aprobación mayoría absoluta.

b) Precisa para su interposición de una quinta parte de los Diputados de Les Corts y para su aprobación mayoría absoluta.

c) Precisa para su interposición de una décima parte de los Diputados de Les Corts y para su aprobación mayoría simple.

d) Precisa para su interposición de una quinta parte de los Diputados de Les Corts y para su aprobación mayoría simple.

37. El Presidente de Les Corts, después de la ronda de consultas, es libre para proponer candidato a la Presidencia de la Generalitat:

a) Sí, no está sujeto a ninguna norma.

b) Sí, salvo que el Pleno de Les Corts haya impuesto alguna norma.

c) Únicamente tendrá que cumplir con lo que disponga a tal efecto el Reglamento de Les Corts.

d) No, está sujeto a los apoyos que hayan manifestado los grupos políticos de Les Corts.

38. Si hay renuncia por el President de la Generalitat a su cargo:

a) Se convocarán elecciones.

b) El Presidente de Les Corts decidirá si convoca elecciones.

c) El Presidente de Les Corts iniciará ronda de consultas con los grupos políticos de Les Corts.

d) Será el nuevo Presidente el que está obligado a convocar elecciones.

39. Los conflictos de competencia de la Comunidad con el Estado:

a) Serán interpuestos por el Consell pero precisando autorización previa de Les Corts.

b) La presentación de los mismos es competencia tanto del Consell como de Les Corts.

c) Podrán ser interpuestos por el Consell sin intervención alguna de Les Corts.

d) Deberán ser presentados por Les Corts aunque siempre a iniciativa del Consell.

40. ¿Cuál de las siguientes afirmaciones respecto a los miembros del Consell es cierta?

a) El Estatuto de Autonomía limita el número de miembros del Consell a once, incluyendo a su Presidente.

b) El Estatuto de Autonomía no limita el número de miembros del Consell.

c) El Estatuto de Autonomía limita el número de miembros del Consell a diez incluyendo su Presidente.

d) El Estatuto de Autonomía prohíbe que una ley posterior limite el número de miembros del Consell.

41. La ley que desarrolle el Consell de Justicia de la Comunitat Valenciana:

a) Deberá ser conforme con lo dispuesto en el Estatuto y con la Ley Orgánica del Poder Judicial, ley estatal.

b) Deberá ser conforme únicamente con lo dispuesto en la Constitución y en el Estatuto.

c) Deberá ser conforme con lo dispuesto en la Constitución y en la Ley Orgánica del Poder Judicial, ley autonómica.

d) Será una ley marco de competencia estatal.

42. ¿Cuál de las siguientes no es función de la Generalitat en materia de administración de Justicia?

a) Fijar la capitalidad de los órganos judiciales de su territorio.

b) Participar en la creación de Juzgados en el ámbito de su territorio.

c) Ordenar los servicios de justicia gratuita.

d) Crear los tribunales consuetudinarios y tradicionales.

43. La fijación de la doctrina en el ámbito del derecho estatal en el territorio de la Comunitat Valenciana:

a) Corresponde al Tribunal Superior de Justicia de la Comunitat Valenciana, exclusivamente.

b) Corresponde a los órganos jurisdiccionales que determine la ley estatal.

c) Corresponde al Tribunal Superior de Justicia de la Comunitat Valenciana sin perjuicio de las competencias del Tribunal Supremo.

d) Corresponde a los órganos jurisdiccionales que determine la ley votada por Les Corts.

44. Las facultades de qué órgano, tal como determina la Ley Orgánica del Poder Judicial, ejercerá la Generalitat:

a) Del Gobierno del Estado.

b) Ministerio de Justicia.

c) Tribunal Supremo.

d) Tribunal Superior de Justicia de la Comunidad Valenciana.

45. ¿Cuál de las siguientes materias es competencia del Tribunal Superior de Justicia de la Comunitat Valenciana mediante recurso de casación?

a) Materia de derecho civil foral valenciano exclusivamente.
b) Materia contencioso-administrativa y en materia de derecho civil foral valenciano.
c) Materia de Derecho Penal.
d) Materia de derecho civil foral valenciano y materia laboral.

46. La competencia del Síndic de Greuges se extiende a los derechos y libertades reconocidos:

a) En el Estatuto de Autonomía exclusivamente.
b) En el Estatuto de Autonomía y las leyes autonómicas sobre la materia.
c) En la CE y en el Estatuto de Autonomía.
d) En el ordenamiento jurídico estatal y autonómico.

47. El Consell Valencià de Cultura es una institución:

a) Normativa y asesora, exclusivamente, del Consell.
b) Consultiva de todas las instituciones públicas de la Comunitat Valenciana.
c) Normativa y asesora del Consell y de Les Corts.
d) Consultiva del Consell y de Les Corts.

48. El Presidente del Tribunal Superior de Justicia de la Comunitat Valenciana:

a) Será nombrado por el President de la Generalitat a propuesta de Les Corts.
b) Será nombrado por el Rey a propuesta del Consejo General del Poder Judicial.
c) Será nombrado por el Rey a propuesta de Les Corts.
d) Será nombrado por el Consejo General del Poder Judicial a propuesta de la Generalitat.

49. El Consell Jurídic Consultiu de la Comunitat Valenciana:

a) Es una institución pública de la Generalitat.
b) Es una institución externa a la Generalitat.
c) Es un organismo, de carácter privado, asesor de la Generalitat.
d) Es un organismo, que puede ser de carácter privado, asesor de la Generalitat.

50. La legislación concurrente que pueda dictar la Generalitat:

a) Precisa de autorización previa del Delegado del Gobierno.
b) Tiene carácter de normas de validez provisional hasta que sean ratificadas por Les Corts.
c) Seguirá vigente hasta que se dicte la ley estatal que expresamente derogue la autonómica.
d) Tiene carácter de norma de validez provisional.

51. La delegación para poder dictar normas con rango de ley:

a) La realizará Les Corts a favor del Consell.
b) La realizará el President de la Generalitat a favor de los Consellers.
c) La realizará Les Corts a favor del President de la Generalitat.
d) La realizará el Consell a favor de los Consellers.

52. Las instituciones que aparecen expresamente designadas por el Estatuto de Autonomía, deberán ser objeto de:

a) Ley de Corts aprobada por mayoría absoluta.
b) Ley de Corts aprobada por mayoría de 3/5.
c) Ley estatal.
d) Ley de Corts aprobada por mayoría de 2/3.

53. Las leyes de la Generalitat:

a) Están sujetas únicamente al control de los órganos jurisdiccionales valencianos.
b) Están sujetas únicamente al control del Síndic de Greuges.
c) Están sujetas únicamente al control del Tribunal Constitucional.
d) Están sujetas al control de los órganos jurisdiccionales y al del Tribunal Constitucional.

54. Los actos o normas reglamentarias de la Generalitat:

a) Son controlados únicamente por el Tribunal Constitucional.
b) Son controlados por Les Corts.
c) Son controlados por el Consejo de Estado.
d) Son controlados por los órganos judiciales de la jurisdicción contencioso-administrativa.

55. Los decretos leyes:

a) Al igual que los decretos legislativos, son normas de carácter provisional.
b) Deberán ser convalidados por el Estado.
c) Deberán ser sometidos a debate y votación por Les Corts.
d) Son normas legislativas provisionales del President de la Generalitat.

56. La normativa lingüística que dicte L´Acadèmia Valenciana de la Lengua:

a) Es de obligado cumplimiento por los órganos de la Administración Pública de la Comunitat Valenciana.
b) Tiene carácter orientativo para las instituciones de la Generalitat.
c) Es de obligado cumplimiento por todos los órganos e instituciones públicas y privadas con sede en la Comunitat Valenciana.
d) Tiene carácter orientativo para todos los órganos e instituciones públicas y privadas con sede en la Comunitat Valenciana.

57. ¿Puede la Generalitat convocar oposiciones a Magistrados o Jueces?

a) No, pero puede solicitar su convocatoria al órgano competente para ello.
b) Sí.
c) No, al contrario de las convocatorias para personal funcionario de la Administración de Justicia, que sí es competencia de la Generalitat.
d) Sí, al igual que las convocatorias para personal funcionario de la Administración de Justicia, que también es competencia de la Generalitat.

58. La Sindicatura de Comptes:

a) Efectúa el control externo de la actividad financiera de la Generalitat.
b) No podrá realizar control sobre los entes locales.
c) Solo podrá efectuar el control externo de la actividad financiera de la Generalitat y de los entes locales comprendidos en el territorio de la Comunitat Valenciana.
d) Podrá realizar control externo económico y presupuestario respecto a todos los órganos e instituciones, públicos o privados, comprendidos en el territorio de la Comunitat Valenciana.

59. El Comité Económico y Social:

a) Es, a diferencia de L´Acadèmia Valenciana de la Llengua, un órgano consultivo.
b) Es, como el Consell Valencià de Cultura y el Síndic de Greuges, un órgano consultivo.
c) Es, a diferencia del Consell Valencià de Cultura, un órgano consultivo.
d) Es un órgano normativo al igual que L´Acadèmia Valenciana de la Llengua.

60. El Comité Econòmic i Social realiza sus funciones:

a) En relación exclusivamente con el Consell.
b) En relación exclusivamente con el Consell y Les Corts.
c) En relación con el Consell y, en general, con las instituciones públicas de la Comunitat Valenciana.
d) En relación con el Consell y, en general, con las instituciones públicas y privadas de la Comunitat Valenciana.

61. La ejecución de la legislación de la Unión Europea:

a) Es competencia de la Generalitat.
b) Será competencia de la Generalitat en aquellas materias que le afecten.
c) Será competencia de la Generalitat en aquellas materias de las que la Generalitat tenga la competencia.
d) Será competencia del Estado salvo que el Estado delegue expresamente en la Generalitat.

62. En materia de Seguridad Social:

a) La Generalitat solo tendrá las competencias que le delegue el Estado mediante posterior ley orgánica.
b) La Generalitat no podrá legislar sobre la materia salvo en determinados supuestos.

c) La Generalitat podrá legislar sobre la materia salvo determinados supuestos.

d) La Generalitat tiene asumidas todas las competencias estatales.

63. La Generalitat:

a) Tiene asumida la gestión del catastro.

b) Podrá colaborar en la gestión del catastro con la Administración General del Estado.

c) Ejecutará las normas estatales sobre la gestión del catastro.

d) Regulará, dentro de la normativa estatal, la gestión del catastro.

64. Las competencias exclusivas que tiene la Generalitat:

a) Podrán ser ampliadas mediante ley orgánica estatal.

b) Pueden ser ampliadas posteriormente por ley.

c) No pueden ser ampliadas con tal carácter, pero sí pueden ampliarse las compartidas o de ejecución.

d) Pueden ampliarse mediante cualquier norma concertada entre el Estado y la Generalitat.

65. En cuanto a las obras públicas, será competencia exclusiva de la Generalitat:

a) Cuando estas afecten al interés general del Estado.

b) Cuando estas afecten a la Comunitat Valenciana y, aunque afecten a otra, esta otra autonomía no tenga que realizar obra alguna.

c) Aquellas que afecten a la Comunitat Valenciana y no afecten a ninguna otra Comunidad y, a la vez, no sean de interés general del Estado.

d) Cualquier obra que sea calificada así por el Consell con la ratificación del Gobierno de la Nación.

66. La ordenación del litoral:

a) Es competencia exclusiva de la Generalitat.

b) Es competencia compartida del Estado y de la Generalitat.

c) Es competencia exclusiva del Estado.

d) Es competencia compartida del Estado y de la Generalitat, y esta solo podrá ejecutar las normas estatales.

67. El artículo del Estatuto que enumera las competencias exclusivas de la Generalitat es el:

a) 53.

b) 52.

c) 41.

d) 49.

68. ¿En cuál de estas materias la Generalitat ostenta únicamente la ejecución de la legislación del Estado?

a) Fondos Europeos y estatal de garantía agraria en la Comunitat Valenciana.
b) Regulación y administración de la enseñanza.
c) Creación de centros de protección para grupos necesitados de protección especial.
d) Casinos.

69. Además de las competencias enumeradas en el Estatuto como competencia de la Generalitat, únicamente como de desarrollo legislativo y de ejecución por la misma:

a) La Generalitat puede recibir transferencias de otras con el mismo carácter por medio de ley estatal.
b) La Generalitat puede recibir transferencias de otras con el mismo carácter por medio de ley orgánica.
c) La Generalitat puede recibir transferencias de otras con el mismo carácter por medio de ley estatal concertada con ley de la Generalitat.
d) La Generalitat no puede recibir transferencias de otras con el mismo carácter salvo circunstancias excepcionales.

70. ¿Cuál de estas afirmaciones es cierta respecto a las competencias de la Generalitat?

a) La Generalitat no tiene competencia exclusiva sobre urbanismo y vivienda.
b) La Generalitat no tiene competencia exclusiva sobre alteraciones en los términos municipales.
c) La Generalitat no tiene competencia exclusiva sobre la autorización de endeudamiento de los entes locales de la Comunidad Valenciana.
d) La Generalitat no tiene competencia exclusiva sobre Servicios Sociales.

71. El Estatuto de Autonomía:

a) Prohíbe la investigación científica por medio de personas.
b) Determina que sobre la investigación científica por medio de personas Les Corts dictará la ley oportuna.
c) Determina que sobre la investigación científica por medio de personas se estará a lo que legisle el Estado.
d) Permite la investigación científica por medio de personas.

72. Según lo dispuesto en el Estatuto de Autonomía, los Notarios:

a) Deberán emplear el valenciano en el ejercicio de sus funciones.
b) Garantizarán el uso del valenciano en el ejercicio de sus funciones.
c) Deberán conocer el valenciano.
d) Deberán acreditar oficialmente su conocimiento del valenciano.

73. ¿Cuál de las siguientes afirmaciones sobre materias competencia de la Generalitat es cierta?

a) Las Apuestas Deportivas Mutuo Benéficas son competencia exclusiva de la Generalitat.
b) La estadística de interés de la Generalitat es competencia exclusiva de la misma, si bien conforme con lo que se disponga en la legislación estatal sobre la materia.
c) Las normas sobre publicidad es competencia exclusiva de la Generalitat sin perjuicio de las normas estatales respecto algunos medios específicos.
d) El régimen económico de la Seguridad Social es competencia exclusiva de la Generalitat siempre que el organismo tenga su sede en la Comunidad Valenciana.

74. La competencia exclusiva de la Generalitat sobre las instituciones de autogobierno de la Comunitat Valenciana:

a) Tienen como marco de referencia el Estatuto de Autonomía.
b) Tienen como marco de referencia la Constitución y el Estatuto de Autonomía.
c) Tienen como marco de referencia las leyes de Les Corts.
d) Tienen como marco de referencia el ordenamiento jurídico estatal.

75. Para la creación del Derecho Civil Foral Valenciano:

a) La Generalitat precisará conformidad del Estado.
b) La Generalitat precisará conformidad del Gobierno de la Nación.
c) La Generalitat no precisará conformidad alguna.
d) La Generalitat precisará conformidad de las Cortes Generales.

76. La ejecución de los planes estatales para la reestructuración de sectores industriales en el territorio de la Comunitat Valenciana:

a) Es competencia de la Generalitat.
b) Puede ser competencia de la Generalitat si el Estado delega en ella mediante ley orgánica.
c) Es competencia del Estado.
d) Es competencia del Estado si bien la Generalitat puede dictar normas complementarias.

77. La gestión del régimen económico de la Seguridad Social:

a) Es competencia de la Generalitat.
b) Es ejercida por la Generalitat dentro de lo dispuesto por la ley marco estatal.
c) Es competencia exclusiva del Estado.
d) Es ejercida por la Generalitat dentro de lo dispuesto por una ley de bases.

78. La Policía Autónoma Valenciana:

a) Será creada por norma del Consell.
b) Será regulada de conformidad con la norma estatal.

c) Sus funciones estarán determinadas únicamente por la ley de creación de la misma que dicten Les Corts.

d) Sus funciones quedarán determinadas por lo que determine el Consell.

79. ¿Cuál de las siguientes respuestas es correcta?

a) El Estatuto de Autonomía determina el destino del Real Monasterio de Santa María de la Valldigna.

b) El destino del Real Monasterio de Santa María de la Valldigna se fijará por medio de ley de Les Corts.

c) El Consell fijará el destino del Real Monasterio de Santa María de la Valldigna.

d) La Generalitat, junto con el Ministerio de Cultura, fijará el destino del Real Monasterio de Santa María de la Valldigna.

80. En la Junta de Seguridad prevista en el Estatuto de Autonomía:

a) Habrá representación de la Comunitat Valenciana, del Estado y de las entidades locales.

b) Habrá representación de la Comunitat Valenciana y de las entidades locales pero no del Estado.

c) Habrá representación del Estado y de las entidades locales, pero no de la Comunidad Valenciana.

d) Habrá representación de la Comunitat Autónoma y del Estado pero no de las entidades locales.

81. Promoverá políticas de equilibro territorial entre las zonas costeras y las zonas del interior de la Comunitat Valenciana:

a) El Estado.
b) Les Corts.
c) El President del Consell.
d) La Generalitat.

82. La Generalitat podrá solicitar a las Cortes Generales:

a) Que dicten leyes marco pero no leyes de bases en materia de competencia exclusiva del Estado.

b) Que dicten leyes de bases pero no leyes marco en materia de competencia exclusiva del Estado.

c) Que dicten leyes marco o leyes de bases en materia de competencia exclusiva del Estado.

d) Que dicten en materia de competencia exclusiva de la Generalitat leyes marco o leyes de bases.

83. La finalidad de la petición anterior es:

a) La atribución de la competencia exclusiva de la materia a favor de la Generalitat.
b) La atribución a la Generalitat de facultades legislativas de desarrollo de dichas leyes.

c) Permitir a la Generalitat la delegación de estas materias a favor de las instituciones de la misma.

d) La atribución a la Generalitat exclusivamente de la facultad de ejecución de dicha materia.

84. La renta de ciudadanía tiene como fin:

a) La igualdad entre los ciudadanos de la Comunitat Valenciana.
b) Facilitar la inserción social de los ciudadanos valencianos en estado de necesidad.
c) Facilitar la compatibilidad de la vida familiar y laboral.
d) Colaborar en establecimiento de u régimen fiscal justo y progresivo.

85. La Carta de Derechos Sociales de la Comunitat Valenciana se establece:

a) Mediante ley Estatal.
b) Mediante norma reglamentaria del Consell.
c) Mediante Decreto del Presidente de La Generalitat.
d) Mediante Ley de les Corts.

86. ¿Pueden ser exceptuados de la enseñanza y del uso de la lengua propia de la Comunitat Valenciana algún territorio?

a) Sí, siempre que el Consell así lo determine normativamente.
b) No.
c) Sí, siempre que sea establecido por ley.
d) Solo mediante reforma del Estatuto de Autonomía.

Solución al test n.º 2

1. c) Con la Ley de Designación de Senadores en representación de la Comunidad Autónoma.

2. a) 2/3 partes de Les Corts.

3. b) En el Diario Oficial de la Generalitat.

4. a) Exigir la responsabilidad política de un Conseller.

5. b) Nombrar al President de la Generalitat.

6. c) El Consell, los diputados y diputadas de Les Corts, y los grupos parlamentarios de Les Corts.

7. d) Tiene rango de ley.

8. b) Se extiende a responsabilidad penal y civil.

9. b) En la forma que determine la Ley del Consell.

10. d) Se precisa decisión en tal sentido de los órganos de gobierno de Les Corts.

11. c) El día de antes al de celebración de las elecciones.

12. c) Tienen que ser públicas salvo en los supuestos en que el Reglamento de Les Corts permita lo contrario.

13. a) La Generalitat

14. c) El número de votos que determine la Ley Electoral Valenciana.

15. d) Tiene 7 Capítulos.

16. a) Por el President de la Generalitat.

17. b) Solicitar al Gobierno del Estado que este realice un proyecto de ley.

18. b) 20 a 48, inclusive.

19. a) El Presidente de Les Corts.

20. d) Se tomarán por mayoría simple, salvo que una disposición expresamente disponga otra cosa.

21. c) No podrán presentar otra en el mismo periodo de sesiones.

22. b) Por el Presidente de Les Corts.

23. a) El candidato será nombrado Presidente de la Generalitat.

24. d) Es de 48 horas.

25. a) Conforme a las normas determinadas en el Reglamento de Les Corts.

26. b) Se precisa celebración de reunión y deliberación del Consell.

27. a) La responsabilidad penal del Presidente del Consell se exige de la misma forma que la de los Diputados de Les Corts.

28. b) Se realizará conforme a lo que disponga la legislación estatal.

29. c) El Presidente de Les Corts podrá proponer otro candidato sin necesidad de realizar nuevas consultas.

30. c) Ley de Les Corts.

31. b) Lo podrá realizar el Consell y Les Corts.

32. c) Podrán, algunas de ellas, no ser publicadas en el Diario Oficial de la Generalitat.

33. c) Ostenta la representación ordinaria del Estado en la Comunitat Valenciana.

34. d) Descentralización.

35. a) La aprobación de la cuestión de confianza supone la aprobación íntegra del proyecto de ley.

36. b) Precisa para su interposición de una quinta parte de los Diputados de Les Corts y para su aprobación mayoría absoluta.

37. d) No, está sujeto a los apoyos que hayan manifestado los grupos políticos de Les Corts.

38. c) El Presidente de Les Corts iniciará ronda de consultas con los grupos políticos de Les Corts.

39. c) Podrán ser interpuestos por el Consell sin intervención alguna de Les Corts.

40. b) El Estatuto de Autonomía no limita el número de miembros del Consell.

41. a) Deberá ser conforme con lo dispuesto en el Estatuto y con la Ley Orgánica del Poder Judicial, ley estatal.

42. d) Crear los tribunales consuetudinarios y tradicionales.

43. c) Corresponde al Tribunal Superior de Justicia de la Comunitat Valenciana sin perjuicio de las competencias del Tribunal Supremo.

44. a). Del Gobierno del Estado.

45. b) Materia contencioso-administrativa y en materia de derecho civil foral valenciano.

46. c) En la CE y en el Estatuto de Autonomía.

47. b) Consultiva de todas las instituciones públicas de la Comunitat Valenciana.

48. b) Será nombrado por el Rey a propuesta del Consejo General del Poder Judicial.

49. a) Es una institución pública de la Generalitat.

50. d) Tiene carácter de norma de validez provisional.

51. a) La realizará Les Corts a favor del Consell.

52. b) Ley de Corts aprobada por mayoría de 3/5.

53. c) Están sujetas únicamente al control del Tribunal Constitucional.

54. d) Son controlados por los órganos judiciales de la jurisdicción contencioso-administrativa.

55. c) Deberán ser sometidos a debate y votación por Les Corts.

56. a) Es de obligado cumplimiento por los órganos de la Administración Pública de la Comunitat Valenciana.

57. a) No, pero puede solicitar su convocatoria al órgano competente para ello.

58. a) Efectúa el control externo de la actividad financiera de la Generalitat.

59. a) Es, a diferencia de L´Acadèmia Valenciana de la Llengua, un órgano consultivo.

60. c) En relación con el Consell y, en general, con las instituciones públicas de la Comunitat Valenciana.

61. c) Será competencia de la Generalitat en aquellas materias de las que la Generalitat tenga la competencia.

62. c) La Generalitat podrá legislar sobre la materia salvo determinados supuestos.

63. b) Podrá colaborar en la gestión del catastro con la Administración General del Estado.

64. a) Podrán ser ampliadas mediante ley orgánica estatal.

65. c) Aquellas que afecten a la Comunitat Valenciana y no afecten a ninguna otra Comunidad y, a la vez, no sean de interés general del Estado.

66. a) Es competencia exclusiva de la Generalitat.

67. d) 49.

68. a) Fondos Europeos y estatal de garantía agraria en la Comunitat Valenciana.

69. b) La Generalitat puede recibir transferencias de otras con el mismo carácter por medio de ley orgánica.

70. c) La Generalitat no tiene competencia exclusiva sobre la autorización de endeudamiento de los entes locales de la Comunitat Valenciana.

71. d) Permite la investigación científica por medio de personas.

72. b) Garantizarán el uso del valenciano en el ejercicio de sus funciones.

73. c) Las normas sobre publicidad es competencia exclusiva de la Generalitat sin perjuicio de las normas estatales respecto algunos medios específicos.

74. a) Tienen como marco de referencia el Estatuto de Autonomía.

75. c) La Generalitat no precisará conformidad alguna.

76. a) Es competencia de la Generalitat.

77. a) Es competencia de la Generalitat.

78. b) Será regulada de conformidad con la norma estatal.

79. b) El destino del Real Monasterio de Santa María de la Valldigna se fijará por medio de ley de Les Corts.

80. d) Habrá representación de la Comunidad Autónoma y del Estado pero no de las entidades locales.

81. d) La Generalitat

82. c) Que dicten leyes marco o leyes de bases en materia de competencia exclusiva del Estado.

83. b) La atribución a la Generalitat de facultades legislativas de desarrollo de dichas leyes.

84. b) Facilitar la inserción social de los ciudadanos valencianos en estado de necesidad.

85. d) Mediante Ley de les Corts.

86. c) Sí, siempre que sea establecido por ley.

La Ley 5/1983, de 30 de diciembre, del Consell: Título I, El President de la Generalitat; Título II, Del Consell: Capítulo I: composición; Capítulo II: las atribuciones; Capítulo III: del funcionamiento; Capítulo VI: La iniciativa legislativa, los Decretos Legislativos y la potestad reglamentaria del Consell; Título III, Relaciones entre el Consell y Les Corts

1. La creación de las Secretarías Autonómicas se realizará por:

a) El President de la Generalitat.
b) El Consell.
c) El Consell a propuesta del President de la Generalitat.
d) El President de la Generalitat a propuesta del Consell.

2. En el funcionamiento del Consell, según la Ley del Consell, prima:

a) Su dirección administrativa.
b) Su dirección presidencial.
c) Su funcionamiento administrativo.
d) Sus decisiones colegiadas.

3. Que el President de la Generalitat tenga que ser miembro de Les Corts:

a) Lo establece así únicamente el Estatuto de Autonomía.
b) Lo establece así la CE (Constitución española) y el EA (Estatuto de Autonomía).
c) Lo establece así únicamente el EA y la Ley del Consell.
d) Lo establece únicamente la Ley del Consell.

4. ¿Cómo se realizará el debate del programa político de gobierno que proponga el candidato a la Presidencia de la Generalitat?

a) Conforme determina el Estatuto de Autonomía.
b) Conforme determina concretamente la Ley del Consell.
c) Conforme determina concretamente la modificación última de la Ley del Consell.
d) Conforme el Reglamento de Les Corts.

5. ¿Cuántas propuestas sucesivas puede realizar el Presidente de Les Corts a estas referente a la elección del President de la Generalitat?

a) No más de tres.
b) No más de dos.
c) No se dispone limitación ni en el EA ni en la Ley del Consell.
d) Las que disponga el Reglamento de Les Corts, tal como dispone la Ley del Consell.

6. La disolución de Les Corts por no haberse encontrado candidato a la Presidencia de la Generalitat será tomada:

a) Por acuerdo.
b) Por real decreto.
c) Por decreto ley.
d) Por decreto.

7. En el supuesto de disolución de Les Corts por no haberse encontrado candidato a la Presidencia de la Generalitat, la convocatoria de nuevas elecciones será hecha:

a) Por el President de la Generalitat en funciones.
b) Por el Consell en funciones.
c) Por el Presidente de Les Corts.
d) Por la Mesa de Les Corts.

8. ¿Cuál de las siguientes no es función del President de la Generalitat?

a) Fijar orden del día de las reuniones del Consell.
b) Firmar los decretos del Consell.
c) Levantar actas de las sesiones del Consell.
d) Coordinar la ejecución de los acuerdos del Consell.

9. Para que el President de la Generalitat pueda presentar ante Les Corts la cuestión de confianza, se precisará:

a) Deliberación del Consell.
b) Autorización del Consell.
c) Votación favorable del Consell por mayoría absoluta.
d) Acuerdo del Consell.

10. Los Consellers sin cartera:

a) Tendrán adscrita la Secretaría Autonómica de la Presidencia.
b) Podrán no tener adscritas Secretarías Autonómicas.
c) No tendrán adscritas Secretarías Autonómicas.
d) Tendrán sus correspondientes Secretarías Autonómicas.

11. ¿Cuál de las siguientes afirmaciones es cierta respecto a la elección por Les Corts del President de la Generalitat?

a) Rechazada la propuesta del primer candidato, el Presidente de Les Corts retomará la ronda de consultas.
b) El Presidente de Les Corts retomará la ronda de consultas si han transcurrido dos meses de la presentación del primer candidato.
c) Para que el Presidente de Les Corts retome la ronda de consultas será preciso que hayan sido rechazados sucesivamente dos candidatos que él haya presentado.
d) El Presidente de Les Corts no está obligado a retomar la ronda de consultas.

12. El Consell podrá retirar su proyecto de ley ante Les Corts:

a) Siempre que estas no hayan tomado acuerdo final sobre el mismo.
b) Siempre que estas no hayan comenzado la votación sobre el mismo.
c) Siempre que estas no hayan comenzado la deliberación sobre el mismo.
d) En cualquier momento anterior a la publicación oficial del mismo.

13. ¿Cuál de las siguientes afirmaciones es cierta respecto a lo dispuesto en la Ley del Consell?

a) El plazo mínimo dispuesto para la votación de la cuestión de confianza es el idéntico al plazo que debe transcurrir como mínimo entre la primera y segunda votación de investidura.
b) El plazo mínimo dispuesto para la votación de la cuestión de confianza es inferior al plazo que debe transcurrir entre la primera y segunda votación de investidura.
c) El plazo mínimo dispuesto para la votación de la cuestión de confianza es el superior al plazo que debe transcurrir como mínimo entre la primera y segunda votación de investidura.
d) Todas son falsas.

14. Los proyectos de ley sobre los que el Consell ha propuesto cuestión de confianza:

a) Tendrán que ser aprobados por mayoría cualificada.
b) Serán aprobados por mayoría simple salvo que para su aprobación se requiera mayoría cualificada.
c) Tendrán que ser aprobados por mayoría absoluta.
d) Tendrán que ser aprobados por la mayoría que determine Les Corts.

15. La emisión de deuda pública que realice el Consell estará supeditada:

a) A que sea destinada a gastos de inversión.
b) A que esté facultada por ley estatal.
c) A que lo sea dentro de las materias financieras que determina el Estatuto de Autonomía.
d) Que lo sea en ejecución de una ley estatal.

16. La proposición de candidato a President de la Generalitat se realizará por el Presidente de Les Corts:

a) Siempre que se hayan celebrados nuevas elecciones.
b) Solo cuando se hayan celebrado nuevas elecciones.
c) Cuando se hayan celebrado nuevas elecciones por determinado supuesto.
d) Siempre que se haya producido el cese del Presidente de la Generalitat.

17. Para la propuesta de President de la Generalitat por parte del Presidente de Les Corts tendrá preferencia:

a) El que haya obtenido mayor apoyo de los grupos políticos parlamentarios.
b) El que haya obtenido mayor número de diputados.
c) El que haya obtenido mayor número de votos populares.
d) El que haya desempeñado antes dicho cargo.

18. Para la proposición de candidato a la presidencia de la Generalitat el Presidente de Les Corts consultará a los representantes de:

a) Los partidos políticos.
b) Los grupos parlamentarios.
c) Los grupos políticos con representación en Les Corts.
d) Los grupos parlamentarios con representación en Les Corts.

19. En el supuesto de no elegirse President de la Generalitat, la disolución de Les Corts:

a) Podrá ser acordada por el Presidente de las mismas.
b) Será acordada por el President de la Generalitat en funciones a propuesta del Presidente de las mismas.
c) Será acordada por el Presidente de las mismas.
d) Será acordada por el President de la Generalitat en funciones a propuesta de la Mesa de las mismas.

20. La modificación última de la Ley del Consell es la efectuada por ley de:

a) 20 de marzo de 2007.
b) 21 de diciembre de 2012.
c) 21 de diciembre de 2012.
d) 27 de diciembre de 2012.

21. El candidato propuesto por el Presidente de Les Corts para President de la Generalitat:

a) Indicará a Les Corts la composición de su gobierno en caso de ser elegido.
b) Manifestará su programa político de gobierno.

c) Manifestará su programa político de gobierno y la composición del mismo.

d) Indicará la composición del Consell en caso de ser elegido.

22. Para proponer el segundo candidato a la Presidencia de la Generalitat por el Presidente de Les Corts se tendrá en cuenta:

a) Que no pertenezca al mismo grupo político del primer candidato.

b) Las mismas circunstancias que se tuvieran en cuenta con el primer candidato.

c) El número de votos populares emitidos.

d) Quién es el partido mayoritario en Les Corts.

23. ¿Cuál de las siguientes afirmaciones es cierta?

a) La Ley del Consell determina el número máximo de diputados de Les Corts.

b) La Ley del Consell es la única norma que determina el número mínimo de diputados de Les Corts.

c) La Ley del Consell determina el número máximo y mínimo de diputados de Les Corts.

d) Todas son falsas.

24. La tramitación de un decreto ley como proyecto de ley por el trámite de urgencia:

a) Será un acuerdo tomado por Les Corts.

b) Será un acuerdo tomado por el Presidente de Les Corts.

c) Será un acuerdo tomado por el Consell.

d) Será un acuerdo tomado por el President de la Generalitat.

25. La tramitación de la convalidación de un decreto ley se encuentra establecida pormenorizadamente:

a) En el Reglamento de Les Corts.

b) En el EA y en el reglamento de Les Corts.

c) En la Ley del Consell.

d) En la Ley del Consell y en el Reglamento de Les Corts.

26. La tramitación como proyecto de ley por el procedimiento de urgencia de un decreto ley se regirá por lo dispuesto:

a) En el EA y en el Reglamento de Les Corts.

b) En la Ley General de Corts.

c) En el EA, en la Ley del Consell y en el Reglamento de Les Corts.

d) En el Reglamento de Les Corts.

27. Los decretos leyes son definidos por la Ley del Consell como:

a) Disposiciones legislativas provisionales.

b) Leyes de carácter excepcional.

c) Normas jurídicas transitorias.
d) Normas jurídicas con validez de ley.

28. La Ley del Consell define los decretos leyes como:

a) Actos administrativos.
b) Disposiciones legislativas.
c) Manifestaciones de la potestad administrativa.
d) Actos con fuerza de ley.

29. Los diputados que en Les Corts hayan firmado una moción de censura alternativa y que votada no ha sido aprobada:

a) No podrán presentar otra en el mismo periodo de sesiones.
b) No podrán presentar otra en el mismo año.
c) No podrán presentar otra en la misma legislatura.
d) No podrán presentar otras ejerciendo sus funciones de diputados de Les Corts.

30. ¿Sobre cuál de estas materias no puede incidir un decreto ley según la Ley del Consell?

a) Derechos y deberes de los ciudadanos reconocidos en la Constitución.
b) Derechos y deberes de los ciudadanos reconocidos en el Estatuto de Autonomía.
c) Derechos y deberes de los ciudadanos reconocidos en el ordenamiento jurídico.
d) Derechos y deberes de los ciudadanos reconocidos en la Constitución y en el Estatuto de Autonomía.

31. El plazo para convalidar un decreto Ley según la Ley del Consell comienza a computarse desde:

a) Su remisión a Les Corts.
b) Desde su admisión por el Presidente de Les Corts.
c) Desde su promulgación.
d) Desde su aceptación por la Mesa de Les Corts.

32. La convalidación de un decreto ley según la Ley del Consell:

a) Podrá hacerse por mayoría absoluta.
b) Se hará por mayoría simple al no decir lo contrario la Ley del Consell.
c) Se hará mediante votación semejante a cualquier proyecto de ley.
d) Se hará por mayoría absoluta.

33. El plazo para que Les Corts convaliden un decreto ley según la Ley del Consell es de:

a) 30 días.
b) Un mes.

c) Quince días.

d) El plazo que determine el Reglamento de Les Corts.

34. Las tareas de máximo apoyo y asesoramiento al Presidente del Consell son función de:

a) Secretarios Autonómicos.

b) Consellers.

c) Vicepresidentes.

d) Cualquier miembro del Consell designado para ello por el Presidente.

35. La designación de los representantes de la Generalitat en las empresas públicas o de carácter económico o financiero de la Administración del Estado, implantadas en el ámbito territorial de la Comunitat Valenciana, es competencia de:

a) El Consell.

b) El Presidente del Consell.

c) Les Corts.

d) El President de la Generalitat.

36. Según la Ley del Consell, suscribir convenios y acuerdos de colaboración de la Generalitat con el Estado u otras Comunidades Autónomas:

a) Precisa debate previo de Les Corts.

b) Precisa aprobación de las Cortes Generales y de Les Corts.

c) No precisa aprobación de Les Corts.

d) No precisa aprobación de las Cortes Generales ni de Les Corts.

37. El control de la legislación delegada, según la Ley del Consell:

a) Solo podrá realizarse por los tribunales de justicia.

b) Solo podrá realizarse por el Tribunal Constitucional.

c) Podrá realizarse por Les Corts.

d) Podrá realizarse por el Consell.

38. El orden del día de una sesión extraordinaria de Les Corts solicitada por el Consell:

a) Será fijado por el Consell.

b) Será fijado el Presidente de la Generalitat.

c) Será fijado por la Diputación Permanente de Les Corts.

d) Será propuesto por el Consell.

39. Los documentos que utilice el Consell para la adopción de acuerdos del mismo:

a) Son considerados siempre documentos públicos.

b) Son considerados siempre documentos reservados.

c) Dejan de ser documentos reservados en el momento en que el Consell tome el acuerdo correspondiente.

d) Son considerados documentos reservados, pero el Consell puede autorizar su publicación y consulta.

40. Las Comisiones Delegadas del Gobierno Valenciano:

a) Tienen carácter consultivo.
b) Podrán resolver determinadas materias.
c) Siempre tendrán carácter temporal.
d) Cada una de ellas estudiará las materias de su respectiva Conselleria.

41. Las Comisiones Interdepartamentales:

a) Están integradas por Consellers.
b) Son Comisiones de expertos independientes de la Administración.
c) Está formada por altos cargos de la Administración Valenciana.
d) Tendrán facultades decisorias.

42. Las Comisiones Interdepartamentales:

a) Son creadas y regulado su funcionamiento por ley.
b) Su funcionamiento está regulado por ley y su creación por Decreto.
c) Son creadas y regulado su funcionamiento por Decreto.
d) Son creadas por ley y su funcionamiento está regulado por Decreto.

43. Las materias objeto de la actuación de las Comisiones Interdepartamentales:

a) Son sectoriales y comunes a varios departamentos.
b) Son específicas de cada Conselleria.
c) No pueden implicar materias propias del poder ejecutivo.
d) Son aquellas que han delegado Les Corts.

44. Los Secretarios Autonómicos:

a) Formarán parte de las Comisiones Delegadas del Gobierno.
b) Podrán formar parte de las Comisiones Delegadas del Gobierno.
c) No formarán parte de las Comisiones Delegadas del Gobierno.
d) No formarán parte de las Comisiones Delegadas del Gobierno pero podrán informar ante las mismas cuando sea reclamada su presencia.

45. Las sanciones y multas:

a) Podrán ser impuestas por reglamentos salvo que expresamente una ley lo prohíba.
b) En cualquier caso podrán ser impuestas por reglamentos en determinadas materias.

c) No podrán ser impuestas por reglamentos.

d) No podrán ser impuestas por reglamentos, salvo que expresamente una ley lo permita.

46. El anteproyecto de ley será elaborado:

a) Por la Comisión Delegada que sea competente.

b) En determinados supuestos, por la Comisión Interdepartamental correspondiente.

c) Por la Secretaría correspondiente.

d) Por la Conselleria competente.

47. En el anteproyecto de ley, deberán constar:

a) Los informes del Secretario Autonómico.

b) Los informes del Consell Jurídic Consultiu de la Comunitat Valenciana.

c) Los informes del Director General competente.

d) Los informes del Subsecretario competente.

48. ¿Quién eleva el anteproyecto de ley de nuevo al Consell para su aprobación como proyecto de ley?

a) En principio el Conseller respectivo.

b) El Secretario Autonómico competente.

c) El Presidente del Consell.

d) El Vicepresidente con competencia en la materia.

49. En la tramitación de un proyecto de reglamento, el órgano encargado de solicitar el informe del área jurídico es:

a) EL Conseller respectivo.

b) La Secretaría Autonómica en su caso o la Dirección General.

c) El Conseller de Administración Pública.

d) La Subsecretaría del Departamento.

50. La relación ordinaria entre el Consell y Les Corts se realiza:

a) Por medio del Conseller que tenga atribuida dicha competencia.

b) Por medio del representante del Consell en la Mesa de Les Corts.

c) Por medio del Síndic del Consell.

d) Por medio del representante del Consell en la Junta de Portavoces.

51. Una vez el Consell haga uso de la delegación legislativa:

a) Lo comunicará así a Les Corts y publicará la disposición en el Diari Oficial de la Comunitat Valenciana.

b) Lo comunicará así a Les Corts, remitiéndoles la disposición.

c) Lo comunicará así a Les Corts.

d) Lo comunicará así a Les Corts pudiendo publicar la disposición.

52. ¿Quién declara la disolución de Les Corts convocando elecciones anticipadas?

a) El Presidente de Les Corts.

b) El Consell.

c) El President de la Generalitat.

d) El President de la Mesa de Les Corts.

53. Las disposiciones que revistan la forma de Decreto:

a) Se publicarán en el BOP.

b) Se publicarán en el BOE y en el DOCV (Diari Oficial de la Comunitat Valenciana).

c) No tienen que ser publicados salvo que una ley obligue a ello.

d) Se publicarán únicamente en el DOCV.

54. Las Comisiones Interdepartamentales:

a) Se crean por ley.

b) Se crean por decreto.

c) Tienen las funciones que enumera la Ley de Consell.

d) Tienen las funciones que enumera el EA y la Ley de Consell.

55. La Comisión de Secretarios Autonómicos y Subsecretarios estará presidida:

a) Por quien disponga la norma de su creación.

b) Por el President de la Generalitat.

c) Por cualquier miembro del Consell.

d) Por el Secretario del Consell.

56. El Secretario del Consell será nombrado:

a) Por el Consell.

b) De entre los Vicepresidentes y los Consellers.

c) Por el President de la Generalitat y le corresponderá ser el portavoz del Consell.

d) De entre los Consellers sin cartera.

57. ¿Cuál de las siguientes afirmaciones es cierta, tal como señala la Ley del Consell?

a) La cuestión de confianza impide la celebración del debate de política general en esa legislatura.

b) La celebración de una investidura por haber perdido el gobierno la cuestión de confianza impide la celebración del debate de política general en ese año.

c) La discusión de una moción de censura impide la celebración del debate de política general en esa legislatura.

d) Cualquier debate de censura o de confianza impide la celebración del debate de política general en esa legislatura.

58. El debate de política general:

a) Podrá dar lugar a debate.
b) Dará lugar a debate.
c) Dará lugar a la aprobación de resoluciones.
d) Podrá dar lugar a la aprobación de resoluciones.

59. Los Secretarios Autonómicos:

a) No podrán comparecer ante las Comisiones de Les Corts si no son llamados por éstas.
b) Podrán comparecer ante el Pleno de Les Corts.
c) No podrán comparecer ante el Pleno de Les Corts a petición propia.
d) Si son llamados por el Pleno de Les Corts tendrán que comparecer.

60. ¿Está obligado el Consell a facilitar la documentación que le sea requerida por Les Corts?

a) En cualquier caso.
b) Solo en los supuestos en que así lo determinen Les Corts.
c) Únicamente en los supuestos que determine la ley.
d) No, si manifiesta razones fundadas en derecho para su negativa.

61. Los miembros del Consell:

a) Tienen derecho a asistir a todas las sesiones de Les Corts.
b) Tiene derecho a asistir a los Plenos de Les Corts y las Comisiones de las que formen parte.
c) Tienen derecho a asistir a los Plenos pero no a las comisiones de Les Corts.
d) Tienen derecho a asistir a las Comisiones de Les Corts pero no a sus Plenos.

62. Solicitar de las Cortes Generales la facultad para la Generalitat de dictar normas en materia de titularidad estatal:

a) Es competencia de Les Corts.
b) Es competencia del President de la Generalitat.
c) Es competencia del Presidente de Les Corts.
d) Es competencia del Presidente de la Mesa de Les Corts.

63. Las normas de las que habla la pregunta anterior son:

a) Leyes orgánicas.
b) Normas legislativas.

c) Reglamentos.
d) Leyes.

64. Para disolver Les Corts hace falta:

a) Acuerdo previo del Consell.
b) Convocatoria del Consell.
c) Votación por mayoría simple del Consell.
d) Ratificación por el Consell.

65. ¿Puede el President de la Generalitat reservarse una materia determinada para su propia competencia?

a) Sí, siempre que no disponga una estructura orgánica para ello.
b) Solo para determinadas materias.
c) Sí, con el carácter de Vicepresidente.
d) Sí.

Solución al test n.º 3

1. a) El President de la Generalitat.

2. b) Su dirección presidencial.

3. b) Lo establece así la CE (Constitución española) y el EA (Estatuto de Autonomía).

4. d) Conforme el Reglamento de Les Corts.

5. c) No se dispone limitación ni en el EA ni en la Ley del Consell.

6. a) Por acuerdo.

7. a) Por el President de la Generalitat en funciones.

8. c) Levantar actas de las sesiones del Consell.

9. a) Deliberación del Consell.

10. b) Podrán no tener adscritas Secretarías Autonómicas.

11. d) El Presidente de Les Corts no está obligado a retomar la ronda de consultas.

12. a) Siempre que estas no hayan tomado acuerdo final sobre el mismo.

13. b) El plazo mínimo dispuesto para la votación de la cuestión de confianza es inferior al plazo que debe transcurrir entre la primera y segunda votación de investidura.

14. b) Serán aprobados por mayoría simple salvo que para su aprobación se requiera mayoría cualificada.

15. a) A que sea destinada a gastos de inversión.

16. a) Siempre que se hayan celebrados nuevas elecciones.

17. a) El que haya obtenido mayor apoyo de los grupos políticos parlamentarios.

18. c) Los grupos políticos con representación en Les Corts.

19. c) Será acordada por el Presidente de las mismas.

20. d) 27 de diciembre de 2012.

21. b) Manifestará su programa político de gobierno.

22. b) Las mismas circunstancias que se tuvieran en cuenta con el primer candidato.

23. d) Todas son falsas.

24. a) Será un acuerdo tomado por Les Corts.

25. a) En el Reglamento de Les Corts.

26. d) En el Reglamento de Les Corts.

27. a) Disposiciones legislativas provisionales.

28. b) Disposiciones legislativas.

29. a) No podrán presentar otra en el mismo periodo de sesiones.

30. d) Derechos y deberes de los ciudadanos reconocidos en la Constitución y en el Estatuto de Autonomía.

31. c) Desde su promulgación.

32. b) Se hará por mayoría simple al no decir lo contrario la Ley del Consell.

33. a) 30 días.

34. c) Vicepresidentes.

35. a) El Consell.

36. a) Precisa debate previo de Les Corts.

37. c) Podrá realizarse por Les Corts.

38. d) Será propuesto por el Consell.

39. c) Dejan de ser documentos reservados en el momento en que el Consell tome el acuerdo correspondiente.

40. b) Podrán resolver determinadas materias.

41. c) Está formada por altos cargos de la Administración Valenciana.

42. c) Son creadas y regulado su funcionamiento por Decreto.

43. a) Son sectoriales y comunes a varios departamentos.

44. b) Podrán formar parte de las Comisiones Delegadas del Gobierno.

45. d) No podrán ser impuestas por reglamentos, salvo que expresamente una ley lo permita.

46. d) Por la Conselleria competente.

47. d) Los informes del Subsecretario competente.

48. a) En principio el Conseller respectivo.

49. d) La Subsecretaría del Departamento.

50. d) Por medio del representante del Consell en la Junta de Portavoces.

51. b) Lo comunicará así a Les Corts, remitiéndoles la disposición.

52. c) El President de la Generalitat.

53. d) Se publicarán únicamente en el DOCV.

54. b) Se crean por decreto.

55. d) Por el Secretario del Consell.

56. b) De entre los Vicepresidentes y los Consellers.

57. b) La celebración de una investidura por haber perdido el gobierno la cuestión de confianza impide la celebración del debate de política general en ese año.

58. b) Dará lugar a debate.

59. c) No podrán comparecer ante el Pleno de Les Corts a petición propia.

60. d) No, si manifiesta razones fundadas en derecho para su negativa.

61. a) Tienen derecho a asistir a todas las sesiones de Les Corts.

62. b) Es competencia del President de la Generalitat.

63. b) Normas legislativas.

64. a) Acuerdo previo del Consell.

65. d) Sí.

La Ley 5/1983, de 30 de diciembre, del Consell: Título II, Del Consell: Capítulo IV: De la conselleria y de los Consellers, Capítulo V: Estatuto Personal de los Consellers; Título IV, De la Administración Pública de la Generalitat

1. El procedimiento de determinación de la estructura orgánica superior del Consell y la designación de sus titulares, mediante la Ley del Consell:

a) Se jerarquiza.
b) Se limita.
c) Se agiliza.
d) Se fiscaliza.

2. A los Consellers les corresponden:

a) El ejercicio de las facultades ordinarias de contratación administrativa dentro de los límites establecidos en las leyes presupuestarias.
b) El ejercicio de cualquier facultad en materia de contratación administrativa.
c) El ejercicio de la facultad en materia de contratación administrativa dentro de las competencias establecidas por el Consell.
d) El ejercicio de la facultad en materia de contratación administrativa siempre que le sea delegado por el Consell.

3. Las funciones competentes de los Consellers:

a) Les tendrán que ser atribuidas por ley.
b) Les podrán ser atribuidas reglamentariamente.
c) Les tendrán que ser atribuidas por ley o reglamentariamente.
d) Además de por ley o por reglamento, solo les podrán ser atribuidas por el President de la Generalitat.

4. El Reglamento orgánico de cada Conselleria:

a) Es aprobado por el Consell.
b) Es aprobado por el Conseller respectivo.

c) Es aprobado por el President de la Generalitat.

d) Puede ser aprobado por la Comisión Delegada del Gobierno que tenga competencias en la materia.

5. La Presidencia de la Generalitat orgánicamente se desarrolla:

a) Conforme especifica la Ley del Consell.

b) Conforme a su reglamento orgánico.

c) Conforme a las leyes de Les Corts que deben regularlo.

d) Conforme a sus propias disposiciones reglamentarias, siempre dentro de los límites fijados por la ley estatal.

6. Las delegaciones que se hayan efectuado en el seno de la Administración Pública de la Generalitat:

a) Podrán ser revocadas pero siempre con anterioridad a su confirmación.

b) Solo podrán ser revocadas excepcionalmente, y en cualquier momento.

c) Podrán revocarse solo dentro del plazo que en la delegación se haya fijado para efectuar dicha revocación.

d) Podrán revocarse en cualquier momento.

7. La adaptación de las normas de la Administración del Estado a la organización de la Generalitat Valenciana se hará conforme a las normas dictadas por:

a) Les Corts.

b) Las Cortes Generales.

c) El Consell.

d) Los órganos administrativos de la Generalitat.

8. La adaptación anterior se realizará:

a) Por medio de leyes de Les Corts.

b) Por medio de decreto del President de la Generalitat.

c) Mediante reglamentación del Consell.

d) Mediante decreto del President de la Generalitat.

9. La ley del Consell:

a) Permite la delegación de competencias delegadas en cualquier caso.

b) Permite en determinados supuestos la delegación de competencias delegadas.

c) Se remite en cuanto a la delegación de competencias delegadas a lo establecido en la Legislación General del Estado.

d) No permite, en ningún caso, la delegación de competencias delegadas.

10. Las competencias propias del Consell:

a) No son delegables.

b) Son delegables en determinados casos en las Comisiones Delegadas del Gobierno.

c) Son delegables en cualquier caso y órganos.

d) Son delegables en cualquier caso en las Comisiones Delegadas del Gobierno.

11. Las Secretarías Autonómicas:

a) Son de existencia facultativa.

b) Son de existencia probable.

c) Son de existencia general.

d) Son de existencia obligada.

12. Requerirán autorización previa del Conseller:

a) La delegación realizada por los órganos de nivel superior.

b) La delegación realizada por los órganos de nivel administrativo.

c) Cualquier delegación realizada en el seno de una Conselleria.

d) La delegación realizada en los órganos de nivel directivo y administrativo.

13. Los servicios periféricos lo son:

a) De las Consellerias.

b) De la Presidencia del Consell.

c) Del Consell.

d) De la Presidencia de la Generalitat Valenciana.

14. Los servicios periféricos son expresión del principio de:

a) Economía.

b) Control.

c) Desconcentración.

d) Descentralización.

15. Los servicios periféricos tienen competencia territorial en:

a) Todo el territorio provincial que asumen.

b) En toda la Comunidad Autónoma.

c) En el mismo territorio que asumen los servicios centrales.

d) En su propio ámbito territorial.

16. Para tener la consideración de órgano directivo, un alto cargo debe ostentar, como mínimo, el rango de:

a) Director General.

b) Subdirector General.

c) Subsecretario.

d) Secretario autonómico.

17. Preparar compilaciones de las normas vigentes que afecten al Consell:

a) Es función de la Secretaría General Administrativa.
b) Es función de la Subsecretaría.
c) Puede ser función del Secretario Autonómico.
d) Puede ser función de los Directores Generales.

18. En todas las Consellerias, el máximo órgano de nivel administrativo de cada una de ellas, es:

a) La Subsecretaría.
b) El Secretario Autonómico.
c) El Conseller directamente.
d) Secretaría General Administrativa, dependiente de la Subsecretaría.

19. Las delegaciones que se hayan realizado en el seno de la Administración Pública de la Generalitat:

a) Solo podrán ser revocadas por el órgano superior al delegante.
b) Solo podrán ser revocadas por el órgano superior al delegado.
c) Solo podrán ser revocadas por el órgano delegante.
d) Solo podrán ser delegadas por el Conseller competente, o, en su defecto, por el Consell.

20. ¿Cuál de las siguientes competencias propias de un órgano administrativo es delegable, como regla general?

a) Las que correspondan a relaciones con órganos de otras Comunidades Autónomas.
b) Las que son atribuidas expresamente por el Estatuto de Autonomía.
c) Las que puedan necesitar la creación de un reglamento.
d) Las que ostenta un Conseller por ser miembro del Consell.

21. Para que el Secretario Autonómico resuelva un recurso:

a) Este deberá proceder contra resoluciones dictadas por los órganos administrativos que estén bajo su dependencia.
b) El acto contra el que se produce no deberá haber concluido la vía administrativa.
c) Deberá proceder contra resoluciones dictadas por los órganos directivos que estén bajo su dependencia y no agotar la vía administrativa.
d) Todas son ciertas.

22. La regla general en cuanto a la delegación de competencias es:

a) Que se efectúa en cualquier órgano inferior.
b) Que no puede realizarse sino en cualquier órgano inmediatamente inferior.

c) Que se puede delegar en cualquier órgano inferior y este, a su vez, delegar en un inmediatamente inferior.

d) Que se efectúa en un órgano inmediatamente inferior salvo supuestos.

23. El cumplimiento de los objetivos que supervisará el Secretario Autonómico, se refiere a los objetivos fijados:

a) Únicamente por el President de la Generalitat.

b) Por el President, Vicepresidentes, Consellers o Secretario General

c) Por el President o Vicepresidente exclusivamente.

d) Por el President, Vicepresidente o Consellers exclusivamente.

24. Competencia respecto a los servicios comunes de un determinado Departamento:

a) La tienen los Subsecretarios.

b) La tienen los Secretarios Autonómicos.

c) La tiene el Director General.

d) La tiene el Secretario Autonómico y el Subsecretario.

25. El Director General:

a) Únicamente podrá gestionar y resolver los asuntos que les sean encomendados por el Reglamento Orgánico de la Conselleria o que el President o el Conseller quiera encomendarles.

b) Podrá gestionar y resolver los asuntos que les sean encomendados por el Reglamento Orgánico de la Conselleria o que el Conseller o Secretario Autonómico quiera encomendarles.

c) Podrá gestionar y resolver únicamente los asuntos que les sean encomendados por el Reglamento Orgánico de la Conselleria.

d) Podrá gestionar y resolver los asuntos que les sean encomendados por el Reglamento Orgánico de la Conselleria o por el President, Vicepresidente o Conseller correspondiente.

26. En el nivel administrativo de la Administración autonómica valenciana, pueden establecerse otras unidades distintas a las indicadas en la Ley del Consell:

a) Cuando sea necesario.

b) Excepcionalmente en caso de urgente necesidad.

c) Solo por razones presupuestarias.

d) Debido a la ampliación de competencias de la Generalitat.

27. La Secretaría General Administrativa se encuentra bajo la autoridad:

a) Del Secretario Autonómico correspondiente si lo hubiera.

b) Del Director General.

c) Del Subsecretario.

d) Del Conseller.

28. El régimen interno de las oficinas dependientes de los Directores Generales se establece:

a) Por el Director General.
b) Por el Reglamento dictado para tal Conselleria por el Conseller correspondiente.
c) Por la Relación de Puestos de Trabajo.
d) Por la Secretaría General Administrativa.

29. En cada Conselleria:

a) Existirá una Subsecretaría.
b) Podrá existir una Subsecretaría, según decisión del Conseller competente.
c) Podrá existir una Subsecretaría, según decisión del Secretario Autonómico correspondiente.
d) Podrá existir una Subsecretaría, según decisión del President.

30. La creación en la Conselleria que tenga asignada la materia de justicia, de un centro director donde su titular ostente las competencias en materia de personal al servicio de la Administración de Justicia que sea competencia de la Generalitat:

a) Se realizará reglamentariamente.
b) Precisará autorización por ley estatal.
c) Deberá realizarse mediante ley de Les Corts.
d) Se realizará mediante la modificación de la Relación de Puestos de Trabajo.

31. La estructura y organización de sus respectivas Consellerias:

a) Es resuelto y ejecutado por el propio Conseller competente.
b) Es propuesto por el Conseller competente a Les Corts.
c) Es propuesto por el Conseller correspondiente al Consell.
d) Es propuesta por el Conseller competente al President de la Generalitat que resolverá.

32. Las competencias que sea inherentes a los servicios comunes:

a) Corresponden al Director General.
b) Se atribuye al Subsecretario.
c) Corresponde al titular de la Secretaría General Administrativa.
d) Se atribuye al Secretario Autonómico.

33. La actuación y organización de la Administración Pública de la Generalitat Valenciana:

a) Se hará empleando los medios económicos proporcionales a los fines a obtener.
b) Se hará con los medios necesarios para, en cualquier caso, obtener los fines encomendados.

c) Se realizará siempre con la mínima de medios económicos empleados aunque por ello sufra la obtención de los fines encomendados.

d) Se hará con la mayor economía de medios que permite la obtención de los fines encomendados.

34. Una norma reglamentaria aplicable al funcionamiento interno de unas Conselleria que no sea su Reglamento orgánico:

a) Deberá ser comunicada al Consell, sin precisar aprobación del mismo.
b) Será aprobada por Ley de Les Corts.
c) Debe ser aprobada por el Consell.
d) Deberá ser convalidada por el President de la Generalitat.

Solución al test n.º 4

1. c) Se agiliza.

2. a) El ejercicio de las facultades ordinarias de contratación administrativa dentro de los límites establecidos en las leyes presupuestarias.

3. b) Les podrán ser atribuidas reglamentariamente.

4. a) Es aprobado por el Consell.

5. b) Conforme a su reglamento orgánico.

6. d) Podrán revocarse en cualquier momento.

7. c) Del Consell.

8. c) Mediante reglamentación del Consell.

9. d) No permite, en ningún caso, la delegación de competencias delegadas.

10. d) Son delegables en cualquier caso en las Comisiones Delegadas del Gobierno.

11. a) Son de existencia facultativa.

12. b) La delegación realizada por los órganos de nivel administrativo.

13. a) De las Consellerias.

14. c) Desconcentración.

15. d) En su propio ámbito territorial.

16. a) Director General.

17. b) Es función de la Subsecretaría.

18. d) Secretaría General Administrativa, dependiente de la Subsecretaría.

19. c) Solo podrán ser revocadas por el órgano delegante.

20. c) Las que exijan la creación de un reglamento.

21. d) Todas son ciertas.

22. d) Que se efectúa en un órgano inmediatamente inferior salvo supuestos.

23. d) Por el President, Vicepresidente o Consellers exclusivamente.

24. a) La tienen los Subsecretarios.

25. b) Podrá gestionar y resolver los asuntos que les sean encomendados por el Reglamento Orgánico de la Conselleria o que el Conseller o Secretario Autonómico quiera encomendarles.

26. a) Cuando sea necesario.

27. c) Del Subsecretario.

28. a) Por el Director General.

29. a) Existirá una Subsecretaría.

30. a) Se realizará reglamentariamente.

31. c) Es propuesto por el Conseller correspondiente al Consell.

32. b) Se atribuye al Subsecretario.

33. d) Se hará con la mayor economía de medios que permite la obtención de los fines encomendados.

34. c) Debe ser aprobada por el Consell.

C. Derecho Administrativo

TEST N.º 5

La Ley 40/2015, de 1 de octubre, de régimen jurídico del sector público: Título preliminar, Capítulo I: Disposiciones generales. Capítulo II: Los órganos de las Administraciones Públicas

1. De conformidad con el artículo 8 de la Ley 40/2015, de 1 de octubre, de Régimen Jurídico del Sector Público, la competencia para el dictado de actos administrativos:

a) Es irrenunciable y siempre se ejercerá por los órganos administrativos que la tengan atribuida como propia.

b) Se puede delegar en todo caso.

c) Es irrenunciable y se ejercerá por los órganos administrativos que la tengan atribuida como propia, salvo los casos de delegación o avocación, en los términos previstos en la ley.

d) Es irrenunciable y se ejercerá por los órganos administrativos que la tengan atribuida como propia, salvo los casos de delegación de firma o suplencia, en los términos previstos en la ley.

2. En ningún caso podrán ser objeto de delegación, tal y como dispone la Ley 40/2015, de 1 de octubre, competencias relativas a:

a) La resolución de los recursos de alzada.

b) La adopción de disposiciones de carácter general.

c) Las resoluciones en materia de personal.

d) Las resoluciones de responsabilidad patrimonial.

3. Según dispone el artículo 23 de la Ley 40/2015, de 1 de octubre, de Régimen Jurídico del Sector Público, es motivo de abstención:

a) Tener interés personal en el asunto de que se trate o en otro en cuya resolución pudiera influir la de aquel, ser administrador de sociedad o entidad interesada, o tener cuestión litigiosa pendiente con algún interesado.

b) Tener parentesco de consanguinidad dentro del cuarto grado o de afinidad dentro del tercero, con cualquiera de los interesados, con los administradores de entidades o sociedades interesadas o con sus asesores o representantes legales.

c) Haber prestado servicios profesionales de cualquier tipo y en cualquier circunstancia o lugar en los cinco últimos años a persona natural interesada directamente en el asunto.

d) Haber prestado servicios profesionales de cualquier tipo y en cualquier circunstancia o lugar en los cinco últimos años a persona jurídica interesada directamente en el asunto.

4. La recusación de acuerdo con el artículo 24 de la Ley 40/2015, de 1 de octubre, de Régimen Jurídico del Sector Público, la promueve:

a) La autoridad.
b) El superior jerárquico de la autoridad o funcionario.
c) El interesado.
d) El funcionario.

5. Según dispone el artículo 23 de la Ley 40/2015, de 1 de octubre, de Régimen Jurídico del Sector Público, NO es un motivo de abstención:

a) Haber tenido intervención como perito en el procedimiento de que se trate.
b) Tener parentesco de afinidad dentro del segundo grado, con cualquiera de los interesados, con los administradores de entidades o sociedades interesadas y también con los asesores, representantes legales o mandatarios que intervengan en el procedimiento.
c) Tener parentesco de afinidad dentro del cuarto grado, con cualquiera de los interesados, con los administradores de entidades o sociedades interesadas y también con los asesores, representantes legales o mandatarios que intervengan en el procedimiento.
d) Haber tenido intervención como testigo en el procedimiento de que se trate.

6. Según el artículo 9 de la Ley 40/2015, de 1 de octubre, de Régimen Jurídico del Sector Público, la delegación de competencias:

a) Será revocable en cualquier momento por el órgano que la haya conferido.
b) Es irrevocable.
c) Será revocable solo por el Consejo de Gobierno.
d) Será revocable solo por el Consejo de Ministros.

7. De acuerdo con el artículo 3 de la Ley 40/2015, de 1 de octubre, de Régimen Jurídico del Sector Público, ¿cuáles son los principios de actuación de las Administraciones Públicas?

a) Jerarquía, cooperación, descentralización, desconcentración y colaboración.
b) Eficacia, desconcentración, jerarquía, descentralización y cooperación.
c) Coordinación, descentralización, jerarquía, eficacia y desconcentración.
d) Cooperación, jerarquía, descentralización, eficiencia y servicio a los ciudadanos.

8. ¿Qué principios deberán respetar en su actuación las Administraciones Públicas, conforme al artículo 3 de la Ley 40/2015, de 1 de octubre, de Régimen Jurídico del Sector Público?

a) Los de buena fe y confianza legítima.
b) Los de eficiencia y servicio a los ciudadanos.

c) Participación, objetividad y transparencia de la actuación administrativa.

d) Los de transparencia y participación.

9. ¿Qué principios deberán respetar en sus relaciones las Administraciones Públicas?

a) Buena fe, confianza legítima y lealtad institucional.

b) Los de eficiencia y servicio a los ciudadanos.

c) Los de transparencia y participación.

d) Los de cooperación y colaboración.

10. Las Administraciones Públicas se relacionarán entre sí y con sus órganos, organismos públicos y entidades vinculados o dependientes, conforme al artículo 3.2 de la Ley 40/2015, de 1 de octubre, de Régimen Jurídico del Sector Público:

a) A través de medios electrónicos.

b) A través de medios electrónicos, que aseguren la interoperabilidad y seguridad de los sistemas y soluciones adoptadas por cada una de ellas garantizando la protección de los datos de carácter personal, y facilitando preferentemente la prestación conjunta de servicios a los interesados.

c) Directamente y sin dilación garantizando la protección de los datos de carácter personal, y facilitarán preferentemente la prestación conjunta de servicios a los interesados.

d) Preferentemente a través de medios electrónicos, que aseguren la prestación conjunta de servicios a los interesados.

11. ¿Cuál de las siguientes respuestas es correcta, de acuerdo con lo dispuesto en el artículo 3.4 de la Ley 40/2015, de 1 de octubre, de Régimen Jurídico del Sector Público?

a) Cada Administración Pública actúa para el cumplimiento de sus fines con personalidad jurídica única.

b) Las Administraciones Públicas se configuran como órganos territoriales.

c) Las Administraciones Públicas están integradas por entes locales.

d) Cada Administración instrumental actúa para el cumplimiento de sus fines con personalidad jurídica única.

12. Conforme a lo dispuesto en el artículo 5.3 de la Ley 40/2015, de 1 de octubre, de Régimen Jurídico del Sector Público, ¿qué requisito, de los siguientes, debe cumplirse para la creación de cualquier órgano administrativo?

a) Determinar su forma de descentralización en la Administración Pública de que se trate.

b) Fijar los objetivos de interés común a cumplir.

c) La dotación de los créditos necesarios para su puesta en marcha y funcionamiento.

d) Deben cumplirse todos los requisitos anteriores.

13. De acuerdo con lo dispuesto en el artículo 8.1 de la Ley 40/2015, de 1 de octubre, de Régimen Jurídico del Sector Público, ¿cómo es la competencia que ejerce un órgano administrativo que la tenga atribuida como propia?

a) Es compartida con el órgano de superior jerarquía.
b) Es irrenunciable.
c) Es renunciable ante el órgano superior del mismo ente.
d) Es renunciable ante el órgano superior del mismo ente, a través de la técnica de la avocación.

14. Señala la respuesta correcta. De acuerdo con lo dispuesto en el artículo 8 de la Ley 40/2015, de 1 de octubre, de Régimen Jurídico del Sector Público:

a) Se pueden crear órganos que supongan duplicación de otros ya existentes.
b) La delegación de firma y la suplencia supone alteración de la titularidad de la competencia.
c) La encomienda de gestión supone alteración de la titularidad de la competencia.
d) Salvo los casos de avocación o delegación la competencia es irrenunciable.

15. Señala la respuesta correcta. Según el artículo 9 de la Ley 40/2015, de 1 de octubre, de Régimen Jurídico del Sector Público:

a) Los órganos de las diferentes Administraciones Públicas no podrán delegar el ejercicio de competencias que tengan atribuidas en otros órganos de la misma Administración, aun cuando no sean jerárquicamente dependientes.
b) No podrán ser objeto de delegación las competencias relativas a asuntos que se refieran a las relaciones con las Asambleas Legislativas de las Comunidades Autónomas.
c) Se podrán delegar las competencias relativas a asuntos que se refieran a las relaciones con las Cortes Generales.
d) Podrá ser objeto de delegación la resolución de recursos en los órganos administrativos que hayan dictado los actos objeto de recurso.

16. A tenor de lo dispuesto en el artículo 9.3 de la Ley 40/2015, de 1 de octubre, de Régimen Jurídico del Sector Público, ¿dónde deberán publicarse la delegación de competencias y su revocación?

a) En el Boletín Oficial del Estado, siempre.
b) En el Diario Oficial de la Comunidad Autónoma.
c) En el Diario Oficial de la Provincia.
d) El medio de publicación dependerá de la Administración a que pertenezca el órgano delegante y el ámbito territorial de competencia de este.

17. Señala la respuesta correcta. Conforme a lo dispuesto en el artículo 9 de la Ley 40/2015, de 1 de octubre, de Régimen Jurídico del Sector Público:

a) La delegación será revocable en cualquier momento por el órgano que la haya conferido.
b) Las resoluciones administrativas que se adopten por delegación se considerarán dictadas por el órgano delegado.

c) Salvo autorización expresa de un Reglamento, no podrán delegarse competencias que se ejerzan por delegación.

d) La delegación será revocable en cualquier momento por el órgano que la haya aceptado.

18. ¿Cuál de las respuestas referidas a la avocación es correcta, teniendo en cuenta lo dispuesto en el artículo 10 de la Ley 40/2015, de 1 de octubre, de Régimen Jurídico del Sector Público?

a) La avocación se realizará mediante acuerdo motivado que deberá ser notificado a los interesados, si los hubiere, con anterioridad a la incoación del procedimiento.

b) Contra el acuerdo de avocación solo cabrá el recurso de alzada.

c) La avocación se realizará mediante acuerdo motivado que deberá ser notificado a los interesados, si los hubiere, con anterioridad a la resolución final que se dicte.

d) Contra el acuerdo de avocación solo cabrá el recurso de reposición.

19. De acuerdo con el artículo 11 de la Ley 40/2015, de 1 de octubre, de Régimen Jurídico del Sector Público, ¿qué supone la encomienda de gestión?

a) Supone cesión de elementos sustantivos de la competencia.

b) Supone cesión de titularidad de la competencia.

c) Supone la avocación del órgano superior, que la podrá ejercer cuando lo estime oportuno.

d) Supone cesión de la realización de actividades de carácter material o técnico de la competencia de los órganos administrativos.

20. A tenor de lo dispuesto en el artículo 11.3. b) de la Ley 40/2015, de 1 de octubre, de Régimen Jurídico del Sector Público, ¿qué ocurre cuando la encomienda de gestión se realice entre órganos de distintas Administraciones?

a) Se formalizará en la forma que normativamente se establezca.

b) Se formalizará mediante firma del correspondiente convenio entre ellas.

c) Se formalizará mediante firma del correspondiente contrato administrativo entre ellas.

d) Se formalizará mediante firma del correspondiente concierto entre ellas.

21. Señala la respuesta correcta. En relación con la delegación de firma, de acuerdo con lo dispuesto en el artículo 12 de la Ley 40/2015, de 1 de octubre, de Régimen Jurídico del Sector Público:

a) No alterará la competencia del órgano delegante y para su validez no será necesaria su publicación.

b) Permite que cualquier funcionario pueda delegar la firma de sus resoluciones en otros dependientes.

c) Para su validez será necesaria su publicación.

d) Altera la competencia del órgano delegante.

22. La suplencia, a tenor de lo dispuesto en el artículo 13 de la Ley 40/2015, de 1 de octubre, de Régimen Jurídico del Sector Público:

a) La nombra el titular del órgano objeto de la suplencia.

b) No implicará alteración de la competencia.

c) Implica alteración de la competencia del órgano delegante.

d) Se formalizará mediante firma del correspondiente convenio.

23. Señala la respuesta correcta. De acuerdo con lo dispuesto en el artículo 13 de la Ley 40/2015, de 1 de octubre, de Régimen Jurídico del Sector Público, en relación con la suplencia:

a) Corresponde a quien designe el órgano suplido.

b) Implica que los titulares de los órganos administrativos podrán ser suplidos temporalmente.

c) Corresponde a quien designe el órgano suplente.

d) Se ejercerá por quien designe el órgano administrativo inmediato inferior del mismo.

24. ¿Qué hará el órgano administrativo que se estime incompetente, conforme a lo dispuesto en el artículo 14.1 de la Ley 40/2015, de 1 de octubre, de Régimen Jurídico del Sector Público, para la resolución de un asunto?

a) Remitirá el asunto al órgano que considere competente, debiendo notificar esta circunstancia a los interesados.

b) Abandonará el conocimiento del asunto.

c) Resolverá el asunto en todo caso y luego lo tramitará al órgano competente.

d) Directamente y sin dilación garantizará la protección de los datos de carácter personal, y facilitará preferentemente la prestación conjunta de servicios a los interesados.

25. Señala la respuesta correcta. En relación con las decisiones de competencia y a tenor de lo dispuesto en el artículo 14 de la Ley 40/2015, de 1 de octubre, de Régimen Jurídico del Sector Público:

a) Los interesados que sean parte en el procedimiento no podrán dirigirse al órgano que se encuentre conociendo de un asunto para que decline su competencia y remita las actuaciones al órgano competente.

b) Los interesados en un procedimiento no podrán dirigirse al órgano que estimen competente para que requiera de inhibición al que esté conociendo del asunto.

c) Los conflictos de atribuciones solo podrán suscitarse entre órganos de una misma Administración no relacionados jerárquicamente, y respecto a asuntos sobre los que no haya finalizado el procedimiento administrativo.

d) Los conflictos de atribuciones solo podrán suscitarse entre órganos de una misma Administración relacionados jerárquicamente, y respecto a asuntos sobre los que no haya finalizado el procedimiento administrativo.

26. Conforme a lo dispuesto en el artículo 6 de la Ley 40/2015, de 1 de octubre, de Régimen Jurídico del Sector Público, ¿cómo podrán dirigir los órganos administrativos las actividades de sus órganos jerárquicamente dependientes?

a) Mediante decretos, instrucciones y órdenes de servicio.
b) Mediante instrucciones y órdenes de servicio.
c) Mediante disposiciones que avalen la eficacia de los actos.
d) Mediante circulares y órdenes de servicio.

27. A tenor del artículo 6.1 de la Ley 40/2015, de 1 de octubre, de Régimen Jurídico del Sector Público, ¿dónde se publicarán las instrucciones y órdenes de servicio cuando una disposición específica así lo establezca?

a) En el Boletín Oficial que corresponda.
b) En el Diario de la Consejería correspondiente.
c) En el Diario de Sesiones de la Asamblea.
d) En el Boletín Oficial del Estado.

28. ¿Dónde se integrarán los órganos colegiados, según lo dispuesto en el artículo 15.2 de la Ley 40/2015, de 1 de octubre, de Régimen Jurídico del Sector Público?

a) Quedarán integrados en la Administración Pública de su elección.
b) Se integrarán en las normas de funcionamiento de la Administración Pública a la que pertenezcan.
c) Quedarán integrados en la Administración Pública que corresponda.
d) Quedarán integrados en la Administración instrumental.

29. Conforme a lo dispuesto en el artículo 19 de la Ley 40/2015, de 1 de octubre, de Régimen Jurídico del Sector Público, ¿quién dirime con su voto, en un órgano colegiado, los empates que puedan darse en un acuerdo?

a) El Presidente del Órgano Colegiado.
b) Cualquier miembro del Órgano Colegiado.
c) El Secretario del Órgano Colegiado.
d) El vocal de conflictos.

30. ¿Qué podrán formular los miembros de un órgano colegiado que discrepen del acuerdo mayoritario, conforme a lo dispuesto en el artículo 19 de la Ley 40/2015, de 1 de octubre, de Régimen Jurídico del Sector Público?

a) Una denuncia contra la adopción de ese acuerdo.
b) Un voto particular.
c) Una queja al superior jerárquico del órgano colegiado.
d) Su desacuerdo y posterior recusación.

31. ¿Cómo puede asistir a las reuniones el Secretario de un órgano colegiado, si es funcionario, de acuerdo con lo dispuesto en el artículo 19.4 de la Ley 40/2015, de 1 de octubre, de Régimen Jurídico del Sector Público?

a) Con voz, pero sin voto.
b) Con voto, exclusivamente.
c) Con voz y voto.
d) Igual que el Presidente, siempre que ejerza potestades administrativas.

32. Conforme a lo dispuesto en el artículo 17.6 de la Ley 40/2015, de 1 de octubre, de Régimen Jurídico del Sector Público, los miembros de un órgano colegiado que voten en contra de un acuerdo o se abstengan:

a) Quedarán sujetos a la responsabilidad que, en su caso, pueda derivarse de los acuerdos.
b) Quedará reflejado en el acta, la cual no podrá aprobarse en la misma sesión.
c) Quedarán exentos de la responsabilidad que, en su caso, pueda derivarse de los acuerdos.
d) Se hará constar expresamente tal circunstancia.

33. A tenor de lo dispuesto en el artículo 23 de la Ley 40/2015, de 1 de octubre, de Régimen Jurídico del Sector Público, ¿cuál de los siguientes supuestos es motivo de abstención?

a) El tener parentesco de afinidad dentro del primer grado.
b) El tener parentesco de afinidad dentro del segundo grado.
c) El tener parentesco de afinidad dentro del tercer grado.
d) El tener parentesco de afinidad dentro del cuarto grado.

34. De acuerdo con el artículo 23 de la Ley 40/2015, de 1 de octubre, de Régimen Jurídico del Sector Público, ¿cuál de los siguientes supuestos es motivo de abstención?

a) El tener parentesco de consanguinidad dentro del primer grado.
b) El tener parentesco de consanguinidad dentro del segundo grado.
c) El tener parentesco de consanguinidad dentro del tercer grado.
d) El tener parentesco de consanguinidad dentro del cuarto grado.

35. Conforme a lo dispuesto en el artículo 24.4 de la Ley 40/2015, de 1 de octubre, de Régimen Jurídico del Sector Público, ¿en cuánto tiempo resolverá el superior jerárquico del recusado en un procedimiento si este niega la causa de recusación?

a) En el plazo de dos días.
b) En el plazo de tres días.
c) En el plazo de seis días.
d) En el plazo de nueve días.

36. De conformidad con la Ley 40/2015, la constitución de un órgano administrativo no requerirá:

a) Sus funciones y competencias.
b) Dotación de los créditos necesarios.
c) Designación de su titular.
d) La forma de integración en su Administración Pública.

37. La Ley 40/2015, de 1 de octubre, de Régimen Jurídico del Sector Público, establece que, en todo caso, la avocación:

a) Se realizará mediante resolución motivada que deberá ser notificada a los interesados en el procedimiento, en todo caso, con anterioridad a la resolución final que se dicte.
b) Se realizará mediante acuerdo motivado que deberá ser notificado a los interesados en el procedimiento, si los hubiere, con anterioridad a la propuesta de resolución que se dicte.
c) Se realizará mediante acuerdo motivado que deberá ser notificado a los interesados en el procedimiento, si los hubiere, con anterioridad o simultáneamente a la resolución final que se dicte.
d) Se realizará mediante resolución motivada que deberá ser notificada a los interesados en el procedimiento, si los hubiere, con anterioridad a la resolución final que se dicte.

38. Una Mesa de Contratación ha sido constituida como órgano colegiado para el estudio de las diferentes ofertas presentadas en un procedimiento. ¿A quién corresponde visar las actas y certificaciones de los acuerdos de un órgano colegiado de la Administración Pública?

a) Al presidente.
b) Al secretario.
c) A los vocales.
d) Al interventor de fondos.

39. Una empresa presenta escrito de recusación contra un vocal de la Mesa de Contratación por entender que concurre uno de los motivos señalados en el artículo 24 de la Ley 40/2015, de 1 de octubre, de Régimen Jurídico del Sector Público. Según esta norma, el recusado manifestará a sus superiores si se da o no en él la causa alegada:

a) En el plazo de tres días.
b) Al día siguiente.
c) En el plazo de 10 días.
d) En el mismo día.

40. Contra la resolución adoptada en materia de recusación, conforme a la Ley 40/2015, de 1 de octubre, de Régimen Jurídico del Sector Público:

a) Cabrá recurso de alzada.
b) Cabrá recurso potestativo de reposición, en el caso de las corporaciones locales.

c) Cabrá cualquier tipo de recurso administrativo.
d) No cabrá recurso administrativo.

41. Deberá publicarse en el Boletín Oficial correspondiente:

a) La revocación de una delegación de competencias.
b) La avocación del conocimiento de un asunto.
c) La delegación de firma.
d) Cualquier orden de servicio.

42. Según la Ley 40/2015, de 1 de octubre, de Régimen Jurídico del Sector Público, la encomienda de gestión, la delegación de firma y la suplencia:

a) Suponen, en algún caso, la renuncia a la competencia del órgano que la tiene asignada.
b) Suponen una alteración de la titularidad de la competencia.
c) Suponen una alteración temporal de la titularidad de la competencia.
d) No suponen alteración de la titularidad de la competencia.

Solución al test n.º 5

1. c) Es irrenunciable y se ejercerá por los órganos administrativos que la tengan atribuida como propia, salvo los casos de delegación o avocación, en los términos previstos en la ley.

2. b) La adopción de disposiciones de carácter general.

3. a) Tener interés personal en el asunto de que se trate o en otro en cuya resolución pudiera influir la de aquel, ser administrador de sociedad o entidad interesada, o tener cuestión litigiosa pendiente con algún interesado.

4. c) El interesado.

5. c) Tener parentesco de afinidad dentro del cuarto grado, con cualquiera de los interesados, con los administradores de entidades o sociedades interesadas y también con los asesores, representantes legales o mandatarios que intervengan en el procedimiento.

6. a) Será revocable en cualquier momento por el órgano que la haya conferido.

7. c) Coordinación, descentralización, jerarquía, eficacia y desconcentración.

8. c) Participación, objetividad y transparencia de la actuación administrativa.

9. a) Buena fe, confianza legítima y lealtad institucional.

10. b) A través de medios electrónicos, que aseguren la interoperabilidad y seguridad de los sistemas y soluciones adoptadas por cada una de ellas, garantizando la protección de los datos de carácter personal, y facilitando preferentemente la prestación conjunta de servicios a los interesados.

11. a) Cada Administración Pública actúa para el cumplimiento de sus fines con personalidad jurídica única.

12. c) La dotación de los créditos necesarios para su puesta en marcha y funcionamiento.

13. b) Es irrenunciable.

14. d) Salvo los casos de avocación o delegación la competencia es irrenunciable.

15. b) No podrán ser objeto de delegación las competencias relativas a asuntos que se refieran a las relaciones con las Asambleas Legislativas de las Comunidades Autónomas.

16. d) El medio de publicación dependerá de la Administración a que pertenezca el órgano delegante y el ámbito territorial de competencia de este.

17. a) La delegación será revocable en cualquier momento por el órgano que la haya conferido.

18. c) La avocación se realizará mediante acuerdo motivado que deberá ser notificado a los interesados, si los hubiere, con anterioridad a la resolución final que se dicte.

19. d) Supone cesión de la realización de actividades de carácter material o técnico de la competencia de los órganos administrativos.

20. b) Se formalizará mediante firma del correspondiente convenio entre ellas.

21. a) No alterará la competencia del órgano delegante y para su validez no será necesaria su publicación.

22. b) No implicará alteración de la competencia.

23. b) Implica que los titulares de los órganos administrativos podrán ser suplidos temporalmente.

24. a) Remitirá el asunto al órgano que considere competente, debiendo notificar esta circunstancia a los interesados.

25. c) Los conflictos de atribuciones solo podrán suscitarse entre órganos de una misma Administración no relacionados jerárquicamente, y respecto a asuntos sobre los que no haya finalizado el procedimiento administrativo.

26. b) Mediante instrucciones y órdenes de servicio.

27. a) En el Boletín Oficial que corresponda.

28. c) Quedarán integrados en la Administración Pública que corresponda.

29. a) El Presidente del Órgano Colegiado.

30. b) Un voto particular.

31. a) Con voz, pero sin voto.

32. c) Quedarán exentos de la responsabilidad que, en su caso, pueda derivarse de los acuerdos.

33. b) El tener parentesco de afinidad dentro del segundo grado.

34. d) El tener parentesco de consanguinidad dentro del cuarto grado.

35. b) En el plazo de tres días.

36. c) Designación de su titular.

37. c) Se realizará mediante acuerdo motivado que deberá ser notificado a los interesados en el procedimiento, si los hubiere, con anterioridad o simultáneamente a la resolución final que se dicte.

38. a) Al presidente.

39. b) Al día siguiente.

40. d) No cabrá recurso administrativo.

41. a) La revocación de una delegación de competencias.

42. d) No suponen alteración de la titularidad de la competencia.

La Ley 39/2015, de 1 de octubre, del procedimiento administrativo común de las Administraciones Públicas: Título preliminar, Disposiciones generales; Título I, De los interesados en el procedimiento; Título II, De la actividad de las administraciones públicas; Título III, De los actos administrativos

1. ¿A qué capacidad se refiere el art. 3 de la Ley 39/2015, de 1 de diciembre, en relación con las personas físicas?

a) A la capacidad jurídica.
b) A la capacidad para ser titular de derechos subjetivos.
c) A la capacidad para ser titular de deberes jurídicos.
d) A la capacidad de obrar.

2. Los menores de edad, ¿tienen capacidad de obrar ante las Administraciones Públicas?

a) Sí, en todo caso, para el ejercicio y defensa de aquellos de sus derechos e intereses cuya actuación esté permitida por el ordenamiento jurídico sin la asistencia de la persona que ejerza la patria potestad, tutela o curatela.
b) No, en ningún caso; únicamente tendrán capacidad de obrar ante las Administraciones Públicas, las personas físicas mayores de edad no incapacitadas.
c) Sí, para el ejercicio y defensa de aquellos de sus derechos e intereses cuya actuación esté permitida por el ordenamiento jurídico sin la asistencia de la persona que ejerza la patria potestad, tutela o curatela, aunque sean menores incapacitados, siempre que la extensión de la incapacitación no afecte al ejercicio y defensa de los derechos o intereses de que se trate.
d) Sí, excepto los menores incapacitados.

3. Excepto el supuesto previsto por el artículo 3.b) de la Ley 39/2015, de 1 de octubre, los menores de edad no tienen capacidad de obrar ante las Administraciones Públicas, y necesitan de la asistencia de la persona que ejerza la patria potestad, tutela o curatela. En relación con la patria potestad, señala cuál de los siguientes enunciados es incorrecto:

a) La patria potestad, como responsabilidad parental, se ejercerá siempre en interés de los hijos, de acuerdo con su personalidad, y con respeto a sus derechos, su integridad física y mental.
b) El ejercicio de la patria potestad comprende representar a sus hijos y administrar sus bienes.

c) Los hijos emancipados están bajo la patria potestad de los progenitores.

d) Si los hijos tuvieren suficiente madurez deberán ser oídos siempre antes de adoptar decisiones que les afecten.

4. ¿Quiénes de los siguientes están sujetos a tutela?

a) Los menores emancipados que estén bajo la patria potestad.

b) Los menores no emancipados que no estén bajo la patria potestad.

c) Los menores emancipados que no estén bajo la patria potestad.

d) Los hijos no emancipados.

5. ¿Cuál de las siguientes características se vincula con la institución de la curatela del menor a que hace referencia el art. 3.b) de la Ley 39/2015, de 1 de octubre?

a) El curador no cuida de la persona sujeta a curatela, sino de su patrimonio.

b) La función del curador es la de complementar la capacidad del menor en todos aquellos actos o negocios jurídicos que no puede realizar por sí mismo.

c) El curador tiene cura de la persona sujeta a curatela, pero no de su patrimonio.

d) El curador tiene cura de la persona sujeta a curatela y de su patrimonio.

6. Los patrimonios independientes o autónomos, ¿tienen capacidad de obrar ante las Administraciones Públicas?

a) Sí.

b) No.

c) Siempre que la ley así lo declare expresamente.

d) Los patrimonios independientes o autónomos tienen reconocida capacidad jurídica ante las Administraciones Públicas en aplicación del artículo 3 de la Ley 39/2015, de 1 de octubre.

7. Tendrán capacidad de obrar ante las Administraciones Públicas las personas jurídicas que ostenten capacidad de obrar con arreglo a las normas civiles. ¿En qué momento adquirirán esta capacidad?

a) Desde el instante mismo en que, con arreglo a derecho, hubiesen quedado válidamente constituidas.

b) Las personas jurídicas adquirirán su capacidad de obrar en los mismos términos que las personas físicas.

c) En el momento en que finalice su personalidad.

d) Las personas jurídicas no tienen capacidad de obrar ante las Administraciones Públicas sino capacidad jurídica.

8. En aplicación del art. 3 de la Ley 39/2015, de 1 de octubre, NO tendrán capacidad de obrar ante las Administraciones Públicas:

a) Las personas físicas incapacitadas.

b) Las personas jurídicas que ostenten capacidad de obrar con arreglo a las normas civiles.

c) Los menores de edad para el ejercicio y defensa de aquellos de sus derechos e intereses cuya actuación esté permitida por el ordenamiento jurídico sin la asistencia de la persona que ejerza la patria potestad, tutela o curatela.

d) Las asociaciones de interés público reconocidas por la ley.

9. ¿Una persona declarada pródiga tiene capacidad de obrar plena ante las Administraciones Públicas?

a) Sí; las personas físicas tienen capacidad de obrar ante las Administraciones Públicas.

b) No; puede estar sujeta a tutela.

c) No; puede estar sujeta a curatela.

d) No; está sujeta a la patria potestad de sus progenitores.

10. La Ley 40/2015, de 1 de octubre, de régimen jurídico del sector público, ¿establece alguna regulación sobre la capacidad de obrar de los interesados ante las Administraciones Públicas?

a) Sí, en su artículo 3.

b) Sí, en tanto la Ley 40/2015, de 1 de octubre, tiene por objeto regular el procedimiento administrativo común a todas las Administraciones Públicas.

c) No, en tanto la Ley 40/2015, de 1 de octubre, únicamente tiene por objeto regular los principios a los que se ha de ajustar el ejercicio de la iniciativa legislativa y la potestad reglamentaria.

d) No.

11. Una persona que quiera participar en un proceso selectivo para cubrir plazas en una Administración Pública, ¿se considera interesada en el procedimiento administrativo?

a) Sí, en aplicación del artículo 4.1.a) de la Ley 39/2015, de 1 de octubre.

b) Sí, en aplicación del artículo 4.1.b) de la Ley 39/2015, de 1 de octubre.

c) Sí, en aplicación del artículo 4.1.c) de la Ley 39/2015, de 1 de octubre.

d) No, en tanto el procedimiento lo ha promovido la Administración y no la persona interesada.

12. En un procedimiento de expropiación forzosa, una persona reclama para sí la titularidad de una parcela que no está a su nombre; ¿tendrá la consideración de persona interesada en el procedimiento administrativo?

a) Sí, en aplicación del artículo 4.1.a) de la Ley 39/2015, de 1 de octubre.

b) Sí, en aplicación del artículo 4.1.b) de la Ley 39/2015, de 1 de octubre.

c) Sí, en aplicación del artículo 4.1.c) de la Ley 39/2015, de 1 de octubre.

d) No, en tanto el procedimiento lo ha promovido la Administración y no la persona interesada.

13. En un procedimiento de expropiación forzosa, el titular de un bien inmueble objeto de expropiación, ¿tendrá la consideración de interesado en el procedimiento administrativo?

a) Sí, en aplicación del artículo 4.1.a) de la Ley 39/2015, de 1 de octubre.
b) Sí, en aplicación del artículo 4.1.b) de la Ley 39/2015, de 1 de octubre.
c) Sí, en aplicación del artículo 4.1.c) de la Ley 39/2015, de 1 de octubre.
d) Sí, en aplicación del artículo 4.2 de la Ley 39/2015, de 1 de octubre.

14. ¿Qué interés se reconocería a los Colegios Profesionales para intervenir en el procedimiento de homologación de títulos obtenidos en el extranjero?

a) Interés legítimo individual de cada uno de los profesionales que integran los Colegios Profesionales.
b) Derechos subjetivos de los poseedores de los títulos que van a ser objeto de homologación.
c) Intereses legítimos colectivos.
d) Intereses sociales.

15. La titular de un establecimiento de restauración en Benidorm, quiere solicitar al Ayuntamiento una autorización para proceder a la ocupación de un espacio de uso público con mesas, sillas y sombrillas para su negocio. ¿Tendrá la consideración de interesada en el procedimiento administrativo de autorización?

a) Sí, en aplicación del artículo 4.1.a) de la Ley 39/2015, de 1 de octubre.
b) Sí, en aplicación del artículo 4.1.b) de la Ley 39/2015, de 1 de octubre.
c) Sí, en aplicación del artículo 4.1.c) de la Ley 39/2015, de 1 de octubre.
d) Sí, en aplicación del artículo 4.2 de la Ley 39/2015, de 1 de octubre.

16. La titular de un establecimiento de restauración en Benidorm, quiere solicitar al Ayuntamiento una autorización para proceder a la ocupación de un espacio de uso público con mesas, sillas y sombrillas para su negocio y fallece antes de que el Ayuntamiento le conceda la correspondiente autorización de ocupación, ¿puede su hijo sucederla en la condición de interesado?

a) No, en tanto las autorizaciones de ocupación se conceden con carácter personal.
b) No, en tanto las autorizaciones de ocupación no pueden ser cedidas a terceros.
c) Sí, en tanto se trata de una relación jurídica transmisible.
d) Sí, como legítimo heredero.

17. Un Ayuntamiento procede a iniciar un procedimiento sancionador por una presunta infracción de una ordenanza municipal. ¿Qué precepto de la Ley 39/2015, de 1 de octubre, otorga al presunto infractor la condición de interesado en el procedimiento?

a) El artículo 4.1.b) de la Ley 39/2015, de 1 de octubre.
b) El artículo 4.1.c) de la Ley 39/2015, de 1 de octubre.

c) El artículo 4.2 de la Ley 39/2015, de 1 de octubre.
d) El artículo 4.3 de la Ley 39/2015, de 1 de octubre.

18. La relación jurídica establecida entre el Ayuntamiento y un ciudadano, como presunto infractor de una ordenanza municipal:

a) Tiene la consideración de relación jurídica transmisible, lo que determina que el derecho-habiente sucederá en la condición de interesado del presunto infractor.
b) No tiene la consideración de relación jurídica.
c) Queda fuera de la regulación establecida por la Ley 39/2015, de 1 de octubre, en tanto le será de aplicación la ordenanza municipal correspondiente.
d) No tiene la consideración de relación jurídica transmisible.

19. Según dispone el art. 5.1 de la Ley 39/2015, de 1 de octubre, podrán actuar por medio de representante, entendiéndose con este las actuaciones administrativas, salvo manifestación expresa en contra del interesado:

a) Los interesados que, sin haber iniciado el procedimiento administrativo, tengan derechos que puedan resultar afectados por la decisión que en el mismo se adopte.
b) Las personas físicas con capacidad jurídica que hayan promovido el procedimiento administrativo como titulares de derechos o intereses legítimos.
c) Los interesados con capacidad de obrar.
d) Las personas físicas o jurídicas y las asociaciones y organizaciones representativas de intereses económicos y sociales.

20. ¿Quién NO puede actuar en representación ante las Administraciones Públicas?

a) Las personas físicas con capacidad de obrar.
b) Las corporaciones, asociaciones y fundaciones de interés público reconocidas por la ley, siempre que ello esté previsto en sus Estatutos.
c) Las asociaciones de interés particular, siempre que ello esté previsto en sus Estatutos.
d) Las personas físicas menores de edad.

21. ¿En cuál de los siguientes casos NO será necesario acreditar la representación cuando se realice en nombre de otra persona?

a) Para presentar documentos que acompañen a la solicitud.
b) Para presentar un documento suscrito por un interesado en el que este manifiesta, bajo su responsabilidad, que cumple con los requisitos establecidos en la normativa vigente para obtener el reconocimiento de un derecho o facultad o para su ejercicio, que dispone de la documentación que así lo acredita, que la pondrá a disposición de la Administración cuando le sea requerida, y que se compromete a mantener el cumplimiento de las anteriores obligaciones durante el período de tiempo inherente a dicho reconocimiento o ejercicio.
c) Para interponer un recurso extraordinario de revisión.
d) Para desistir de la solicitud.

22. ¿En cuál de los siguientes supuestos será necesario acreditar la representación?

a) Para renunciar a una devolución tributaria en nombre propio.
b) Para presentar un documento en nombre de un interesado a través del cual este ponga en conocimiento de la Administración Pública competente sus datos identificativos o cualquier otro dato relevante para el inicio de una actividad o el ejercicio de un derecho.
c) Para solicitar una licencia municipal de obras menores en nombre de otra persona.
d) Para interponer un recurso potestativo de reposición en nombre de otra persona.

23. La representación podrá acreditarse mediante cualquier medio válido en Derecho que deje constancia fidedigna de su existencia. ¿Cuál de los siguientes NO tendrá la consideración de medio válido en Derecho?

a) Mediante apoderamiento *apud acta* efectuado por comparecencia personal.
b) Mediante apoderamiento *apud acta* efectuado por comparecencia electrónica en la correspondiente sede electrónica.
c) A través de la acreditación de la inscripción de la representación en el registro electrónico de apoderamiento de cualquier Administración Pública.
d) Mediante apoderamiento *apud acta* efectuado por comparecencia en las oficinas de asistencia en materia de registros.

24. La acreditación de la condición de representante y de los poderes que tiene reconocidos en dicho momento se deberán incorporar al expediente administrativo. ¿A quién se atribuye la realización de dicha incorporación?

a) Al órgano competente para la iniciación del procedimiento.
b) Al órgano competente para la tramitación del procedimiento.
c) Al órgano competente para la resolución del procedimiento.
d) Al órgano competente para la revisión del procedimiento.

25. La falta o insuficiente acreditación de la representación:

a) Impedirá que se tenga por realizado el acto de que se trate.
b) No impedirá que se tenga por realizado el acto de que se trate.
c) Impedirá que se tenga por realizado el acto de que se trate si se aporta la acreditación de la representación o se subsana el defecto dentro del plazo de diez días o de un plazo superior cuando las circunstancias del caso así lo requieran.
d) No impedirá que se tenga por realizado el acto de que se trate si se aporta la acreditación de la representación o se subsana el defecto dentro del plazo de diez días o de un plazo superior cuando las circunstancias del caso así lo requieran.

26. ¿Cómo se computaría el plazo para aportar la acreditación o para subsanar un defecto?

a) Cuando los plazos se señalen por días, se entiende que estos son naturales, incluyéndose en el cómputo los sábados, los domingos y los declarados festivos.
b) Cuando los plazos se señalen por días, se entiende que estos son hábiles, excluyéndose del cómputo los domingos y los declarados festivos.

c) Cuando los plazos se señalen por días, se entiende que estos son hábiles, incluyéndose en el cómputo los sábados, los domingos y los declarados festivos.

d) Cuando los plazos se señalen por días, se entiende que estos son hábiles, excluyéndose en el cómputo los sábados, los domingos y los declarados festivos.

27. Sobre la posibilidad reconocida por el art. 5.7 de la Ley 39/2015, de 1 de octubre, señala la respuesta correcta:

a) Las Administraciones Públicas deberán habilitar con carácter general o específico a personas físicas o jurídicas autorizadas para la realización de determinadas transacciones electrónicas en representación de los interesados.

b) La habilitación con carácter general o específico a personas físicas o jurídicas autorizadas para la realización de determinadas transacciones electrónicas en representación de los interesados, deberá especificar las condiciones y obligaciones a las que se comprometen los que así adquieran la condición de representantes, y determinará la presunción de validez de la representación salvo que la normativa de aplicación prevea otra cosa.

c) Las Administraciones Públicas requerirán la acreditación de la referida representación.

d) La acreditación de la referida representación impedirá que el interesado pueda comparecer por sí mismo en el procedimiento.

28. Un Organismo, ¿puede disponer de su propio registro electrónico de apoderamientos?

a) No, únicamente la Administración General del Estado y las Comunidades Autónomas podrán disponer de un registro electrónico general de apoderamientos.

b) No, únicamente la Administración General del Estado, las Comunidades Autónomas y las Entidades Locales podrán disponer de un registro electrónico general de apoderamientos.

c) Sí, en ellos se inscribirán los poderes otorgados para la realización de trámites específicos en el mismo.

d) No, únicamente se creará el Registro Electrónico de Apoderamientos de la Administración General del Estado del que formarán parte todos los Organismos.

29. Los registros electrónicos generales y particulares de apoderamientos pertenecientes a todas y cada una de las Administraciones, deberán ser plenamente interoperables entre sí, de modo que se garantice su interconexión, compatibilidad informática, así como la transmisión telemática de las solicitudes, escritos y comunicaciones que se incorporen a los mismos. ¿Cuál de los siguientes enunciados NO se refiere a la interoperabilidad?

a) La interacción entre elementos que corresponden a diversas oleadas tecnológicas.

b) La información intercambiada puede ser interpretable de forma automática y reutilizable por aplicaciones que no intervinieron en su creación.

c) La capacidad de las entidades y de los procesos a través de los cuales llevan a cabo sus actividades para colaborar con el objeto de alcanzar logros mutuamente acordados relativos a los servicios que prestan.

d) El proceso tecnológico que permite convertir un documento en soporte papel o en otro soporte no electrónico en uno o varios ficheros electrónicos que contienen la imagen codificada, fiel e íntegra del documento.

30. Los poderes que se inscriban en los registros electrónicos generales y particulares de apoderamientos deberán corresponder a determinadas tipologías (señala cuál de las siguientes es correcta):

a) Un poder para que el poderdante pueda actuar en nombre del apoderado en cualquier actuación administrativa ante una Administración u Organismo concreto.

b) Un poder para que el poderdante pueda actuar en nombre del apoderado únicamente para la realización de determinados trámites especificados en el poder.

c) Un poder para que el poderdante pueda actuar en nombre del apoderado en cualquier actuación administrativa y ante cualquier Administración.

d) Ninguna de las respuestas anteriores es correcta.

31. Señala la respuesta correcta:

a) Los poderes inscritos en el registro tendrán una validez determinada máxima de cuatro años a contar desde la fecha de inscripción.

b) En cualquier momento antes de la finalización del plazo establecido en la alternativa de respuesta a), el poderdante podrá revocar o prorrogar el poder.

c) Las prórrogas otorgadas por el poderdante al registro tendrán una validez determinada máxima de cuatro años desde la fecha de inscripción.

d) El apoderamiento *apud acta* se otorgará mediante comparecencia electrónica en la correspondiente sede electrónica haciendo uso de los sistemas de firma electrónica previstos en la Ley 39/2015, de 1 de octubre, o bien mediante comparecencia personal en las oficinas de asistencia en materia de registros.

32. Señala la respuesta incorrecta. Cuando en una solicitud, escrito o comunicación figuren varios interesados:

a) Las actuaciones a que den lugar se efectuarán con el representante que expresamente hayan señalado.

b) Las actuaciones a que den lugar se efectuarán con el interesado que figure en primer término.

c) Las actuaciones a que den lugar se efectuarán con el interesado que expresamente hayan señalado.

d) En las solicitudes, escritos o comunicaciones pueden figurar varios interesados.

33. Señala la respuesta incorrecta. El art. 22 del Reglamento (UE) n.º 910/2014 del Parlamento Europeo y del Consejo de 23 de julio de 2014 relativo a la identificación electrónica y los servicios de confianza para las transacciones electrónicas en el mercado interior y por la que se deroga la Directiva 1999/93/CE, establece, en relación con las listas de confianza:

a) Cada Estado miembro establecerá, mantendrá y publicará listas de confianza con información relativa a los prestadores cualificados de servicios de confianza con respecto a los cuales sea responsable, junto con la información relacionada con los servicios de confianza cualificados prestados por ellos.

b) Los Estados miembros notificarán a la Comisión, sin retrasos indebidos, información sobre el organismo responsable del establecimiento, mantenimiento y publicación de las listas de confianza nacionales, y detalles relativos al lugar en que se publican dichas listas, los certificados utilizados para firmar o sellar las listas de confianza y cualquier modificación de los mismos.

c) Los Estados miembros establecerán, mantendrán y publicarán, de manera segura, las listas de confianza firmadas o selladas electrónicamente en una forma apropiada para el tratamiento automático.

d) A más tardar fue el 18 de septiembre de 2017 cuando la Comisión, mediante actos de ejecución, especificara la información a que se refiere la letra a).

34. Con carácter general, para realizar cualquier actuación prevista en el procedimiento administrativo, será suficiente con que los interesados acrediten previamente su identidad a través de cualquiera de los medios de identificación previstos en la Ley 39/2015, de 1 de octubre. Las Administraciones Públicas NO requerirán a los interesados el uso obligatorio de firma para:

a) Identificar a las autoridades y al personal al servicio de las Administraciones Públicas bajo cuya responsabilidad se tramiten los procedimientos.

b) Desistir de acciones.

c) Presentar declaraciones responsables o comunicaciones.

d) Formular solicitudes.

35. En relación con la asistencia en el uso de medios electrónicos a los interesados, el art. 12.2 de la Ley 39/2015, de 1 de octubre, dispone que las Administraciones Públicas asistirán en el uso de medios electrónicos:

a) A quienes ejerzan una actividad profesional para la que se requiera colegiación obligatoria, para los trámites y actuaciones que realicen con las Administraciones Públicas en ejercicio de dicha actividad profesional.

b) A ciertos colectivos de personas físicas que por razón de su capacidad económica, técnica, dedicación profesional u otros motivos quede acreditado que tienen acceso y disponibilidad de los medios electrónicos necesarios.

c) A los empleados de las Administraciones Públicas para los trámites y actuaciones que realicen con ellas por razón de su condición de empleado público.

d) A los interesados no incluidos en los apartados 2 y 3 del artículo 14 de la Ley 39/2015, de 1 de octubre, que así lo soliciten, especialmente en lo referente a la identificación y firma electrónica, presentación de solicitudes a través del registro electrónico general y obtención de copias auténticas.

36. Si alguno de los interesados dispone de los medios electrónicos necesarios, su identificación o firma electrónica en el procedimiento administrativo podrá ser válidamente realizada por un funcionario público mediante el uso del sistema de firma electrónica del que esté dotado para ello. En este caso:

a) Será necesario que el interesado que carezca de los medios electrónicos necesarios se identifique ante el funcionario.

b) Será necesario que el interesado que carezca de los medios electrónicos necesarios se identifique ante el funcionario y preste su consentimiento expreso para esta actuación.

c) Será necesario que el interesado que carezca de los medios electrónicos necesarios se identifique ante el funcionario y preste su consentimiento expreso para esta actuación, de lo que deberá quedar constancia para los casos de discrepancia.

d) Será necesario que el interesado que carezca de los medios electrónicos necesarios se identifique ante el funcionario y preste su consentimiento expreso para esta actuación, de lo que deberá quedar constancia para los casos de discrepancia o litigio.

37. Señala la respuesta incorrecta respecto a los interesados:

a) Se consideran interesados en el procedimiento administrativo los que, sin haber iniciado el procedimiento, tengan derechos que puedan resultar afectados por la decisión que en el mismo se adopte.

b) Cuando en una solicitud, escrito o comunicación figuren varios interesados, las actuaciones a que den lugar se efectuarán con el representante o el interesado que expresamente hayan señalado, y, en su defecto, con cualquiera de los demás.

c) Cuando la condición de interesado derivase de alguna relación jurídica transmisible, el derecho-habiente sucederá en tal condición cualquiera que sea el estado del procedimiento.

d) La presentación de una denuncia y la comparecencia en el trámite de información pública, respectivamente, no confieren u otorgan, por sí solas, la condición de interesado en el procedimiento.

38. Si durante la instrucción de un procedimiento, se advierte la existencia de personas que sean titulares de derechos o intereses legítimos y directos cuya identificación resulte del expediente y que puedan resultar afectados por la resolución que se dicte:

a) Se comunicará a dichas personas la tramitación del procedimiento cuando así lo solicite el interesado que inició el procedimiento.

b) Se publicará por edictos.

c) Se comunicará a dichas personas la tramitación del procedimiento cuando este no haya tenido publicidad.

d) No se comunicará, salvo que se presenten en forma legal en el procedimiento.

39. Si en el mes de vencimiento, no hubiera día equivalente a aquel en que comienza el plazo, este plazo se entenderá que expira:

a) El subsiguiente día hábil.

b) El primer día del mes sucesivo.

c) El día siguiente.

d) El último día del mes.

40. Si el último día del plazo en meses o en años fuere inhábil:

a) Se computa el plazo hasta el último día hábil.

b) Se computará el plazo con un día menos.

c) Se prorrogará al primer día hábil siguiente.

d) Al computarse de fecha a fecha se incluirá en el cómputo.

41. Los plazos expresados en días comenzarán a computarse:

a) A partir del día de la fecha de la notificación.

b) A partir del día siguiente a aquel en que tenga lugar la notificación o publicación del acto de que se trate.

c) A partir de la fecha indicada en la notificación.

d) A partir de la fecha en que se haya dictado.

42. Si un interesado de una Comunidad Autónoma con lengua oficial específica se dirige a un órgano de la Administración General del Estado sito en su Comunidad, y concurren varios interesados y existiera discrepancia en cuanto a la lengua, el procedimiento se ha de tramitar en:

a) Castellano necesariamente.

b) Su lengua oficial exclusivamente.

c) Cualquiera de las dos anteriores, a su opción.

d) La que se le indique por la citada Administración.

43. Según la Ley 39/2015, de 1 de octubre, del Procedimiento Administrativo Común de las Administraciones Públicas, el plazo máximo en el que la Administración debe notificar la resolución no podrá exceder:

a) De seis meses, salvo que una norma con rango de ley establezca uno mayor o así venga previsto en la normativa comunitaria europea.

b) De tres meses, salvo que una norma con rango de ley establezca uno mayor o así venga previsto en la normativa comunitaria europea.

c) De seis meses, salvo que una norma con rango de ley o reglamentaria establezca uno mayor.

d) De tres meses, salvo que una norma con rango de ley o reglamentaria establezca uno mayor.

44. Según Ley 39/2015, de 1 de octubre, del Procedimiento Administrativo Común de las Administraciones Públicas, los acuerdos de ampliación de plazos:

a) Son recurribles en reposición.

b) Son recurribles en alzada o reposición según pongan o no fin a la vía administrativa.

c) No son recurribles.

d) No tienen que ser notificados a los interesados.

45. Tal y como establece la Ley 39/2015, de 1 de octubre, cuando los plazos se señalen por horas, se entienden que son hábiles:

a) Todas las horas del día que formen parte de un día hábil.

b) Desde las 9:00 hasta 20:00 horas de cada día hábil.

c) Los plazos se computan por días, no por horas.

d) Todas las horas del día que formen parte un día (excepto domingos y festivos).

46. Según la Ley 39/2015, de 1 de octubre, en todo caso, estarán obligados a relacionarse a través de medios electrónicos con las Administraciones Públicas para la realización de cualquier trámite de un procedimiento administrativo:

a) Aquellos colectivos de personas físicas que por razón de su capacidad económica, técnica, dedicación profesional u otros motivos quede acreditado que tienen acceso y disponibilidad de los medios electrónicos necesarios.
b) Quienes representen a un interesado.
c) Las entidades sin personalidad jurídica.
d) Las personas físicas.

47. Según lo establecido en la Ley 39/2015, de 26 de octubre, de Procedimiento Administrativo Común de las Administraciones Públicas, en relación con las reclamaciones previas a la vía judicial civil, ¿cuándo podrá el interesado considerar desestimada su reclamación al efecto de formular la correspondiente demanda judicial?

a) Cuando la Administración no notificara su decisión en el plazo de tres meses.
b) Cuando la Administración no notificara su decisión en el plazo de dos meses.
c) En la actualidad, tras la Ley 39/2015, de 26 de octubre, de Procedimiento Administrativo Común de las Administraciones Públicas, no existen reclamaciones previas.
d) Cuando la Administración no notificara su decisión en el plazo de un mes.

48. En cuanto a la obligación de la Administración de dictar Resolución expresa en los procedimientos:

a) Depende de la forma de iniciación del procedimiento.
b) Siempre es obligatorio dictar Resolución expresa, excepto en los supuestos que se mencionan en el párrafo tercero del apartado 1 del artículo 21 de la Ley 39/2015, de 26 de octubre, de Procedimiento Administrativo Común de las Administraciones Públicas.
c) Solo es obligatorio dictar Resolución expresa en los casos de prescripción, renuncia del derecho, caducidad del procedimiento o desistimiento de la solicitud.
d) Solo es obligatorio dictar Resolución expresa en los casos de prescripción, renuncia del derecho, caducidad del procedimiento o desistimiento de la solicitud, además en los casos de desaparición sobrevenida del objeto del procedimiento.

49. El silencio administrativo:

a) Tendrá efectos estimatorios con carácter general.
b) Tendrá efectos desestimatorios con carácter general.
c) Tendrá efectos desestimatorios salvo cuando una norma con rango de ley, por razones imperiosas de interés general o una norma de derecho comunitario establezcan lo contrario.
d) Tendrá efectos estimatorios salvo cuando una norma con rango reglamentario, por razones imperiosas de interés general o una norma de derecho comunitario establezcan lo contrario.

50. La empresa Desarrollos S.A. tiene que presentar una solicitud dirigida al Ministerio de Transportes, Movilidad y Agenda Urbana, dado que tiene su sede junto al Ayuntamiento de Valencia y se plantea si puede presentarla en el Registro del citado ayuntamiento:

a) Sí, siempre que el Ayuntamiento tenga suscrito un convenio a estos efectos con la Administración General del Estado.

b) Sí, porque es posible presentarla en cualquier ayuntamiento con independencia de que exista o no convenio.

c) No, en ningún caso.

d) Sí, porque su población supera los 175.000 habitantes.

51. Se entiende por digitalización a los efectos de lo dispuesto en el artículo 27.3 de la Ley 39/2015, de 1 de octubre, de Procedimiento Administrativo Común de las Administraciones Públicas:

a) El proceso tecnológico que permite convertir un documento en soporte papel o en otro soporte electrónico en un fichero electrónico que contiene la imagen codificada del documento.

b) El proceso tecnológico que permite convertir un documento en soporte papel o en otro soporte no electrónico en un fichero electrónico que contiene la imagen descodificada e íntegra del documento.

c) El proceso tecnológico que permite convertir un documento en soporte papel o en otro soporte no electrónico en un fichero electrónico que contiene la imagen codificada, fiel e íntegra del documento.

d) El proceso tecnológico que permite convertir un documento en soporte papel o en otro soporte no electrónico en un fichero electrónico que contiene la imagen codificada, fiel, auténtica e íntegra del documento.

52. ¿A quiénes obligan los términos y plazos, de acuerdo con lo dispuesto en el artículo 29 de la Ley 39/2015, de 1 de octubre, de Procedimiento Administrativo Común de las Administraciones Públicas?

a) A las autoridades y al personal al servicio de la Administración competente para la tramitación de los asuntos.

b) A los interesados.

c) A las autoridades y al personal al servicio de la Administración competente para la tramitación de los asuntos, así como a los interesados en los mismos.

d) A los órganos competentes.

53. Los plazos, si son fijados por días se computarán, conforme a lo dispuesto en el artículo 30.2 de la Ley 39/2015, de 1 de octubre, de Procedimiento Administrativo Común de las Administraciones Públicas:

a) Por días hábiles.

b) Por días naturales.

c) De fecha a fecha.

d) Por días inhábiles.

54. Señala la respuesta incorrecta. A tenor de lo dispuesto en el artículo 30.3 de la Ley 39/2015, de 1 de octubre, de Procedimiento Administrativo Común de las Administraciones Públicas, los plazos expresados en días se contarán:

a) A partir del día en que tenga lugar la notificación del acto de que se trate.

b) A partir del día siguiente a aquel en que tenga lugar la notificación o publicación del acto de que se trate.

c) Desde el siguiente a aquel en que se produzca la estimación por silencio administrativo.

d) Desde el siguiente a aquel en que se produzca la desestimación por silencio administrativo.

55. Señala la respuesta incorrecta. Si el plazo se fija en meses o años, de acuerdo con lo dispuesto en el artículo 30.4 de la Ley 39/2015, de 1 de octubre, de Procedimiento Administrativo Común de las Administraciones Públicas, se computarán:

a) A partir del día en que tenga lugar la publicación del acto de que se trate.

b) A partir del día siguiente a aquel en que tenga lugar la notificación o publicación del acto de que se trate.

c) Desde el siguiente a aquel en que se produzca la estimación por silencio administrativo.

d) Desde el siguiente a aquel en que se produzca la desestimación por silencio administrativo.

56. Conforme a lo dispuesto en el artículo 30.5 de la Ley 39/2015, de 1 de octubre, de Procedimiento Administrativo Común de las Administraciones Públicas, cuando el último día del plazo sea inhábil:

a) No es susceptible de prórroga.

b) Se entenderá prorrogado al primer día hábil siguiente.

c) Se entenderá prorrogado al primer día natural siguiente.

d) Se entenderá prorrogado al primer día del mes siguiente.

57. El inicio del cómputo de los plazos de los procedimientos electrónicos, conforme a lo dispuesto en el artículo 31.2 de la Ley 39/2015, de 1 de octubre, de Procedimiento Administrativo Común de las Administraciones Públicas, que hayan de cumplir las Administraciones Públicas vendrá determinado:

a) Por la fecha de presentación en el registro de cada Administración u Organismo.

b) Por la fecha y hora de presentación en el registro de cada Administración.

c) Por la fecha y hora de presentación en el registro electrónico de cada Administración u Organismo.

d) Por la fecha y hora de presentación en la oficina de Correos.

58. En el registro electrónico de cada Administración u Organismo, conforme a lo dispuesto en el artículo 31.2 de la Ley 39/2015, de 1 de octubre, de Procedimiento Administrativo Común de las Administraciones Públicas, a los efectos del cómputo de plazo fijado en días hábiles, y en lo que se refiere al cumplimiento de plazos por los interesados, los documentos se considerarán presentados:

a) Por la fecha de presentación en el registro de cada Administración.
b) A las 00.00 horas del día en que se presentan.
c) Por el orden de hora efectiva en el que lo fueron en el día inhábil.
d) Por la fecha de presentación en el registro de cada Organismo.

59. Los acuerdos sobre ampliación de plazos o sobre su denegación, conforme al artículo 32 de la Ley 39/2015, de 1 de octubre, de Procedimiento Administrativo Común de las Administraciones Públicas:

a) No serán susceptibles de recurso.
b) Podrán ser recurridos por el interesado.
c) Podrán exceder de la mitad de los mismos.
d) Podrán ser declarados urgentes.

60. Conforme a lo dispuesto en el artículo 33 de la Ley 39/2015, de 1 de octubre, de Procedimiento Administrativo Común de las Administraciones Públicas, ¿qué recurso cabe contra el acuerdo que declare la ampliación de la tramitación de urgencia al procedimiento?

a) Cabe el recurso de alzada por parte del interesado en el procedimiento.
b) No cabe recurso alguno.
c) La Administración no puede ampliar la tramitación de urgencia.
d) La tramitación de urgencia no existe en la Administración.

61. Completa el texto. En los procedimientos iniciados a solicitud de interesado se establece como regla general en el artículo 24.1 de la Ley 39/2015, de 1 de octubre "...el vencimiento del plazo máximo, sin haberse notificado resolución expresa, legitima al interesado o interesados para entenderla ... por silencio administrativo":

a) Desestimada.
b) Estimada.
c) Anulable.
d) Caducada.

62. El silencio administrativo:

a) No se produce nunca en los procedimientos iniciados de oficio.
b) Se puede producir tanto en los procedimientos iniciados de oficio como en los iniciados a solicitud del interesado.

c) No se produce nunca en los procedimientos iniciados a solicitud del interesado.

d) Siempre se produce en cualquier procedimiento administrativo iniciado de oficio o a solicitud de parte.

63. Se producirá la caducidad del procedimiento iniciado de oficio si, desde su inicio sin dictarse la resolución, transcurre el plazo de:

a) 5 meses.
b) 3 meses.
c) 6 meses.
d) 10 meses.

64. En los procedimientos administrativos iniciados a solicitud de interesado se produce con carácter general:

a) Silencio administrativo positivo.
b) Silencio administrativo negativo.
c) Siempre habrá que estar a lo que disponga la norma reguladora de cada procedimiento.
d) Ninguna es correcta.

65. Conforme a la Ley 39/2015, de 1 octubre, de Procedimiento Administrativo Común de las Administraciones Públicas, en los procedimientos iniciados de oficio, el vencimiento del plazo máximo establecido sin que se haya dictado y notificado resolución expresa producirá los siguientes efectos:

a) Producirá en todo caso su caducidad.
b) Los interesados podrán entender estimadas sus pretensiones por silencio administrativo en todo caso.
c) Producirá la caducidad o podrán los interesados entender desestimadas sus pretensiones por silencio administrativo.
d) Producirá en todo caso su prescripción.

66. Según el artículo 21 de la Ley 39/2015, de 1 octubre, de Procedimiento Administrativo Común de las Administraciones Públicas, la Administración está obligada a dictar resolución expresa:

a) En todos los procedimientos sin excepción.
b) Excepto, entre otros, en los casos de prescripción.
c) Excepto, entre otros, en los casos de caducidad del procedimiento.
d) Excepto, entre otros, en los supuestos de terminación del procedimiento por pacto o convenio.

67. El artículo 30 de la LPAC, en relación con el cómputo de plazos dispone que:

a) Siempre que por Ley o en el Derecho de la Unión Europea no se exprese otro cómputo, cuando los plazos se señalen por días, se entiende que estos son hábiles, excluyéndose del cómputo los domingos y los declarados festivos.

b) Cuando los plazos se hayan señalado por días naturales por declararlo así una ley o por el Derecho de la Unión Europea, se hará constar esta circunstancia en las correspondientes notificaciones.

c) El plazo concluirá el día anterior a aquel en que se produjo la notificación, publicación o silencio administrativo en el mes o el año de vencimiento. Si en el mes de vencimiento no hubiera día equivalente a aquel en que comienza el cómputo, se entenderá que el plazo expira el último día del mes.

d) Siempre que por Ley o en el Derecho de la Unión Europea no se exprese otro cómputo, cuando los plazos se señalen por días, se entiende que estos son naturales, incluyéndose en el cómputo los sábados, los domingos y los declarados festivos.

68. Según la Ley 39/2015, de 1 octubre, de Procedimiento Administrativo Común de las Administraciones Públicas, en procedimientos iniciados a solicitud del interesado el silencio administrativo:

a) Tendrá efecto desestimatorio en los procedimientos de impugnación de actos y disposiciones.

b) Tendrá efecto estimatorio en todos los casos, dada la obligación de la Administración de responder en plazo.

c) Tendrá efecto desestimatorio en procedimientos de petición.

d) Tendrá efecto estimatorio en todos los procedimientos de petición.

69. En relación con la obligación de resolver los procedimientos administrativos regulada en la Ley 39/2015, de 1 octubre, de Procedimiento Administrativo Común de las Administraciones Públicas:

a) La Administración está obligada a dictar resolución expresa en todos los procedimientos excepto en el caso de renuncia del derecho o desistimiento de la solicitud del interesado.

b) El plazo máximo en el que debe notificarse la resolución expresa no podrá exceder de 1 mes.

c) Excepcionalmente podrá emitirse acuerdo de ampliación del plazo máximo de resolución que deberá ser notificado a los interesados y será recurrible en vía administrativa.

d) El personal al servicio de las Administraciones Públicas que tenga a su cargo el despacho de los asuntos, así como los titulares de los órganos administrativos competentes para instruir y resolver son directamente responsables, en el ámbito de sus competencias, del cumplimiento de la obligación legal de dictar resolución expresa en plazo.

70. Según el artículo 30 de la Ley 39/2015, de 1 de octubre, del Procedimiento Administrativo Común de las Administraciones Públicas, si el plazo se fija en meses o años, se computarán:

a) A partir del mismo día en que tenga lugar la notificación o publicación del acto de que se trate, o desde el siguiente a aquel en que se produzca la estimación o desestimación por silencio administrativo.

b) A partir del día siguiente a aquel en que tenga lugar 1a notificación o publicación del acto de que se trate o desde el mismo día en que se produzca la estimación o desestimación por silencio administrativo.

c) A partir del siguiente a aquel en que tenga lugar la notificación o publicación del acto que se trate o desde el siguiente a aquel en que se produzca la estimación o desestimación por silencio administrativo.

d) A partir del mismo día en que tenga lugar la notificación o publicación del acto de que se trate, o desde el mismo día en que se produzca la estimación o desestimación por silencio administrativo.

71. Según el artículo 30 de la ley 39/2015, de 1 de octubre, del Procedimiento Administrativo Común de las Administraciones Públicas, si el plazo se fija en meses o años, el plazo concluirá:

a) El día en que se produjo la notificación, publicación o si1encio administrativo en el mes o el año de vencimiento.

b) El mismo día en que se produjo la notificación, publicación o silencio administrativa.

c) Si en el mes o el año de vencimiento no hubiera día equivalente a aquel en que comienza el cómputo, se entenderá que el plazo expira el primer día del mes siguiente.

d) Cuando el último día del plazo sea inhábil, se entenderá que el plazo expira el día hábil anterior.

72. Según el artículo 22 de la Ley 39/2015, de 1 de octubre, del Procedimiento Administrativo Común de las Administraciones Públicas, «se suspenderá» el transcurso del plazo máximo legal para resolver un procedimiento y notificar la resolución del mismo:

a) Cuando se soliciten informes preceptivos a un órgano de la misma o distinta Administración, por el tiempo que medie entre la petición y la recepción del informe.

b) Cuando deban realizarse pruebas técnicas o análisis contradictorios o dirimentes propuestos por los interesados, durante el tiempo necesario para la incorporación de los resultados al expediente.

c) Cuando para la resolución del procedimiento sea indispensable la obtención de un previo pronunciamiento parte de un órgano jurisdiccional desde el momento en que se solicita hasta que la Administración tenga constancia del mismo.

d) Cuando los interesados promuevan la recusación en cualquier momento de la tramitación de un procedimiento, desde que esta se plantee hasta que sea resuelta por el superior jerárquico del recusado.

73. Con respecto al funcionamiento del registro electrónico, a los efectos del cómputo de plazo fijado en días hábiles, y en lo que se refiere al cumplimiento de plazos por los interesados, la 39/2015, de 1 de octubre, del Procedimiento Administrativo Común de las Administraciones Públicas, establece que:

a) La presentación en un día inhábil se entenderá realizada ese mismo día, puesto que el registro electrónico permitirá la recepción de documentos todos los días del año durante las veinticuatro horas.

b) La presentación en un día inhábil se entenderá realizada en la misma hora del primer día hábil siguiente, salvo que una norma permita expresamente la recepción en día inhábil.

c) La presentación en un día inhábil se entenderá realizada en la primera hora del primer día hábil siguiente, salvo que una norma permita expresamente la recepción en inhábil.

d) Los documentos se considerarán presentados por el orden de hora en el que lo fueron en el día inhábil. Los documentos presentados en el día inhábil se reputarán posteriores, según el mismo orden, a los que lo fueran el primer día hábil posterior.

74. De acuerdo con el artículo 24.3 de la Ley 39/2015, de 1 de octubre, del Procedimiento Administrativo Común de las Administraciones Públicas, la obligación de dictar resolución expresa a que se refiere el apartado primero del artículo 21 de la misma, se sujetará al siguiente régimen:

a) En los casos de desestimación por silencio administrativo, la resolución posterior al vencimiento del plazo se adoptará por la Administración confirmando la desestimación.

b) En los casos de estimación por silencio administrativo, la resolución expresa posterior a la producción del acto podrá dictarse sin vinculación alguna al sentido del silencio.

c) En los casos de estimación por silencio administrativo, no es necesario dictar la resolución expresa posterior a la producción del acto.

d) En los casos de desestimación por silencio administrativo, la resolución expresa posterior al vencimiento del plazo se adoptará por la Administración sin vinculación alguna al sentido del silencio.

75. Conforme a lo dispuesto en la ley 39/2015, de 1 de octubre, del Procedimiento Administrativo Común de las Administraciones Públicas, la comparecencia de las personas ante las oficinas públicas, ya sea presencialmente o por medios electrónicos:

a) Solo será obligatoria cuando así esté previsto en una norma con rango de ley.

b) Solo será obligatoria cuando lo disponga una disposición de carácter reglamentario.

c) Será potestativa, y a instancia de la unidad administrativa.

d) En todo caso será discrecional del órgano superior jerárquico que adopte la decisión.

76. En todo caso, NO estarán obligados a relacionarse a través de medios electrónicos con las Administraciones Públicas para la realización de cualquier trámite de un procedimiento administrativo, al menos, los siguientes sujetos:

a) Las personas jurídicas.

b) Las entidades sin personalidad jurídica.

c) Quienes ejerzan una actividad profesional para la que se requiera colegiación obligatoria, para los trámites y actuaciones que realicen con las Administraciones Públicas en ejercicio de dicha actividad profesional. En todo caso, dentro de este colectivo se entenderán incluidos los notarios y registradores de la propiedad y mercantiles.

d) Los empleados de las Administraciones Públicas.

77. En relación con la lengua de los procedimientos, señala la respuesta correcta:

a) La lengua de los procedimientos tramitados por la Administración General del Estado será el español.

b) Si concurrieran varios interesados en el procedimiento, el procedimiento se tramitará en castellano.

c) Los interesados que se dirijan a los órganos de la Administración General del Estado con sede en el territorio de una Comunidad Autónoma podrán utilizar también la lengua que sea cooficial en ella.

d) En los procedimientos tramitados por las Administraciones de las Comunidades Autónomas y de las Entidades Locales, el uso de la lengua se ajustará a lo previsto en la legislación básica del Estado.

78. Cada Administración, en los términos establecidos en la normativa reguladora aplicable, deberá mantener un archivo electrónico único de los documentos electrónicos que correspondan a:

a) Procedimientos iniciados.
b) Procedimientos en trámite.
c) Procedimientos finalizados.
d) Procedimientos iniciados, en trámite y finalizados.

79. Conforme a lo dispuesto en la ley 39/2015, de 1 de octubre, del Procedimiento Administrativo Común de las Administraciones Públicas, los interesados en un procedimiento que conozcan datos que permitan identificar a otros interesados que no hayan comparecido en él tienen:

a) El derecho de denunciarlos.
b) El deber de denunciarlos.
c) El derecho de proporcionárselos a la Administración actuante.
d) El deber de proporcionárselos a la Administración actuante.

80. De acuerdo con lo dispuesto en el artículo 21 de la ley 39/2015, de 1 de octubre, del Procedimiento Administrativo Común de las Administraciones Públicas, se exceptúan de la obligación de dictar resolución expresa y a notificarla en todos los procedimientos cualquiera que sea su forma de iniciación, los supuestos de:

a) Prescripción.
b) Renuncia del derecho.
c) Los procedimientos relativos al ejercicio de derechos sometidos únicamente al deber de declaración responsable o comunicación a la Administración.
d) Caducidad del procedimiento.

81. Señala la respuesta incorrecta. Según el artículo 35 de la Ley 39/2015, de 1 de octubre, de Procedimiento Administrativo Común de las Administraciones Públicas, serán motivados, con sucinta referencia de hechos y fundamentos de Derecho:

a) Los actos que limiten derechos subjetivos o intereses legítimos.
b) Los actos que resuelvan procedimientos de revisión de oficio de disposiciones o actos administrativos, recursos administrativos, reclamaciones previas a la vía judicial y procedimientos de arbitraje.
c) Los actos que se separen del criterio seguido en actuaciones precedentes o del dictamen de órganos consultivos.
d) Los actos declarativos de derechos.

82. De acuerdo con el artículo 39 de la Ley 39/2015, de 1 de octubre, de Procedimiento Administrativo Común de las Administraciones Públicas, con carácter general, los actos de las Administraciones Públicas sujetos al Derecho Administrativo se presumirán válidos y producirán efectos desde:

a) La fecha en que se dicten, salvo que en ellos se disponga otra cosa.
b) Su notificación.
c) Su publicación.
d) La aprobación superior.

83. En relación con las notificaciones en papel, de acuerdo con lo dispuesto en el artículo 42 de la Ley 39/2015, de 1 de octubre, de Procedimiento Administrativo Común de las Administraciones Públicas de los actos administrativos, señala la respuesta incorrecta:

a) Se notificarán a los interesados las resoluciones y actos administrativos que afecten a sus derechos e intereses.
b) Toda notificación deberá ser cursada dentro del plazo de diez días a partir de la fecha en que el acto haya sido dictado.
c) En los procedimientos iniciados a solicitud del interesado, la notificación se practicará en el domicilio del interesado. Cuando ello no fuera posible, en cualquier lugar adecuado a tal fin.
d) Cuando la notificación se practique en el domicilio del interesado, de no hallarse presente este en el momento de entregarse la notificación podrá hacerse cargo de la misma cualquier persona mayor de 14 años que se encuentre en el domicilio y haga constar su identidad.

84. Conforme al artículo 45 de la Ley 39/2015, de 1 de octubre, de Procedimiento Administrativo Común de las Administraciones Públicas, la publicación sustituirá a la notificación surtiendo sus mismos efectos en los siguientes casos:

a) Cuando el acto tenga por destinatario a una persona jurídica.
b) Cuando la Administración estime que la notificación efectuada a un solo interesado es insuficiente para garantizar la notificación a todos, siendo, en este último caso, adicional a la notificación efectuada.
c) En los procedimientos iniciados a solicitud del interesado.
d) Cuando la notificación se practique en el domicilio del interesado.

85. De acuerdo con el artículo 47 de la Ley 39/2015, de 1 de octubre, de Procedimiento Administrativo Común de las Administraciones Públicas, los actos de las Administraciones Públicas son nulos de pleno derecho en los casos siguientes:

a) Los actos de la Administración que incurran en cualquier infracción del ordenamiento jurídico.
b) Los actos dictados por órgano manifiestamente incompetente por razón de la jerarquía.
c) Los actos que tengan un contenido imposible.
d) Los actos de la Administración que incurran en desviación de poder.

86. Son anulables, de acuerdo con el artículo 48.1 de la Ley 39/2015, de 1 de octubre, de Procedimiento Administrativo Común de las Administraciones Públicas:

a) Los actos de la Administración que incurran en cualquier infracción del ordenamiento jurídico, incluso la desviación de poder.

b) Los actos dictados prescindiendo total y absolutamente del procedimiento legalmente establecido o de las normas que contienen las reglas esenciales para la formación de la voluntad de los órganos colegiados.

c) Los actos expresos o presuntos contrarios al ordenamiento jurídico por los que se adquieren facultades o derechos cuando se carezca de los requisitos esenciales para su adquisición.

d) Los actos dictados por órgano manifiestamente incompetente por razón de la materia.

87. Conforme con el artículo 48.2 de la Ley 39/2015, de 1 de octubre, de Procedimiento Administrativo Común de las Administraciones Públicas, el defecto de forma de los actos de las Administraciones Públicas solo determinará la anulabilidad:

a) Siempre.

b) Nunca.

c) Cuando el acto carezca de los requisitos formales, dando lugar a la indefensión de los interesados.

d) Cuando el acto administrativo se notifique fuera de plazo, no siendo esencial el término o plazo.

88. La Administración podrá convalidar los actos anulables, subsanando los vicios de que adolezcan. Si el vicio consistiera en incompetencia no determinante de nulidad, la convalidación podrá realizarse, de conformidad con el artículo 52.3 de la Ley 39/2015, de 1 de octubre, de Procedimiento Administrativo Común de las Administraciones Públicas, por:

a) El órgano competente cuando sea inferior jerárquico del que dictó el acto viciado.

b) El órgano competente cuando sea superior jerárquico del que dictó el acto viciado.

c) El órgano competente por razón de la materia.

d) El órgano competente por razón del territorio.

89. En relación con la forma de los actos administrativos, señala la respuesta incorrecta:

a) Los actos administrativos se producirán por escrito a través de medios electrónicos, a menos que su naturaleza exija otra forma más adecuada de expresión y constancia.

b) En los casos en que los órganos administrativos ejerzan su competencia de forma verbal, la constancia escrita del acto, cuando sea necesaria, se efectuará y firmará por el titular del órgano superior, expresando en la comunicación del mismo la autoridad de la que procede.

c) Si se tratara de resoluciones, el titular de la competencia deberá autorizar una relación de las que haya dictado de forma verbal, con expresión de su contenido.

d) Cuando deba dictarse una serie de actos administrativos de la misma naturaleza, tales como nombramientos, concesiones o licencias, podrán refundirse en un único acto.

90. Son actos anulables de acuerdo con el artículo 48 de la Ley 39/2015, de 1 de octubre, de Procedimiento Administrativo Común de las Administraciones Públicas:

a) Los de contenido imposible.

b) Los que carezcan de los requisitos formales indispensables para alcanzar su fin.

c) Los dictados prescindiendo total y absolutamente de los procedimientos legalmente establecidos para ellos.

d) Los dictados prescindiendo total y absolutamente del procedimiento establecido por las normas que contienen las reglas esenciales para la formación de la voluntad de los órganos colegiados.

91. De todas las resoluciones citadas a continuación, ¿cuáles de ellas no necesitarán ser motivadas?

a) Las que sigan el criterio seguido en actuaciones precedentes.

b) Los acuerdos de suspensión de actos.

c) Las que se dicten en el ejercicio de potestades discrecionales.

d) Las que resuelvan los recursos.

92. ¿En qué casos un defecto de forma determinará la anulabilidad del acto?

a) Cuando carezcan de los requisitos formales indispensables para alcanzar su fin o dé lugar a indefensión.

b) Cuando sean insubsanables.

c) Solo en los casos en los que se dé lugar a indefensión.

d) Solo cuando carezcan de los requisitos formales indispensables.

93. Señala la respuesta incorrecta. Cuando una Administración Pública tenga que dictar, en el ámbito de sus competencias, un acto que necesariamente tenga por base otro dictado por una Administración Pública distinta y aquella entienda que es ilegal:

a) Podrá requerir a la otra Administración previamente para que anule o revise el acto de acuerdo con lo dispuesto en el artículo 44 de la Ley 29/1998, de 13 de julio, reguladora de la Jurisdicción Contencioso-Administrativa.

b) Realizado el requerimiento y al ser rechazado este, podrá interponer recurso contencioso-administrativo.

c) Realizado el requerimiento y al ser rechazado este, podrá interponer recurso de revisión.

d) En estos casos, quedará suspendido el procedimiento para dictar resolución.

94. Las notificaciones administrativas por medios electrónicos requerirán para su validez:

a) El señalamiento explícito de dicho medio de notificación en el momento de inicia-ción del procedimiento.

b) El establecimiento de este sistema por medio de una norma de rango legal.

c) El acceso a su contenido, momento a partir del cual la notificación se entenderá practicada a todos los efectos legales.

d) El establecimiento de este sistema por medio de una norma de rango reglamentario.

95. Por regla general una notificación electrónica se entenderá rechazada con los efectos previstos en el artículo 43.2 de la Ley 39/2015, de 1 de octubre, del Procedimiento Administrativo Común de las Administraciones Públicas, cuando teniendo constancia de la puesta a disposición transcurran:

a) Diez días hábiles sin que se acceda a su contenido.

b) Diez días naturales desde que se accedió al contenido sin existir respuesta.

c) Diez días naturales sin que se acceda al contenido.

d) Quince días hábiles desde que se accedió al contenido sin existir respuesta.

96. Señala cuál de las siguientes afirmaciones es falsa conforme a la Ley 39/2015, de 1 de octubre:

a) Las resoluciones administrativas de carácter particular no podrán vulnerar lo establecido en una disposición de carácter general, aunque aquellas procedan de un órgano de igual jerarquía al que dictó la disposición general.

b) Toda notificación deberá ser cursada dentro del plazo de quince días a partir de la fecha en que el acto haya sido dictado.

c) Los actos administrativos se producirán por escrito a través de medios electrónicos, a menos que su naturaleza exija otra forma más adecuada de expresión y constancia.

d) Las resoluciones administrativas de carácter particular no podrán vulnerar lo establecido en una disposición de carácter general, aunque aquellas procedan de un órgano de superior jerarquía al que dictó la disposición general.

97. ¿Cuál de los siguientes actos es susceptible de convalidación por parte de la Administración subsanando los vicios de que adolezcan?

a) El dictado por órgano manifiestamente incompetente por razón de la materia.

b) El dictado prescindiendo total y absolutamente de las normas que contienen las reglas esenciales para la formación de la voluntad de los órganos colegiados.

c) El dictado por órgano incompetente en razón de su jerarquía.

d) El dictado por órgano manifiestamente incompetente por razón del territorio.

98. Cuando los actos administrativos limiten derechos subjetivos o intereses legítimos:

a) No tendrán que ser motivados si no ponen fin al procedimiento.

b) Solo serán motivados si no se dictan en el ejercicio de potestades administrativas.

c) Tendrán que ser motivados, con sucinta referencia de hechos y fundamentos de derechos.

d) Tendrán efectos retroactivos.

99. Según establece el artículo 40 de la Ley 39/2015, de 1 de octubre, de Procedimiento Administrativo Común de las Administraciones Públicas, toda notificación deberá ser cursada:

a) Dentro del plazo de 10 días a partir de la fecha en que el acto haya sido dictado.
b) Dentro del plazo de 15 días a partir de la fecha en que el acto haya sido dictado.
c) Dentro del plazo de 1 mes a partir de la fecha en que el acto haya sido dictado.
d) Dentro del plazo de tres meses a partir de la fecha en que el acto haya sido dictado.

100. Según el artículo 35 de la Ley 39/2015, de 1 de octubre, de Procedimiento Administrativo Común de las Administraciones Públicas, los actos que se separen del criterio seguido en actuaciones precedentes o del dictamen de órganos consultivos deben ser:

a) Discrecionales.
b) Motivados.
c) Inválidos.
d) Nulos de pleno derecho.

101. Conforme al artículo 35 de la Ley 39/2015, del Procedimiento Administrativo Común de las Administraciones Públicas, los actos administrativos que resuelven recursos, necesariamente habrán de ser:

a) Inimpugnables.
b) Motivados.
c) Discrecionales.
d) De trámite.

102. Como norma general, los actos administrativos serán válidos y producirán efectos salvo que, en ellos, se disponga otra cosa:

a) Los 20 días de dictarse el acto.
b) Desde que se aprueben por el superior jerárquico.
c) Desde la publicación en el Boletín correspondiente.
d) Desde que se dicten.

103. La nulidad o anulabilidad en parte del acto administrativo:

a) Implicará la de las partes del mismo independientes de aquella.
b) Implicará la de las partes del mismo independientes de aquella, salvo cuando la administración proceda a la convalidación del acto.
c) No implicará necesariamente la de las partes del mismo independientes de aquella.
d) No implicará la de los sucesivos en el procedimiento que sean independientes del primero.

104. Los actos de las Administraciones Públicas no son nulos de pleno derecho en los casos siguientes:

a) Los que lesionen los derechos y libertades susceptibles de amparo constitucional.
b) Los que tengan un contenido imposible.

c) Los dictados prescindiendo total y absolutamente del procedimiento legalmente establecido o de las normas que contienen las reglas esenciales para la formación de la voluntad de los órganos colegiados.

d) Los que sean constitutivos de infracción administrativa y se dicten como consecuencia de esta.

105. En cuanto a los actos dictados por un órgano administrativo incompetente por razón del territorio:

a) Serán anulables.
b) Serán nulos.
c) Habrá una mera irregularidad de forma.
d) Serán plenamente eficaces ya que son susceptibles de convalidación.

106. Según la Ley 39/2015, de 1 de octubre, en alguno de los siguientes supuestos no estamos ante un acto nulo de pleno derecho. Señala en cuál:

a) El dictado por órgano manifiestamente incompetente por razón de materia o territorio.
b) El que lesione derechos o libertades susceptibles de amparo constitucional.
c) El que incurra en cualquier infracción del ordenamiento jurídico.
d) El que sea constitutivo de infracción penal o se dicte como consecuencia de esta.

107. Conforme a la Ley 39/2015, de 1 octubre, de Procedimiento Administrativo Común de las Administraciones Públicas, la notificación a los interesados de las resoluciones y actos administrativos que afecten a sus derechos e intereses deberá ser cursada dentro del plazo de:

a) Diez días naturales a partir de la fecha en que el acto haya sido dictado.
b) Diez días hábiles a partir del día siguiente a aquel en que el acto haya sido dictado.
c) Diez días naturales a partir del día siguiente a aquel en que el acto haya sido dictado.
d) Diez días hábiles a partir de la fecha en que el acto haya sido dictado.

108. El órgano competente para la resolución de un expediente está preparando el oportuno acto administrativo. Indica, según la Ley 39/2015, de 1 octubre, de Procedimiento Administrativo Común de las Administraciones Públicas, qué acto de entre los siguientes estará exento de la obligación de ser motivado:

a) Los que resuelvan procedimientos de arbitraje.
b) Los acuerdos de aplicación de la ampliación de plazos.
c) Los que sigan el dictamen de órganos consultivos.
d) Los acuerdos de suspensión de actos.

109. Según la Ley 39/2015, de 1 octubre, de Procedimiento Administrativo Común de las Administraciones Públicas, podrá quedar demorada la eficacia de un acto administrativo:

a) Cuando esté supeditada a su publicación.
b) Cuando esté supeditada a su aprobación por un órgano inferior.

c) Cuando no lo exija el contenido del acto.

d) Cuando el interesado lo solicite al órgano que lo dicta.

110. Con arreglo al principio de inderogabilidad singular del artículo 37 de la Ley 39/2015, de 1 de octubre, del Procedimiento Administrativo Común de las Administraciones Públicas, las resoluciones administrativas que vulneren lo establecido en una disposición reglamentaria son:

a) Nulas.

b) Anulables.

c) Ineficaces.

d) Inconstitucionales.

111. En relación con la práctica de las notificaciones en papel, el artículo 42.2 de la Ley 39/2015, de 1 de octubre, del Procedimiento Administrativo Común de las Administraciones Públicas, establece que si nadie se hiciera cargo de la notificación, se hará constar esta circunstancia en el expediente, junto con el día y la hora en que se intentó la notificación, intento que se repetirá por una sola vez y en una hora distinta dentro de los:

a) Tres días siguientes. En caso de que el primer intento de notificación se haya realizado antes de las catorce horas, el segundo intento deberá realizarse después de las catorce horas y viceversa, dejando en todo caso al menos un margen de diferencia de tres horas entre ambos intentos de notificación.

b) Dos días siguientes. En caso de que el primer intento de notificación se haya realizado antes de las catorce horas, el segundo intento deberá realizarse después de las catorce horas y viceversa, dejando en todo caso al menos un margen de diferencia de dos horas entre ambos intentos de notificación.

c) Tres días siguientes. En caso de que el primer intento de notificación se haya realizado antes de las quince horas, el segundo intento deberá realizarse después de las quince horas y viceversa, dejando en todo caso al menos un margen de diferencia de tres horas entre ambos intentos de notificación.

d) Tres días siguientes. En caso de que el primer intento de notificación se haya realizado antes de las quince horas, el segundo intento deberá realizarse después de las quince horas y viceversa, dejando en todo caso al menos un margen de diferencia de dos horas entre ambos intentos de notificación.

112. Cuando se ignore el lugar de notificación de los interesados en un procedimiento:

a) Previamente a la publicación de un anuncio en el Boletín Oficial de Estado y con carácter preceptivo las Administraciones deberán publicar un anuncio en el Boletín Oficial de la Comunidad Autónoma del último domicilio del interesado.

b) Previamente a la publicación de un anuncio en el Boletín Oficial de Estado y con carácter preceptivo las Administraciones deberán publicar un anuncio en el Boletín Oficial de la provincia del último domicilio del interesado.

c) La notificación se hará por medio de un anuncio publicado en el Boletín Oficial del Estado.

d) No será preceptivo practicar la notificación.

113. Según establece la Ley 39/2015, de 1 de octubre, de Procedimiento Administrativo Común de las Administraciones Públicas:

a) No podrá ser convalidado en ningún caso el acto anulable viciado por falta de alguna autorización.

b) El órgano que anule las actuaciones dispondrá siempre la conservación de aquellos actos cuyo contenido se hubiera mantenido igual de no haberse cometido la infracción.

c) El defecto de forma determinará en todo caso la anulabilidad del acto administrativo.

d) La realización de actuaciones administrativas fuera del tiempo establecido para ellas implicará, en todo caso, la anulabilidad del acto.

114. Según establece la Ley 39/2015, de 1 de octubre, de Procedimiento Administrativo Común de las Administraciones Públicas, la notificación a los interesados de los actos administrativos que afecten a sus derechos e intereses:

a) Deberá ser cursada dentro del plazo de diez días a partir de la fecha en que el acto haya sido dictado.

b) Deberá ser cursada dentro del plazo de quince días a partir de la fecha en que el acto haya sido dictado.

c) Deberá ser cursada dentro del plazo de veinte días a partir de la fecha en que el acto haya sido dictado.

d) Deberá ser cursada dentro del plazo de un mes a partir de la fecha en que el acto haya sido dictado.

115. Según establece la Ley 39/2015, de 1 de octubre, de Procedimiento Administrativo Común de las Administraciones Públicas:

a) Los actos administrativos se producirán siempre por escrito.

b) En ningún caso podrá otorgarse eficacia retroactiva a los actos administrativos cuando se dicten en sustitución de actos anulados.

c) En todo caso los actos de las Administraciones Públicas sujetos al Derecho Administrativo producirán efectos desde la fecha en que se dicten.

d) Los acuerdos de suspensión de actos administrativos, cualquiera que sea el motivo de esta, serán motivados.

116. De acuerdo con lo establecido en la Ley 39/2015, de 1 de octubre, de Procedimiento Administrativo Común de las Administraciones Públicas, las resoluciones administrativas de carácter particular:

a) No podrán vulnerar lo establecido en una disposición de carácter general.

b) Podrán vulnerar lo establecido en una disposición de carácter general, si la autoridad que la dicta es de igual o superior rango a la que dictó la de carácter general.

c) Podrán vulnerar lo establecido en una disposición de carácter general dependiendo de a quién se refieran.

d) No existen resoluciones administrativas de carácter particular.

117. Conforme a lo establecido en la Ley 39/2015, de 1 de octubre, de Procedimiento Administrativo Común de las Administraciones Públicas, ¿en cuál de estos casos no podrá la Administración Pública convalidar un acto administrativo?

a) Si el acto es anulable subsanando los vicios de que adolezca.

b) Si el acto está dictado por un órgano manifiestamente incompetente por razón de la materia.

c) Si el acto adolece de un defecto de forma porque carece de los requisitos formales indispensables para alcanzar su fin.

d) En ninguno de los casos anteriores.

d) Si el acto está dictado por un órgano incompetente por razón de la jerarquía.

118. Según la Ley 39/2015, de 1 de octubre, del Procedimiento Administrativo Común de las Administraciones Públicas, cuando la notificación por medios electrónicos sea de carácter obligatorio o elegida por el interesado se podrá entender rechazada cuando hayan transcurrido:

a) Diez días hábiles sin que el interesado acceda a su contenido.

b) Diez días desde la puesta a disposición sin que se acceda a su contenido.

c) Diez días sin que el interesado reciba acuse de recibo.

d) Diez días naturales desde su puesta a disposición sin que se acceda a su contenido.

119. ¿En cuál de estos casos la publicación sustituirá a la notificación administrativa surtiendo sus mismos efectos, según la Ley 39/2015, de 1 octubre, de Procedimiento Administrativo Común de las Administraciones Públicas?

a) Siempre que el acto tenga varios interesados.

b) Cuando el acto forme parte de un procedimiento urgente y sumario.

c) Cuando se trate de actos integrantes de un procedimiento selectivo.

d) En caso de que el interesado o su representante rechacen la notificación de un acto administrativo.

120. Indica qué actos o disposiciones son anulables:

a) Los actos expresos o presuntos contrarios al ordenamiento jurídico por los que se adquieren facultades o derechos cuando se carezca de los requisitos esenciales para su adquisición.

b) Los actos de la Administración que incurran en cualquier infracción del ordenamiento jurídico, incluso la desviación de poder.

c) Las disposiciones administrativas que establezcan la retroactividad de disposiciones sancionadoras no favorables o restrictivas de derechos individuales.

d) Los dictados por órgano manifiestamente incompetente por razón de la materia o del territorio.

121. Según la Ley 39/2015, de 1 octubre, de Procedimiento Administrativo Común de las Administraciones Públicas, ¿cuándo se entiende practicada la notificación por medios electrónicos?

a) A los tres días del envío del aviso de la puesta a disposición del acto objeto de notificación.

b) En el momento en que se accede a la puesta a disposición del interesado del acto objeto de notificación.

c) Cuando, existiendo constancia de la puesta a disposición, transcurrieran cinco días naturales sin que se acceda a su contenido.

d) En el momento en que se produzca el acceso al contenido del acto notificado.

122. En la práctica de las notificaciones por medios electrónicos, según lo establecido en el artículo 43 de la Ley 39/2015, de 1 de octubre, del Procedimiento Administrativo Común de las Administraciones Públicas, señala cuál de las siguientes afirmaciones es incorrecta:

a) Se llevarán a cabo mediante comparecencia en la sede electrónica de la Administración u Organismo actuante, a través de la dirección electrónica habilitada únicamente o mediante ambos sistemas, según disponga cada Administración u Organismo.

b) Se entenderán practicadas en el momento en que se produzca el acceso a su contenido.

c) Cuando la notificación por medios electrónicos sea de carácter obligatorio, se entenderá rechazada cuando hayan transcurrido 10 días hábiles desde la puesta a disposición de la notificación sin que se acceda a su contenido.

d) Cuando la notificación por medios electrónicos haya sido expresamente elegida por el interesado, se entenderá rechazada cuando hayan transcurrido 10 días naturales desde la puesta a disposición de la notificación sin que se acceda a su contenido.

123. De conformidad con lo previsto en el artículo 47.1 de la Ley 39/2015, de 1 de octubre, del Procedimiento Administrativo Común de las Administraciones Públicas, son causas de nulidad de pleno derecho de los actos de las Administraciones Públicas:

a) Los dictados por órgano incompetente por razón del territorio.

b) Los dictados prescindiendo del procedimiento legalmente establecido o de las normas que contienen las reglas para la formación de la voluntad de los órganos colegiados.

c) Los que sean constitutivos de infracción administrativa o se dicten como consecuencia de esta.

d) Cualquier infracción del ordenamiento jurídico.

124. Según el artículo 35 de la Ley 39/2015, de 1 de octubre del Procedimiento Administrativo Común de las AAPP, entre otros, serán motivados los actos administrativos cuando:

a) Resuelvan procedimientos de revisiones de oficio.

b) Admitan las pruebas propuestas por los interesados.

c) Reconozcan derechos subjetivos.

d) Reconozcan intereses legítimos.

125. Indica, de conformidad con el artículo 52 de la Ley 39/2015, de 1 de octubre, del Procedimiento Administrativo Común de las Administraciones Públicas, la respuesta correcta sobre la convalidación de actos:

a) Cuando el vicio consista en incompetencia determinante de nulidad, podrá convalidarse por el órgano superior jerárquico del que dictó el acto viciado.

b) La Administración podrá convalidar los actos nulos de pleno derecho, subsanando los vicios de que adolezcan.

c) Como regla general, la convalidación producirá efecto desde la fecha en que fue dictado el acto convalidado.

d) Si el vicio consistiese en la falta de alguna autorización, se podrá convalidar el acto mediante el otorgamiento de la misma por el órgano competente.

126. Indica qué acto administrativo debe ser objeto de motivación según el artículo 35 de la Ley 39/2015, de 1 de octubre, del Procedimiento Administrativo Común de las Administraciones Públicas:

a) El requerimiento de subsanación de una solicitud presentada por el interesado.

b) Un acto de trámite que no se separe del criterio seguido en actuaciones precedentes.

c) El acto por el que se acuerda la admisión de pruebas propuestas por el interesado.

d) La propuesta de resolución en un procedimiento sancionador.

127. Según el principio de inderogabilidad singular de los reglamentos recogido en la Ley 39/2015, de 1 de octubre, del Procedimiento Administrativo Común de las Administraciones Públicas:

a) Las resoluciones administrativas de carácter particular no podrán vulnerar lo establecido en una disposición de carácter general, aunque aquellas procedan de un órgano de igual o superior jerarquía al que dictó la disposición general.

b) Las resoluciones administrativas de carácter particular pueden contradecir lo establecido en una disposición de carácter general cuando procedan de un órgano de igual o superior jerarquía al que dictó la disposición general.

c) Las resoluciones administrativas de carácter particular solo pueden vulnerar lo establecido en una disposición de carácter general cuando procedan de un órgano superior.

d) Las resoluciones administrativas de carácter particular podrán vulnerar lo establecido en una disposición de carácter general si proviene de un órgano de igual jerarquía al que dictó la disposición general.

128. Según lo dispuesto en la Ley 39/2015, de 1 de octubre, del Procedimiento Administrativo Común de las Administraciones Públicas, señala la respuesta correcta en relación con la práctica de las notificaciones en papel:

a) Cuando la notificación se practique en el domicilio del interesado, de no hallarse presente este en el momento de entregarse la notificación, podrá hacerse cargo de la misma cualquier persona mayor de 13 años que se encuentre en el domicilio y haga constar su identidad.

b) Si nadie se hiciera cargo de la notificación, se hará constar esta circunstancia en el expediente, junto con el día y la hora en que se intentó la notificación, intento que se repetirá por una sola vez y en una hora distinta dentro de las 48 horas siguientes.

c) Si la notificación resulta infructuosa, se entenderá que la misma ha sido rechazada, especificándose las circunstancias del intento de notificación y el medio, dando por efectuado el trámite y siguiéndose el procedimiento.

d) Todas las notificaciones que se practiquen en papel deberán ser puestas a disposición del interesado en la sede electrónica de la Administración u Organismo actuante para que pueda acceder al contenido de las mismas de forma voluntaria.

129. En relación con el artículo 47 de la Ley 39/2015, señala qué actos de las Administraciones Públicas son nulos de pleno derecho en todo caso:

a) Los que incurran en cualquier infracción del ordenamiento jurídico, incluso la desviación de poder.

b) Los que sean dictados fallando alguna autorización.

c) Los actos expresos o presuntos contrarios al ordenamiento jurídico por los que se adquieren facultades o derechos cuando se carezca de los requisitos esenciales para su adquisición.

d) Los dictados con defectos de forma que den lugar a la indefensión de los interesados.

130. La inderogabilidad singular de los reglamentos significa que:

a) Un reglamento no puede derogar parcialmente a otro reglamento.

b) Las resoluciones administrativas de carácter particular no pueden vulnerar lo establecido en una disposición de carácter general, aunque aquellas procedan de un órgano de igual o superior jerarquía al que dictó la disposición general.

c) Las resoluciones administrativas de carácter particular no pueden vulnerar lo establecido en una disposición de carácter general, salvo que aquellas procedan de un órgano de igual o superior jerarquía al que dictó la disposición general.

d) Un reglamento no puede derogar singularmente a otro reglamento.

131. De conformidad con la Ley 39/2015, del Procedimiento Administrativo Común de las Administraciones Públicas, en relación con las resoluciones y actos administrativos y sus notificaciones:

a) Para que sean válidas las resoluciones administrativas de carácter particular que se opongan a lo establecido en una disposición de carácter general, bastará con que procedan de un órgano de igual o superior jerarquía al que dictó la disposición general.

b) La Administración no podrá convalidar en ningún caso los actos anulables, aunque se subsanen los vicios de que adolezcan.

c) Los actos administrativos de las Administraciones Públicas se presumirán válidos y producirán efectos retroactivos desde la fecha en que se inició el procedimiento, salvo que en ellos se disponga otra cosa.

d) Las normas y actos dictados por los órganos de las Administraciones Públicas en el ejercicio de su propia competencia deberán ser observados por el resto de los órganos administrativos, aunque no dependan jerárquicamente entre sí o pertenezcan a otra Administración.

132. Según establece la Ley 39/2015, del Procedimiento Administrativo Común de las Administraciones Públicas, en relación con notificaciones infructuosas, la notificación, con carácter obligatorio, se hará:

a) Por medio de un anuncio publicado en el Boletín Oficial del Estado.

b) Por medio de un anuncio en el Boletín Oficial del Estado y en el Boletín de la Comunidad Autónoma correspondiente.

c) Por medio de un anuncio en el Boletín Oficial del Estado y en el Boletín de la Comunidad Autónoma correspondiente, así como en el tablón de edictos del Ayuntamiento del último domicilio del interesado.

d) Tras la entrada en vigor de la Ley 39/2015, solo es preceptivo la publicación del anuncio en el boletín correspondiente de la Comunidad Autónoma, así como en el tablón de edictos del Ayuntamiento del último domicilio del interesado.

133. Según dispone la Ley 39/2015, del Procedimiento Administrativo Común de las Administraciones Públicas, cuando el interesado en el procedimiento fuera notificado por distintos cauces, se tomará como fecha de notificación la de aquella que:

a) Se pone a disposición en la sede electrónica de la Administración que tramita el procedimiento.

b) Fue remitida y notificada en papel.

c) Se hubiera producido en primer lugar.

d) Resulte más favorable al interesado.

134. Un acto dictado por un órgano incompetente por razón de la jerarquía:

a) Puede ser convalidado.

b) Solo puede convalidarse si es de trámite.

c) No puede ser convalidado.

d) Produce la invalidez de los actos subsistentes en el procedimiento.

135. De las siguientes respuestas relativas a la nulidad en los actos administrativos, según la Ley 39/2015, del Procedimiento Administrativo Común de las Administraciones Públicas, ¿encuentras alguna que sea incorrecta?

a) El acto nulo no puede ser objeto de convalidación.

b) Los actos nulos que, sin embargo, contengan los elementos constitutivos de otro distinto no producirán los efectos de este.

c) La Administración podrá en cualquier momento declarar la nulidad.

d) Los actos anulables son convalidables.

136. La definición de que los actos de la Administración serán válidos y producirán efectos desde la fecha en que se dicten, salvo que en ellos se disponga otra cosa, responde a determinado principio; ¿sabes cuál es?

a) Presunción de validez de los actos administrativos.

b) Presunción de calidad.

c) Presunción de oficialidad.

d) Presunción de veracidad de los actos administrativos.

137. De acuerdo con la Ley 39/2015, del Procedimiento Administrativo Común de las Administraciones Públicas, son actos anulables:

a) Los de contenido imposible.

b) Los que carezcan de los requisitos formales indispensables para alcanzar su fin.

c) Los dictados prescindiendo total y absolutamente de los procedimientos legalmente establecidos para ellos.

d) Los dictados prescindiendo total y absolutamente del procedimiento establecido por las normas que contienen las reglas esenciales para la formación de la voluntad de los órganos colegiados.

138. No han de ser necesariamente motivados los actos administrativos que:

a) Resuelven recursos.

b) Se separen del dictamen de los órganos consultivos.

c) Limiten derechos subjetivos.

d) Reconozcan el derecho de una licencia de apertura.

139. ¿En cuál de los siguientes supuestos queda demorada la eficacia de un acto administrativo?

a) Si se trata de actos dictados para sustituir a otros que han sido anulados.

b) Cuando dicho acto incurre en desviación de poder.

c) Cuando así lo exija el contenido del acto.

d) Cuando produce efectos favorables al interesado.

140. Conforme al artículo 47 de la Ley 39/2015, del Procedimiento Administrativo Común de las Administraciones Públicas, los actos de la Administración son nulos de pleno derecho si:

a) Se dictan fuera del plazo.

b) Se dictan sin seguir, en forma estricta, el procedimiento establecido.

c) Infringen el ordenamiento jurídico.

d) Los dictados prescindiendo total y absolutamente del procedimiento legalmente previsto.

141. Los actos dictados prescindiendo total y absolutamente de las normas que contienen las reglas esenciales de la formación de la voluntad de los órganos colegiados, según el artículo 47 de la Ley 39/2015, del Procedimiento Administrativo Común de las Administraciones Públicas, son:

a) Anulables.

b) Nulos de pleno derecho.

c) Irregulares.

d) Convalidables.

142. A tenor de lo dispuesto en la Ley 39/2015, del Procedimiento Administrativo Común de las Administraciones Públicas, ¿quién acordará la conservación de los actos?

a) Será el superior jerárquico del autor del acto nulo.
b) Será el propio órgano autor del acto nulo.
c) Será el órgano que acordó la nulidad.
d) Únicamente puede hacerlo la Jurisdicción Contencioso-Administrativa.

143. El ordenamiento jurídico prevé la convalidación de ciertos actos administrativos que adolecen de vicios. Señala cuáles se encuentran en ese supuesto:

a) Los dictados por órgano manifiestamente incompetente por razón de la materia.
b) Los constitutivos de delito.
c) Los de contenido imposible.
d) Los anulables.

144. Un acto que carezca de los requisitos de forma indispensable para alcanzar su fin, según el artículo 48 de la Ley 39/2015, del Procedimiento Administrativo Común de las Administraciones Públicas, es:

a) Nulo.
b) Irregular.
c) Anulable,
d) Perfectamente normal.

145. De acuerdo con el artículo 48 de la Ley 39/2015, del Procedimiento Administrativo Común de las Administraciones Públicas, cuando la Administración dicta un acto administrativo incurriendo en desviación de poder, dicho acto es:

a) Nulo de pleno derecho.
b) Anulable.
c) Impugnable en vía administrativa.
d) Irrecurrible en vía contencioso-administrativa.

146. La conversión de los actos administrativos se aplica, conforme a la Ley 39/2015, del Procedimiento Administrativo Común de las Administraciones Públicas:

a) A los actos nulos solo.
b) A los actos anulables solo.
c) A los actos irregulares, anulables y nulos.
d) A los actos anulables y nulos.

147. Los actos administrativos que limiten derechos subjetivos, necesariamente, según el artículo 35 de la Ley 39/2015, del Procedimiento Administrativo Común de las Administraciones Públicas habrán de ser:

a) Inimpugnables.
b) Motivados.

c) Discrecionales.
d) De trámite.

148. De acuerdo con la Ley 39/2015, del Procedimiento Administrativo Común de las Administraciones Públicas, el contenido del acto administrativo debe ser:

a) Posible, formal y causal.
b) Posible, objetivo y causal.
c) Posible, determinado, causal y formal.
d) Posible, lícito, determinado y adecuado a sus fines.

149. Según la Ley 39/2015, del Procedimiento Administrativo Común de las Administraciones Públicas, el acto de convalidación producirá efectos.

a) Cuando se notifique, salvo lo dispuesto en el artículo 37.3 de la misma ley para la retroactividad de los actos administrativos:
b) Cuando se publique, salvo lo dispuesto en el artículo 39.3 de la misma ley para la retroactividad de los actos administrativos.
c) Desde su fecha, salvo lo dispuesto en el artículo 37.3 de la misma ley para la retroactividad de los actos administrativos.
d) Desde su fecha, salvo lo dispuesto en el artículo 39.3 de la misma ley para la retroactividad de los actos administrativos.

150. No son nulos de pleno derecho los actos administrativos que, según el artículo 47 de la Ley 39/2015, del Procedimiento Administrativo Común de las Administraciones Públicas:

a) Limiten derechos subjetivos.
b) Lesionen derechos y libertades susceptibles de amparo constitucional.
c) Dictados por órgano manifiestamente incompetente por razón de la materia.
d) Dictados por órgano manifiestamente incompetente por razón del territorio.

151. En la notificación de todo acto administrativo no es necesario que conste siempre:

a) Su texto íntegro.
b) Los recursos que contra el mismo procedan.
c) Los motivos en que se basa la decisión.
d) El plazo de interposición de los recursos.

152. Conforme a la Ley 39/2015, del Procedimiento Administrativo Común de las Administraciones Públicas, para que un acto tenga eficacia retroactiva es necesario que:

a) Limite derechos de los particulares.
b) Restrinja el ejercicio de facultades de los particulares.
c) Imponga deberes u obligaciones.
d) No se lesionen derechos legítimos de otras personas.

153. Cuando el Delegado Territorial de una Consejería de Agricultura de una Comunidad Autónoma de una Provincia concreta resuelve una solicitud en materia propia de la Delegación Territorial de una Consejería de Empleo de distinta Provincia, incurre en una incompetencia:

a) Material y jerárquica.
b) Territorial y jerárquica.
c) Material y territorial.
d) Territorial exclusivamente.

154. Cuando un órgano administrativo, al dictar un acto, se desvía de un dictamen vinculante de un órgano consultivo, según el artículo 48 de la Ley 39/2015, del Procedimiento Administrativo Común de las Administraciones Públicas:

a) Vicia el acto de que se trate.
b) Debe motivar el acto.
c) No puede hacerlo.
d) Debe justificar por qué lo hace.

155. Cuando un órgano administrativo, al dictar un acto, se separa de un dictamen facultativo, según el artículo 45 de la Ley 39/2015, del Procedimiento Administrativo Común de las Administraciones Públicas:

a) Vicia el acto.
b) Debe motivarlo.
c) No puede hacerlo.
d) Al ser facultativo, no es necesaria la motivación del acto.

Solución al test n.º 6

1. d) A la capacidad de obrar.

2. c) Sí, para el ejercicio y defensa de aquellos de sus derechos e intereses cuya actuación esté permitida por el ordenamiento jurídico sin la asistencia de la persona que ejerza la patria potestad, tutela o curatela, aunque sean menores incapacitados, siempre que la extensión de la incapacitación no afecte al ejercicio y defensa de los derechos o intereses de que se trate.

3. c) Los hijos emancipados están bajo la patria potestad de los progenitores.

4. b) Los menores no emancipados que no estén bajo la patria potestad.

5. b) La función del curador es la de complementar la capacidad del menor en todos aquellos actos o negocios jurídicos que no puede realizar por sí mismo.

6. c) Siempre que la ley así lo declare expresamente.

7. a) Desde el instante mismo en que, con arreglo a derecho, hubiesen quedado válidamente constituidas.

8. a) Las personas físicas incapacitadas.

9. c) No; puede estar sujeta a curatela.

10. d) No.

11. b) Sí, en aplicación del artículo 4.1.b) de la Ley 39/2015, de 1 de octubre.

12. c) Sí, en aplicación del artículo 4.1.c) de la Ley 39/2015, de 1 de octubre.

13. b) Sí, en aplicación del artículo 4.1.b) de la Ley 39/2015, de 1 de octubre.

14. c) Intereses legítimos colectivos.

15. a) Sí, en aplicación del artículo 4.1.a) de la Ley 39/2015, de 1 de octubre.

16. c) Sí, en tanto se trata de una relación jurídica transmisible.

17. a) El artículo 4.1.b) de la Ley 39/2015, de 1 de octubre.

18. d) No tiene la consideración de relación jurídica transmisible.

19. c) Los interesados con capacidad de obrar.

20. d) Las personas físicas menores de edad.

21. a) Para presentar documentos que acompañen a la solicitud.

22. a) Para renunciar a una devolución tributaria en nombre propio.

23. c) A través de la acreditación de la inscripción de la representación en el registro electrónico de apoderamiento de cualquier Administración Pública.

24. b) Al órgano competente para la tramitación del procedimiento.

25. d) No impedirá que se tenga por realizado el acto de que se trate si se aporta la acreditación de la representación o se subsana el defecto dentro del plazo de diez días o de un plazo superior cuando las circunstancias del caso así lo requieran.

26. d) Cuando los plazos se señalen por días, se entiende que estos son hábiles, excluyéndose en el cómputo los sábados, los domingos y los declarados festivos.

27. b) La habilitación con carácter general o específico a personas físicas o jurídicas autorizadas para la realización de determinadas transacciones electrónicas en representación de los interesados, deberá especificar las condiciones y obligaciones a las que se comprometen los que así adquieran la condición de representantes, y determinará la presunción de validez de la representación salvo que la normativa de aplicación prevea otra cosa.

28. c) Sí, en ellos se inscribirán los poderes otorgados para la realización de trámites específicos en el mismo.

29. d) El proceso tecnológico que permite convertir un documento en soporte papel o en otro soporte no electrónico en uno o varios ficheros electrónicos que contienen la imagen codificada, fiel e íntegra del documento.

30. d) Ninguna de las respuestas anteriores es correcta.

31. d) El apoderamiento apud acta se otorgará mediante comparecencia electrónica en la correspondiente sede electrónica haciendo uso de los sistemas de firma electrónica previstos en la Ley 39/2015, de 1 de octubre, o bien mediante comparecencia personal en las oficinas de asistencia en materia de registros.

32. b) Las actuaciones a que den lugar se efectuarán con el interesado que figure en primer término.

33. d) A más tardar fue el 18 de septiembre de 2017 cuando la Comisión, mediante actos de ejecución, especificara la información a que se refiere la letra a).

34. a) Identificar a las autoridades y al personal al servicio de las Administraciones Públicas bajo cuya responsabilidad se tramiten los procedimientos.

35. d) A los interesados no incluidos en los apartados 2 y 3 del artículo 14 de la Ley 39/2015, de 1 de octubre, que así lo soliciten, especialmente en lo referente a la identificación y firma electrónica, presentación de solicitudes a través del registro electrónico general y obtención de copias auténticas.

36. d) Será necesario que el interesado que carezca de los medios electrónicos necesarios se identifique ante el funcionario y preste su consentimiento expreso para esta actuación, de lo que deberá quedar constancia para los casos de discrepancia o litigio.

37. b) Cuando en una solicitud, escrito o comunicación figuren varios interesados, las actuaciones a que den lugar se efectuarán con el representante o el interesado que expresamente hayan señalado, y, en su defecto, con cualquiera de los demás.

38. c) Se comunicará a dichas personas la tramitación del procedimiento cuando este no haya tenido publicidad.

39. d) El último día del mes.

40. c) Se prorrogará al primer día hábil siguiente.

41. b) A partir del día siguiente a aquel en que tenga lugar la notificación o publicación del acto de que se trate.

42. a) Castellano necesariamente.

43. a) De seis meses, salvo que una norma con rango de ley establezca uno mayor o así venga previsto en la normativa comunitaria europea.

44. c) No son recurribles.

45. a) Todas las horas del día que formen parte de un día hábil.

46. c) Las entidades sin personalidad jurídica.

47. c) En la actualidad, tras la Ley 39/2015, de 26 de octubre, de Procedimiento Administrativo Común de las Administraciones Públicas, no existen reclamaciones previas.

48. b) Siempre es obligatorio dictar Resolución expresa, excepto en los supuestos que se mencionan en el párrafo tercero del apartado 1 del artículo 21.1 in fine de la Ley 39/2015, de 26 de octubre, de Procedimiento Administrativo Común de las Administraciones Públicas.

49. a) Tendrá efectos estimatorios con carácter general.

50. c) No, en ningún caso.

51. c) El proceso tecnológico que permite convertir un documento en soporte papel o en otro soporte no electrónico en un fichero electrónico que contiene la imagen codificada, fiel e íntegra del documento.

52. c) A las autoridades y al personal al servicio de la Administración competente para la tramitación de los asuntos, así como a los interesados en los mismos.

53. a) Por días hábiles.

54. a) A partir del día en que tenga lugar la notificación del acto de que se trate.

55. a) A partir del día en que tenga lugar la publicación del acto de que se trate.

56. b) Se entenderá prorrogado al primer día hábil siguiente.

57. c) Por la fecha y hora de presentación en el registro electrónico de cada Administración u Organismo.

58. c) Por el orden de hora efectiva en el que lo fueron en el día inhábil.

59. a) No serán susceptibles de recurso.

60. b) No cabe recurso alguno.

61. b) Estimada.

62. b) Se puede producir tanto en los procedimientos iniciados de oficio como en los iniciados a solicitud del interesado.

63. b) 3 meses.

64. a) Silencio administrativo positivo.

65. c) Producirá la caducidad o podrán los interesados entender desestimadas sus pretensiones por silencio administrativo.

66. d) Excepto, entre otros, en los supuestos de terminación del procedimiento por pacto o convenio.

67. b) Cuando los plazos se hayan señalado por días naturales por declararlo así una ley o por el Derecho de la Unión Europea, se hará constar esta circunstancia en las correspondientes notificaciones.

68. a) Tendrá efecto desestimatorio en los procedimientos de impugnación de actos y disposiciones.

69. d) El personal al servicio de las Administraciones públicas que tenga a su cargo el despacho de los asuntos, así como los titulares de los órganos administrativos competentes para instruir y resolver son directamente responsables, en el ámbito de sus competencias, del cumplimiento de la obligación legal de dictar resolución expresa en plazo.

70. c) A partir del siguiente a aquel en que tenga lugar la notificación o publicación del acto que se trate o desde el siguiente a aquel en que se produzca la estimación o desestimación por silencio administrativo.

71. b) El mismo día en que se produjo la notificación, publicación o silencio administrativo.

72. d) Cuando los interesados promuevan la recusación en cualquier momento de la tramitación de un procedimiento, desde que ésta se plantee hasta que sea resuelta por el superior jerárquico del recusado.

73. c) La presentación en un día inhábil se entenderá realizada en la primera hora del primer día hábil siguiente, salvo que una norma permita expresamente la recepción en inhábil.

74. d) En los casos de desestimación por silencio administrativo, la resolución expresa posterior al vencimiento del plazo se adoptará por la Administración sin vinculación alguna al sentido del silencio.

75. a) Solo será obligatoria cuando así esté previsto en una norma con rango de ley.

76. d) Los empleados de las Administraciones Públicas.

77. c) Los interesados que se dirijan a los órganos de la Administración General del Estado con sede en el territorio de una Comunidad Autónoma podrán utilizar también la lengua que sea cooficial en ella.

78. c) Procedimientos finalizados.

79. d) El deber de proporcionárselos a la Administración actuante.

80. c) Los procedimientos relativos al ejercicio de derechos sometidos únicamente al deber de declaración responsable o comunicación a la Administración.

81. d) Los actos declarativos de derechos.

82. a) La fecha en que se dicten, salvo que en ellos se disponga otra cosa.

83. c) En los procedimientos iniciados a solicitud del interesado, la notificación se practicará en el domicilio del interesado. Cuando ello no fuera posible, en cualquier lugar adecuado a tal fin.

84. b) Cuando la Administración estime que la notificación efectuada a un solo interesado es insuficiente para garantizar la notificación a todos, siendo, en este último caso, adicional a la notificación efectuada.

85. c) Los actos que tengan un contenido imposible.

86. a) Los actos de la Administración que incurran en cualquier infracción del ordenamiento jurídico, incluso la desviación de poder.

87. c) Cuando el acto carezca de los requisitos formales, dando lugar a la indefensión de los interesados.

88. b) El órgano competente cuando sea superior jerárquico del que dictó el acto viciado.

89. b) En los casos en que los órganos administrativos ejerzan su competencia de forma verbal, la constancia escrita del acto, cuando sea necesaria, se efectuará y firmará por el titular del órgano superior, expresando en la comunicación del mismo la autoridad de la que procede.

90. b) Los que carezcan de los requisitos formales indispensables para alcanzar su fin.

91. a) Las que sigan el criterio seguido en actuaciones precedentes.

92. a) Cuando carezcan de los requisitos formales indispensables para alcanzar su fin o dé lugar a indefensión.

93. c) Realizado el requerimiento y al ser rechazado este, podrá interponer recurso de revisión.

94. c) El acceso a su contenido, momento a partir del cual la notificación se entenderá practicada a todos los efectos legales.

95. c) Diez días naturales sin que se acceda al contenido.

96. b) Toda notificación deberá ser cursada dentro del plazo de quince días a partir de la fecha en que el acto haya sido dictado.

97. c) El dictado por órgano incompetente en razón de su jerarquía.

98. c) Tendrán que ser motivados, con sucinta referencia de hechos y fundamentos de derechos.

99. a) Dentro del plazo de 10 días a partir de la fecha en que el acto haya sido dictado.

100. b) Motivados.

101. b) Motivados.

102. d) Desde que se dicten.

103. c) No implicará necesariamente la de las partes del mismo independientes de aquella.

104. d) Los que sean constitutivos de infracción administrativa y no se dicten como consecuencia de esta.

105. b) Serán nulos.

106. c) El que incurra en cualquier infracción del ordenamiento jurídico.

107. d) Diez días hábiles a partir de la fecha en que el acto haya sido dictado.

108. c) Los que sigan el dictamen de órganos consultivos.

109. a) Cuando esté supeditada a su publicación.

110. a) Nulas.

111. c) Tres días siguientes. En caso de que el primer intento de notificación se haya realizado antes de las quince horas, el segundo intento deberá realizarse después de las quince horas y viceversa, dejando en todo caso al menos un margen de diferencia de tres horas entre ambos intentos de notificación.

112. c) La notificación se hará por medio de un anuncio publicado en el Boletín Oficial del Estado.

113. b) El órgano que anule las actuaciones dispondrá siempre la conservación de aquellos actos cuyo contenido se hubiera mantenido igual de no haberse cometido la infracción.

114. a) Deberá ser cursada dentro del plazo de diez días a partir de la fecha en que el acto haya sido dictado.

115. d) Los acuerdos de suspensión de actos administrativos, cualquiera que sea el motivo de esta, serán motivados.

116. a) No podrán vulnerar lo establecido en una disposición de carácter general.

117. b) Si el acto está dictado por un órgano manifiestamente incompetente por razón de la materia.

118. d) Diez días naturales desde su puesta a disposición sin que se acceda a su contenido.

119. c) Cuando se trate de actos integrantes de un procedimiento selectivo.

120. b) Los actos de la Administración que incurran en cualquier infracción del ordenamiento jurídico, incluso la desviación de poder.

121. d) En el momento en que se produzca el acceso al contenido del acto notificado.

122. c) Cuando la notificación por medios electrónicos sea de carácter obligatorio, se entenderá rechazada cuando hayan transcurrido 10 días hábiles desde la puesta a disposición de la notificación sin que se acceda a su contenido.

123. a) Los dictados por órgano incompetente por razón del territorio.

124. a) Resuelvan procedimientos de revisiones de oficio.

125. d) Si el vicio consistiese en la falta de alguna autorización, se podrá convalidar el acto mediante el otorgamiento de la misma por el órgano competente.

126. d) La propuesta de resolución en un procedimiento sancionador.

127. a) Las resoluciones administrativas de carácter particular no podrán vulnerar lo establecido en una disposición de carácter general, aunque aquellas procedan de un órgano de igual o superior jerarquía al que dictó la disposición general.

128. d) Todas las notificaciones que se practiquen en papel deberán ser puestas a disposición del interesado en la sede electrónica de la Administración u Organismo actuante para que pueda acceder al contenido de las mismas de forma voluntaria.

129. c) Los actos expresos o presuntos contrarios al ordenamiento jurídico por los que se adquieren facultades o derechos cuando se carezca de los requisitos esenciales para su adquisición.

130. b) Las resoluciones administrativas de carácter particular no pueden vulnerar lo establecido en una disposición de carácter general, aunque aquellas procedan de un órgano de igual o superior jerarquía al que dictó la disposición general.

131. d) Las normas y actos dictados por los órganos de las Administraciones Públicas en el ejercicio de su propia competencia deberán ser observadas por el resto de los órganos administrativos, aunque no dependan jerárquicamente entre sí o pertenezcan a otra Administración.

132. a) Por medio de un anuncio publicado en el Boletín Oficial del Estado.

133. c) Se hubiera producido en primer lugar.

134. a) Puede ser convalidado.

135. b) Los actos nulos que, sin embargo, contengan los elementos constitutivos de otro distinto no producirán los efectos de este.

136. a) Presunción de validez de los actos administrativos.

137. b) Los que carezcan de los requisitos formales indispensables para alcanzar su fin.

138. d) Reconozcan el derecho de una licencia de apertura.

139. c) Cuando así lo exija el contenido del acto.

140. d) Los dictados prescindiendo total y absolutamente del procedimiento legalmente previsto.

141. b) Nulos de pleno derecho.

142. c) Será el órgano que acordó la nulidad.

143. d) Los anulables.

144. c) Anulable.

145. b) Anulable.

146. d) A los actos anulables y nulos.

147. b) Motivados.

148. d) Posible, lícito, determinado y adecuado a sus fines.

149. d) Desde su fecha, salvo lo dispuesto en el artículo 39.3 de la misma ley para la retroactividad de los actos administrativos.

150. a) Limiten derechos subjetivos.

151. c) Los motivos en que se basa la decisión.

152. d) No se lesionen derechos legítimos de otras personas.

153. c) Material y territorial.

154. a) Vicia el acto de que se trate.

155. b) Debe motivarlo.

D. Función Pública

**La Ley 4/2021, de 16 de abril, de la Función Pública Valenciana:
Título I: Objeto, principios y ámbito de aplicación de la Ley;
Título III, Personal al servicio de las administraciones públicas;
Título V, Nacimiento y extinción de la relación de servicio;
Título VI, Derechos, deberes e incompatibilidades del personal
empleado público**

1. Según el artículo 2 de la Ley 4/2021, uno de los principios informadores de esta ley es la objetividad, profesionalidad, transparencia, integridad, imparcialidad y:

a) Austeridad.
b) Jerarquía.
c) Coordinación.
d) Participación.

2. Sin perjuicio de que puedan dictarse disposiciones reglamentarias específicas para adecuarla a las peculiaridades propias del sector, la Ley 4/2021 se aplicará:

a) Al personal investigador al servicio de la Generalitat.
b) Al personal funcionario o laboral empleado público gestionado por la conselleria competente en materia de sanidad.
c) Al personal al servicio de las Corts Valencianes.
d) Los consorcios adscritos a la Generalitat.

3. ¿Cuáles son los dos tipos de funcionarios que contempla la Ley 4/2021, de 16 de abril, de la Función Pública Valenciana?

a) Fijos y temporales.
b) Civiles y militares.
c) De carrera e interinos.
d) Profesionales y de prácticas.

4. Según el artículo 18 de la Ley 4/2021, una de las circunstancias que puede dar lugar al nombramiento de personal interino es:

a) La existencia de puestos de trabajo vacantes cuando no sea posible su cobertura por personal funcionario de carrera, por un máximo de dos años.

b) La sustitución transitoria de la persona titular de un puesto de trabajo, durante un máximo de seis meses.

c) La ejecución de programas de carácter temporal, con una duración, en ningún caso, superior a dos años.

d) El exceso o acumulación de tareas, de carácter excepcional y circunstancial, por un plazo máximo de nueve meses dentro de un período de dieciocho meses.

5. Los funcionarios interinos serán nombrados por razones expresamente justificadas de necesidad y:

a) Economía.

b) Eficacia.

c) Urgencia.

d) Calidad.

6. El personal laboral al servicio de la Administración de la Generalitat Valenciana no puede desempeñar puestos:

a) Correspondientes a áreas de actividades que requieran conocimientos técnicos especializados.

b) En el extranjero con funciones administrativas de trámite y colaboración y auxiliares, aunque comporten manejo de máquinas, archivo y similares.

c) Cuyas actividades sean propias de oficios.

d) Que impliquen la participación directa o indirecta en la salvaguardia de los intereses generales del Estado y de las Administraciones Públicas.

7. En relación al personal eventual al servicio de la Generalitat Valenciana, es cierto que:

a) La prestación de servicios como personal eventual constituirá mérito para el acceso al empleo público.

b) El personal eventual puede realizar actividades ordinarias de gestión o de carácter técnico.

c) Realiza con carácter permanente funciones expresamente calificadas como de confianza o asesoramiento especial.

d) Cesará automáticamente cuando cese la autoridad a la que presta su función asesora o de confianza.

8. El número de puestos en la Administración de la Generalitat Valenciana cubiertos por personal eventual:

a) Es indefinido e ilimitado.
b) Está limitado por un máximo establecido por el Consell.
c) Está limitado a tres por cada órgano superior de la Administración Pública.
d) No puede hacerse público, puesto que se trata de personal de confianza.

9. En relación al acceso de personal funcionario de carrera a la Dirección Pública Profesional en la Administración de la Generalitat, es cierto que:

a) Solo podrán acceder quienes pertenezcan a cualquiera de los cuerpos o escalas del Grupo A.
b) Es necesario tener una antigüedad en el Grupo A de al menos 10 años.
c) Es imprescindible ser personal funcionario de carrera de la Administración de la Generalitat.
d) Se requiere tener reconocido, al menos, un nivel competencial 24 y el grado de desarrollo profesional II.

10. No es cierto que, la relación de puestos de trabajo específica de la Dirección Pública Profesional:

a) Se incluirá en la misma relación con la totalidad de puestos de trabajo de naturaleza funcionarial, laboral y eventual.
b) Tendrá carácter público.
c) Será publicada en el Diari Oficial de la Generalitat Valenciana.
d) No es materia obligatoria de negociación colectiva.

11. Según el artículo 25 de la Ley 4/2021, el procedimiento de nombramiento del personal directivo público profesional atenderá a los principios de publicidad, mérito y capacidad, así como al de:

a) Transparencia.
b) Idoneidad.
c) Economía.
d) Participación.

12. Respecto a las condiciones de empleo del personal directivo público profesional de la Generalitat Valenciana, es cierto que:

a) Tendrá la consideración de alto cargo.
b) El cese en los puestos que integran la dirección pública profesional tendrá carácter discrecional, con derecho a indemnización.

c) Las retribuciones del personal que desempeñe puestos que integran la Dirección Pública Profesional tendrán una parte fija, en los mismos términos y condiciones que las previstas para el personal funcionario de carrera, y un complemento de actividad profesional.

d) La determinación de las condiciones de empleo del personal directivo público profesional será fijada por el Consell, no teniendo la consideración de materia obligatoria objeto de negociación colectiva.

13. Según el artículo 60.2 de la Ley 4/2021, en los procedimientos de selección de personal, todos los programas de materias deberán incluir contenidos sobre:

a) La protección de datos de carácter personal.

b) La prevención y erradicación de la violencia de género.

c) El principio de igualdad efectiva de mujeres y hombres en los diversos ámbitos de la función pública.

d) La transparencia de la actividad pública.

14. ¿Cuál es la edad mínima para poder participar en los procesos selectivos de acceso al empleo público de la Administración de la Generalitat Valenciana?

a) 14 años.

b) 16 años.

c) 17 años.

d) 18 años.

15. El artículo 64 de la Ley 4/2021, establece que, en todas las ofertas de empleo público se reservará un cupo de las vacantes para ser cubiertas entre personas con discapacidad o diversidad funcional, no inferior al:

a) 3% de las vacantes.

b) 5% de las vacantes.

c) 7% de las vacantes.

d) 10% de las vacantes.

16. Según el artículo 62 de la Ley 4/2021, ¿puede establecerse otra edad máxima, distinta de la edad de jubilación forzosa, para el acceso al empleo público?

a) No, en ningún caso.

b) Sí, si así lo establece una ley.

c) Solo para el acceso a empleos que requieran ciertas aptitudes físicas.

d) Solo para el personal laboral.

17. Además de los requisitos generales recogidos en el artículo 62 de la Ley 4/2021 para el acceso al empleo público, podrá exigirse el cumplimiento de otros requisitos específicos que guarden relación objetiva y proporcionada con las funciones asumidas y las tareas a desempeñar. En todo caso, habrán de establecerse de manera abstracta y:

a) Ocasional.
b) No excluyente.
c) General.
d) Motivada.

18. ¿Qué sistema de selección de personal funcionario de carrera y laboral fijo tendrá carácter ordinario y preferente en la selección de personal empleado público?

a) El sistema de oposición, debiendo reservarse por acuerdo del Consell para la tramitación por este procedimiento, al menos, el 50% de los puestos de la oferta pública de empleo anual, en el conjunto de empleo público de la Generalitat.

b) El sistema de concurso-oposición, debiendo reservarse por acuerdo del Consell para la tramitación por este procedimiento, al menos, el 50% de los puestos de la oferta pública de empleo anual, en el conjunto de empleo público de la Generalitat.

c) El sistema de oposición, debiendo reservarse por acuerdo del Consell para la tramitación por este procedimiento, al menos, el 60% de los puestos de la oferta pública de empleo anual, en el conjunto de empleo público de la Generalitat.

d) El sistema de concurso-oposición, debiendo reservarse por acuerdo del Consell para la tramitación por este procedimiento, al menos, el 60% de los puestos de la oferta pública de empleo anual, en el conjunto de empleo público de la Generalitat.

19. Para asegurar la objetividad y la racionalidad de los procedimientos selectivos, y atendiendo a lo que expresamente se establezca en las respectivas convocatorias, las pruebas podrán completarse con la superación de cursos que, para los puestos de trabajo del Grupo A, no podrán durar más de:

a) 3 meses.
b) 6 meses.
c) 9 meses.
d) 12 meses.

20. En el sistema de concurso-oposición, la valoración de la fase de concurso no podrá superar el siguiente porcentaje de la puntuación total que pueda alcanzarse en el conjunto del proceso selectivo:

a) 30%.
b) 40%.
c) 50%.
d) 60%.

21. La ejecución de los procedimientos selectivos y la evaluación de las pruebas y, en su caso, méritos de cada aspirante, será encomendada a órganos colegiados de carácter técnico, de los que podrá formar parte:

a) El personal de elección o de designación política.
b) El personal funcionario interino.
c) El personal laboral fijo.
d) El personal eventual.

22. ¿Puede utilizarse el sistema de concurso de valoración de méritos para la selección de personal funcionario de carrera?

a) No, solo se permiten los sistemas de oposición y concurso-oposición.
b) Excepcionalmente, en virtud de ley.
c) Sí, es uno de los sistemas permitidos.
d) Únicamente para la consolidación de empleo.

23. Según el artículo 67.4 de la Ley 4/2021, no podrán formar parte de los órganos técnicos de selección las personas que hayan ejercido actividad de preparación de aspirantes para el ingreso en el empleo público o hubieran colaborado durante ese período con centros de preparación de oposiciones:

a) El último año.
b) En los últimos dos años.
c) En los últimos cuatro años.
d) En los últimos cinco años.

24. Señala la opción incorrecta en relación con los órganos de selección:

a) La pertenencia a los órganos de selección será a título representativo, ya sea de la administración o de las organizaciones sindicales.
b) Los órganos de selección serán colegiados.
c) El personal de elección o de designación política, los funcionarios interinos y el personal eventual no podrán formar parte de los órganos de selección.
d) En la composición de los órganos de selección se tenderá a la paridad entre mujer y hombre.

25. ¿Pueden los órganos de selección proponer el acceso a la condición de funcionario de un número superior de aprobados al de plazas convocadas?

a) No, en ningún caso.
b) Sí, siempre que no sobrepasen el 10 % de las plazas convocadas, con objeto de cubrir posibles renuncias de los aspirantes seleccionados.
c) Sí, si así lo prevé la propia convocatoria.
d) Sí, a efectos de creación de listas de reserva.

26. Superado el proceso selectivo, para adquirir la condición de funcionario:

a) No es necesario acreditar que se reúnen los requisitos y condiciones exigidos en la convocatoria; ya que dichas acreditaciones son previas a la superación del proceso selectivo.

b) Solo queda el nombramiento por parte del órgano o autoridad competente y tomar posesión del puesto.

c) Únicamente se precisa la acreditación de que se reúnen los requisitos y condiciones exigidos en la convocatoria para ser nombrado funcionario.

d) Debe acreditarse que se reúnen los requisitos y condiciones exigidos en la convocatoria; si no fuera así el nombramiento no surtiría efecto.

27. En relación a la renuncia a la condición de personal funcionario de carrera, es cierto, según el artículo 70 de la Ley 4/2021, que:

a) La renuncia inhabilita para ingresar de nuevo en la función pública.

b) Debe ser aceptada cuando la persona interesada esté sujeta a expediente disciplinario.

c) Habrá de formalizarse por escrito y deberá ser aceptada expresamente.

d) Se aceptará únicamente cuando haya sido dictado en contra del interesado auto de procesamiento o de apertura de juicio oral por la comisión de algún delito.

28. La jubilación forzosa del personal funcionario se declarará de oficio al cumplir la edad legalmente establecida. No obstante lo anterior, se podrá solicitar la prolongación de la permanencia en el servicio activo, como máximo, hasta que se cumplan:

a) Los sesenta y ocho años de edad.

b) Los setenta años de edad.

c) Los setenta y dos años de edad.

d) Los setenta y cinco años de edad.

29. La pena principal o accesoria, a un funcionario público, de inhabilitación absoluta cuando hubiere adquirido firmeza la sentencia que la imponga, produce:

a) La suspensión de todas sus funciones públicas.

b) La pérdida de la condición de funcionario respecto a todos los empleos o cargos que tuviere.

c) La pérdida de la condición de funcionario respecto a todos los empleos o cargos que tuviere, excepto los cargos electivos.

d) La excedencia forzosa.

30. ¿A cuántos días de vacaciones tendrá derecho el personal funcionario de la Generalitat Valenciana que haya completado 25 años de servicio?

a) 23 días hábiles

b) 25 días hábiles.

c) 26 días hábiles.

d) 28 días hábiles.

31. Conforme al artículo 87.2 de la Ley 4/2021, ¿qué retribución complementaria está destinada a retribuir la dificultad técnica y la responsabilidad que concurren en los puestos de trabajo?

a) El complemento de carrera administrativa.
b) El complemento específico de desempeño.
c) El complemento de actividad profesional.
d) El componente competencial del complemento del puesto de trabajo.

32. Los empleados públicos tienen derecho a la libertad de expresión:

a) En los términos que establezca una ley.
b) En los términos que se establezcan reglamentariamente.
c) A través de sus representantes sindicales.
d) Dentro de los límites del ordenamiento jurídico.

33. Según el artículo 91 de la Ley 4/2021, las retribuciones de los funcionarios en prácticas:

a) Se corresponderán a las del sueldo del Subgrupo, Grupo, o de las agrupaciones profesionales funcionariales, en que aspiren a ingresar.
b) No podrán superar las del sueldo del Subgrupo, Grupo, o de las agrupaciones profesionales funcionariales, en que aspiren a ingresar.
c) Se determinarán de acuerdo con la legislación laboral, el convenio colectivo que sea aplicable y el contrato de trabajo.
d) Como mínimo, se corresponderán a las del sueldo del Subgrupo, Grupo, o de las agrupaciones profesionales funcionariales, en que aspiren a ingresar.

34. En relación con los Pactos y Acuerdos de las Mesas de Negociación, NO es cierto que:

a) Los Acuerdos versarán sobre materias competencia de los órganos de gobierno de las Administraciones Públicas.
b) Los Pactos se celebrarán sobre materias que se correspondan estrictamente con el ámbito competencial del órgano administrativo que lo suscriba.
c) Si los Acuerdos ratificados tratan sobre materias sometidas a reserva de ley que, en consecuencia, solo pueden ser determinadas definitivamente por las Cortes Generales o las asambleas legislativas de las comunidades autónomas, su contenido conservará eficacia directa mientras no sean rechazados.
d) Los Pactos y Acuerdos en sus respectivos ámbitos y en relación con las competencias de cada Administración Pública, podrán fijar las reglas que han de resolver los conflictos de concurrencia entre las negociaciones de distinto ámbito y los criterios de primacía y complementariedad entre las diferentes unidades negociadoras.

35. Será objeto de negociación, en su ámbito respectivo y en relación con las competencias de cada Administración Pública y con el alcance que legalmente proceda:

a) La determinación concreta de los procedimientos de acceso al empleo público.
b) La regulación concreta de los criterios de promoción profesional.
c) Las materias referidas a calendario laboral.
d) La determinación de condiciones de trabajo del personal directivo.

36. El artículo 98 de la Ley 4/2021 lo considera un principio de actuación del personal empleado público, no una obligación:

a) Conocer las lenguas oficiales de la Comunitat Valenciana en los términos que se determine reglamentariamente, y garantizar a la ciudadanía el ejercicio del derecho de utilizarlas en las relaciones con la administración autonómica.
b) Guardar secreto de las materias clasificadas o cuya difusión esté prohibida legalmente y mantener la debida discreción sobre los asuntos que conozcan por razón de su puesto público, sin que pueda hacer uso de la información obtenida para beneficio propio o de terceros, o en perjuicio del interés público, todo ello con pleno respeto al ejercicio de la libertad de expresión, incluida la crítica a la actuación de los poderes públicos.
c) Tratar con atención y respeto a la ciudadanía, a todo el personal empleado público y, en general, a todas aquellas personas con las que se relacione en el ejercicio de sus funciones.
d) Observar las normas sobre seguridad y salud laboral.

37. ¿Qué Ley regula las incompatibilidades del Personal al Servicio de las Administraciones Públicas?

a) Ley 53/1984, de 26 de diciembre.
b) Ley 84/2003, de 5 de marzo.
c) Ley 34/2008, de 23 de septiembre.
d) Ley 55/1988, de 19 de octubre.

38. Será requisito necesario para autorizar la compatibilidad de actividades públicas a funcionarios del Grupo D, el que la cantidad total percibida por ambos puestos o actividades no supere la correspondiente al principal, estimada en régimen de dedicación ordinaria, incrementada en:

a) Un 30 %.
b) Un 40 %.
c) Un 45 %.
d) Un 50 %.

39. Señala la opción incorrecta. Según el artículo 45 de la Ley 4/2021, en la Administración de la Generalitat los puestos de trabajo de naturaleza laboral se circunscribirán a:

a) Puestos de trabajo que satisfagan necesidades de carácter periódico y discontinuo.

b) Empleos de carácter singularizado que requieran una formación académica determinada y/o que sean atribuibles a los cuerpos y escalas existentes.

c) Empleos temporales vinculados exclusivamente a la organización de eventos y congresos.

d) Puestos auxiliares en las oficinas y dependencias de la Generalitat en el extranjero.

40. Según el artículo 68 de la Ley 4/2021, el plazo máximo para la toma de posesión del puesto de funcionario de carrera, a contar desde la publicación del nombramiento, no podrá ser superior a:

a) 15 días.
b) 20 días.
c) 30 días.
d) Un mes.

Solución al test n.º 7

1. a) Austeridad.

2. b) Al personal funcionario o laboral empleado público gestionado por la conselleria competente en materia de sanidad.

3. c) De carrera e interinos.

4. d) El exceso o acumulación de tareas, de carácter excepcional y circunstancial, por un plazo máximo de nueve meses dentro de un período de dieciocho meses.

5. c) Urgencia.

6. d) Que impliquen la participación directa o indirecta en la salvaguardia de los intereses generales del Estado y de las Administraciones Públicas.

7. d) Cesará automáticamente cuando cese la autoridad a la que presta su función asesora o de confianza.

8. b) Está limitado por un máximo establecido por el Consell.

9. d) Se requiere tener reconocido, al menos, un nivel competencial 24 y el grado de desarrollo profesional II.

10. a) Se incluirá en la misma relación con la totalidad de puestos de trabajo de naturaleza funcionarial, laboral y eventual.

11. a) Transparencia.

12. d) La determinación de las condiciones de empleo del personal directivo público profesional será fijada por el Consell, no teniendo la consideración de materia obligatoria objeto de negociación colectiva.

13. c) El principio de igualdad efectiva de mujeres y hombres en los diversos ámbitos de la función pública.

14. b) 16 años.

15. d) 10% de las vacantes.

16. b) Sí, si así lo establece una ley.

17. c) General.

18. a) El sistema de oposición, debiendo reservarse por acuerdo del Consell para la tramitación por este procedimiento, al menos, el 50% de los puestos de la oferta pública de empleo anual, en el conjunto de empleo público de la Generalitat.

19. b) 6 meses.

20. b) 40%.

21. c) El personal laboral fijo.

22. b) Excepcionalmente, en virtud de ley.

23. d) En los últimos cinco años.

24. a) La pertenencia a los órganos de selección será a título representativo, ya sea de la administración o de las organizaciones sindicales.

25. c) Sí, si así lo prevé la propia convocatoria.

26. d) Debe acreditarse que se reúnen los requisitos y condiciones exigidos en la convocatoria; si no fuera así el nombramiento no surtiría efecto.

27. c) Habrá de formalizarse por escrito y deberá ser aceptada expresamente.

28. b) Los setenta años de edad.

29. b) La pérdida de la condición de funcionario respecto a todos los empleos o cargos que tuviere.

30. b) 25 días hábiles.

31. d) El componente competencial del complemento del puesto de trabajo.

32. d) Dentro de los límites del ordenamiento jurídico.

33. a) Se corresponderán a las del sueldo del Subgrupo, Grupo, o de las agrupaciones profesionales funcionariales, en que aspiren a ingresar.

34. c) Si los Acuerdos ratificados tratan sobre materias sometidas a reserva de ley que, en consecuencia, solo pueden ser determinadas definitivamente por las Cortes Generales o las asambleas legislativas de las comunidades autónomas, su contenido conservará eficacia directa mientras no sean rechazados.

35. c) Las materias referidas a calendario laboral.

36. b) Guardar secreto de las materias clasificadas o cuya difusión esté prohibida legalmente y mantener la debida discreción sobre los asuntos que conozcan por razón de su puesto público, sin que pueda hacer uso de la información obtenida para beneficio propio o de terceros, o en perjuicio del interés público, todo ello con pleno respeto al ejercicio de la libertad de expresión, incluida la crítica a la actuación de los poderes públicos.

37. a) Ley 53/1984, de 26 de diciembre.

38. c) Un 45 %.

39. b) Empleos de carácter singularizado que requieran una formación académica determinada y/o que sean atribuibles a los cuerpos y escalas existentes.

40. d) Un mes.

TEST N.º 8

El Decreto 42/2019, de 22 de marzo, del Consell, de regulación de las condiciones de trabajo del personal funcionario de la Administración de la Generalitat

1. A efectos del Decreto 42/2019, de 22 de marzo, del Consell, de regulación de las condiciones de trabajo del personal funcionario de la Administración de la Generalitat, la relación de dependencia que implica convivencia se define como:

a) Guarda legal o custodia.
b) Tener a su cargo.
c) Cuidado directo.
d) Relación de dependencia.

2. El horario de permanencia obligatoria del personal podrá flexibilizarse en dos horas diarias a solicitud de las personas interesadas en el caso de ser padre o madre de familia monoparental, hasta el día en que cumpla el o la menor de los hijos o hijas:

a) 12 años de edad.
b) 14 años de edad.
c) 15 años de edad.
d) 16 años de edad.

3. La duración de la jornada del personal que desempeñe puestos de trabajo considerados de especial dedicación será de:

a) Treinta y siete horas semanales.
b) Treinta y siete horas y treinta minutos semanales.
c) Treinta y cinco horas y treinta minutos semanales.
d) Treinta y cinco horas semanales.

4. **La jornada laboral general del personal que desempeñe puestos de trabajo con componente de desempeño del complemento de puesto de trabajo inferior a los establecidos para el personal que desempeñe puestos de trabajo considerados de especial dedicación será de**:

a) Treinta y siete horas semanales.
b) Treinta y siete horas y treinta minutos semanales.
c) Treinta y cinco horas y treinta minutos semanales.
d) Treinta y cinco horas semanales.

5. **En todo caso, entre el final de una jornada y el comienzo de la siguiente mediarán, como mínimo**:

a) Veinticuatro horas.
b) Dieciocho horas.
c) Quince horas.
d) Doce horas.

6. **Señala la respuesta correcta**:

a) El cómputo anual de la jornada se calculará descontando a las horas anuales equivalentes a 52 semanas y un día de trabajo 12 días de fiestas de ámbito superior.
b) El cómputo anual de la jornada se calculará descontando a las horas anuales equivalentes a 52 semanas y un día de trabajo 8 días por permiso por asuntos propios más los días compensatorios que puedan aprobarse, en su caso.
c) El cómputo anual de la jornada se calculará descontando a las horas anuales equivalentes a 52 semanas y un día de trabajo 3 días de fiestas locales.
d) El cómputo anual de la jornada se calculará descontando a las horas anuales equivalentes a 52 semanas y un día de trabajo 21 días hábiles de vacaciones.

7. **Durante la semana de fiestas locales correspondiente a cada emplazamiento, el horario de servicio de información administrativa general y registro de documentos que regirá será de**:

a) 08.00h a 14.00h, de lunes a viernes.
b) 09.00h a 15.00h, de lunes a viernes.
c) 09.00h a 14.00h, de lunes a viernes.
d) 09.30h a 14.30h, de lunes a viernes.

8. **Se tendrá derecho a la reducción de jornada hasta la mitad de la misma, con disminución proporcional de retribuciones por razones de guarda legal, cuando el personal tenga a su cargo**:

a) Algún niño o niña, persona que requiera especial dedicación, o persona con un grado de discapacidad física, psíquica o sensorial igual o superior al 33 % que no desempeñe actividad retribuida que supere el salario mínimo interprofesional.

b) Algún niño o niña de 12 años o menor, persona que requiera especial dedicación, o persona con un grado de discapacidad física, psíquica o sensorial igual o superior al 30 % que no desempeñe actividad retribuida que supere el salario mínimo interprofesional.

c) Algún niño o niña de 12 años o menor, persona mayor que requiera especial dedicación, o persona con un grado de discapacidad física, psíquica o sensorial igual o superior al 33 % que no desempeñe actividad retribuida que supere el salario mínimo interprofesional.

d) Algún niño o niña, persona mayor que requiera especial dedicación, o persona con un grado de discapacidad física, psíquica o sensorial igual o superior al 35 % que no desempeñe actividad retribuida que supere el salario mínimo interprofesional.

9. El personal que ocupe puestos de trabajo con componente de desempeño del complemento de puesto de trabajo que comporten una jornada de 35 horas semanales, podrá solicitar una jornada reducida, continua e ininterrumpida de las 9 a las 14 horas, o las equivalentes si el puesto desempeñado está sujeto a turnos, percibiendo:

a) Un 80 % del total de sus retribuciones.
b) Un 75 % del total de sus retribuciones.
c) Un 70 % del total de sus retribuciones.
d) Un 65 % del total de sus retribuciones.

10. Se podrá solicitar reducción de jornada de una hora diaria sin disminución de retribuciones en el caso de guarda legal de niñas o niños de 12 años o menores, cuando concurra alguno de los siguientes supuestos:

a) Que se trate de familia monoparental.
b) Que el menor requiera especial dedicación.
c) Que la niña o niño tenga 3 años o menos.
d) Todas las respuestas son correctas.

11. Cuando el personal se reincorpore al servicio efectivo tras la finalización de un tratamiento oncológico podrá solicitar:

a) Durante el plazo máximo de tres meses desde la fecha del alta médica, una reducción de hasta el 25 % de la jornada sin reducción de haberes.
b) Durante el plazo máximo de dos meses desde la fecha del alta médica, una reducción de hasta el 50 % de la jornada sin reducción de haberes.
c) Durante el plazo máximo de un mes desde la fecha del alta médica, una reducción de hasta el 30 % de la jornada sin reducción de haberes.
d) Durante el plazo máximo de un mes desde la fecha del alta médica, una reducción de hasta el 25 % de la jornada sin reducción de haberes.

12. Sin perjuicio de su acreditación por cualquiera de los medios admitidos en Derecho, con carácter general la condición de familia monoparental se acreditará mediante:

a) El libro o libros de familia.
b) El título correspondiente expedido por la Conselleria con competencias en la materia.

c) Certificación del Registro Civil.
d) Certificado de empadronamiento expedido por el ayuntamiento de residencia.

13. **Respecto a las reducciones de jornada, el personal deberá informar al órgano competente en materia de personal que se reincorporará a su jornada ordinaria con una antelación a la misma de:**

a) Un mes.
b) Veinte días.
c) Quince días.
d) Diez días.

14. **El personal cuyo centro de trabajo radique en la ciudad de Valencia o en aquellos otros municipios de la provincia donde se celebren fiestas de fallas quedará exento de la asistencia al trabajo el día:**

a) 19 de marzo.
b) 18 de marzo.
c) 15 de marzo.
d) 12 de marzo.

15. **El horario de trabajo durante la semana de fiestas de cada municipio de la Comunidad Valenciana en que radique el puesto de trabajo será de:**

a) 09.30 a 13.30 horas.
b) 09.30 a 14.00 horas.
c) 09.00 a 14.00 horas.
d) 09.00 a 13.30 horas.

16. **¿En qué periodos o fechas la jornada de trabajo se reducirá en dos horas y media semanales respecto a la que corresponda realizar?**

a) En los periodos de vacaciones escolares de Navidad y Pascua.
b) Desde el 1 de mayo al 15 de octubre, ambos inclusive.
c) En los periodos de vacaciones escolares de Semana Santa, Navidad y Pascua.
d) Desde el 15 de mayo al 30 de octubre, ambos inclusive.

17. **Señala la respuesta correcta:**

a) Por semana de fiestas de cada uno de los municipios deberá entenderse siete días laborables anteriores o posteriores al festivo principal.
b) El personal cuyo centro de trabajo radique en la ciudad de Alicante o en aquellos otros municipios de la provincia donde se celebren las fiestas de San Juan quedará exento de la asistencia al trabajo el día 21 de junio.
c) Se estará exento de la asistencia al trabajo los días 24 y 31 de diciembre.

d) El personal cuyo centro de trabajo radique en la ciudad de Castellón de la Plana o en aquellos otros municipios de la provincia donde se celebren dichas fiestas quedará exento de la asistencia al trabajo el miércoles de la semana de las fiestas de la Magdalena.

18. El horario de permanencia obligatoria del personal de servicios burocráticos podrá flexibilizarse en una hora diaria:

a) Quienes tengan a su cuidado directo hijos o hijas, o niños o niñas en acogimiento preadoptivo o permanente, de 15 años o menores de esa edad.
b) Quienes tengan a su cargo a un familiar hasta el tercer grado por consanguinidad o afinidad, o persona legalmente bajo su guarda o custodia, con enfermedad grave debidamente acreditada con indicación expresa de la necesidad de cuidados específicos, o con un grado de discapacidad igual o superior al 65 %.
c) En quienes tengan a su cuidado directo personas que requieran una especial dedicación.
d) Todas las respuestas son correctas.

19. El horario de permanencia obligatoria del personal, podrá flexibilizarse en dos horas diarias a solicitud de las personas interesadas en el caso de ser padre o madre de familia numerosa, hasta el día en que cumpla el o la menor de los hijos o hijas:

a) 12 años de edad.
b) 14 años de edad.
c) 15 años de edad.
d) 16 años de edad.

20. El personal de servicios burocráticos o unidades de índole similar hará uso de la pausa de descanso, preferentemente, entre:

a) Las 09.30 y las 11.30 horas.
b) Las 09.00 y las 11.00 horas.
c) Las 10.00 y las 12.00 horas.
d) Las 10.30 y las 12.30 horas.

21. ¿Cómo define el Decreto 42/2019, de 22 de marzo, del Consell, de regulación de las condiciones de trabajo del personal funcionario de la Administración de la Generalitat, la relación de dependencia que no implica convivencia?

a) Guarda legal o custodia.
b) Tener a su cargo.
c) Cuidado directo.
d) Relación de dependencia.

22. El personal que solicite dejar sin efecto una reducción de jornada no podrá comenzar a disfrutar otra por la misma causa hasta que transcurra, como mínimo:

a) Seis meses desde que se dejó sin efecto la reducción anterior.
b) Tres meses desde que se dejó sin efecto la reducción anterior.

c) Dos meses desde que se dejó sin efecto la reducción anterior.

d) Un mes desde que se dejó sin efecto la reducción anterior.

23. Cuando las necesidades urgentes del servicio así lo exijan, previa la oportuna justificación de las circunstancias y razones organizativas que concurran en cada caso concreto, el personal podrá ser requerido por las personas titulares de los órganos o unidades administrativas de las que dependa para realizar una jornada especial semanal superior a la ordinaria. Una vez desaparezca la necesidad urgente por la que fue requerido, el exceso de horario será compensado a razón de:

a) Una hora y media por cada hora de exceso, o dos y media si el requerimiento se realiza en un día inhábil.

b) Dos horas por cada hora de exceso, o tres si el requerimiento se realiza en un día inhábil.

c) Dos horas por cada hora de exceso, o dos y media si el requerimiento se realiza en un día inhábil.

d) Tres horas por cada hora de exceso, o tres y media si el requerimiento se realiza en un día inhábil.

24. Se tendrá derecho a la reducción de jornada hasta la mitad de la misma, con disminución proporcional de retribuciones:

a) Por tener a su cargo al cónyuge o pareja de hecho o un familiar hasta el tercer grado de consanguinidad o afinidad que requiera especial dedicación.

b) Personal que por tener reconocido un grado de discapacidad o por razón de larga o crónica enfermedad no pueda realizar su jornada laboral completa.

c) Personal funcionario a quien le falte menos de siete años para cumplir la edad de jubilación forzosa.

d) Todas las respuestas son correctas.

25. El personal funcionario, que por nacimiento de hijas e hijos prematuros o por cualquier otra causa deba permanecer hospitalizado a continuación del parto, tendrá derecho a reducir su jornada de trabajo hasta un máximo de:

a) Una hora, con la disminución proporcional de sus retribuciones.

b) Una hora y media, con la disminución proporcional de sus retribuciones.

c) Dos horas, con la disminución proporcional de sus retribuciones.

d) Dos horas y media, con la disminución proporcional de sus retribuciones.

26. Cuando por razones de enfermedad muy grave sea preciso atender el cuidado del cónyuge, pareja de hecho o de un familiar de primer grado, el personal funcionario tendrá derecho a solicitar una reducción de hasta el 50 % de la jornada laboral, con carácter retribuido y por el plazo máximo de:

a) Seis meses.

b) Tres meses.

c) Dos meses.
d) Un mes.

27. **Señala la respuesta incorrecta respecto a las reducciones de jornada**:

a) Las reducciones de jornada que comporten disminución de retribuciones serán concedidas por el órgano competente en materia de personal de cada conselleria u organismo quien las conceda.

b) En los supuestos en que el personal tenga derecho a solicitar una reducción de jornada de una hora diaria sin deducción de retribuciones, pero solicite un número de horas de reducción superior, dirigirá su solicitud a la dirección general competente en materia de función pública, la cual resolverá ambas reducciones descontando la hora diaria al número global de horas de reducción solicitadas.

c) Si varios funcionarios o funcionarias de la Administración de la Generalitat tuvieran derecho a una reducción de jornada respecto a un mismo sujeto causante, podrán disfrutar de este derecho de forma parcial.

d) Si varios funcionarios o funcionarias de la administración de la Generalitat tuvieran derecho a una reducción de jornada respecto a un mismo sujeto causante, las solicitudes de reducción de jornada parcial, deberán presentarse de forma simultánea indicando, tanto el número global de horas de reducción, como el número concreto que disfrutará cada uno de ellos.

28. **La parte principal de la jornada del personal de servicios burocráticos, llamada de tiempo fijo o estable, será de**:

a) Seis horas y media diarias, y será de permanencia obligatoria para todo el personal entre las 08.00 y las 14.30 horas, de lunes a viernes.

b) Seis horas diarias, y será de permanencia obligatoria para todo el personal entre las 08.00 y las 14.00 horas, de lunes a viernes.

c) Cinco horas y media diarias, y será de permanencia obligatoria para todo el personal entre las 08.30 y las 14.00 horas, de lunes a viernes.

d) Cinco horas diarias, y será de permanencia obligatoria para todo el personal entre las 09.00 y las 14.00 horas, de lunes a viernes.

29. **Las jornadas y horarios especiales que se establezcan por razón de la actividad los aprobará el órgano competente en materia de personal de cada Conselleria u organismo autónomo, previa negociación con las organizaciones sindicales que tengan la condición de representativas en el ámbito correspondiente y tras ser oída la junta de personal que proceda, debiendo ser aprobados con anterioridad a**:

a) El 31 de diciembre del año anterior a su entrada en vigor.
b) El 1 de diciembre del año anterior a su entrada en vigor.
c) El 30 de noviembre del año anterior a su entrada en vigor.
d) El 31 de octubre del año anterior a su entrada en vigor.

30. **Señala la respuesta incorrecta respecto a la jornada y horarios especiales**:

a) El cuadrante será expuesto de forma visible en cada centro de trabajo y en él constará, como mínimo, el departamento, nombre de la trabajadora o trabajador, categoría y turno de trabajo, especificando el horario de cada turno y el cómputo semanal, mensual o anual.

b) En el supuesto de aquellos centros en que, como consecuencia de las características especiales de la actividad que se presta en los mismos, se justifique la necesidad de aprobar o ajustar el cuadrante en momentos diferentes del año, se podrá realizar respetando las garantías legalmente previstas y siempre con carácter previo a su entrada en vigor.

c) El personal que debiera asistir a su puesto de trabajo los días 24, 31 de diciembre o el día exento de asistencia al trabajo de las fiestas locales, los verá compensados por tres días de descanso por cada uno de aquellos, o la parte proporcional que corresponda, en función de la jornada laboral que efectivamente realice.

d) En el caso de centros docentes con una programación por cursos, el cuadrante para el personal no docente que desempeñe su trabajo en los mismos se aprobará antes de finalizar el curso anterior a aquel en el que deba aplicarse.

31. **El horario de permanencia obligatoria del personal, podrá flexibilizarse en dos horas diarias a solicitud de las personas interesadas en**:

a) Las empleadas víctimas de violencia sobre la mujer, con la finalidad de hacer efectivo su derecho a la asistencia social integral, por el tiempo que acrediten los servicios sociales de atención o salud, según proceda.

b) Las víctimas de violencia terrorista, en tanto sea necesario para hacer efectivo su protección o su derecho a la asistencia social integral, ya sea por razón de las secuelas provocadas por la acción terrorista, ya sea por la amenaza a la que se encuentran sometidas.

c) Quienes tengan a su cuidado directo hijos o hijas, así como niños o niñas en acogimiento preadoptivo o permanente, con diversidad funcional, con el fin de conciliar, cuando coincidan, los horarios de los centros educativos ordinarios de integración y de educación especial, así como de otros centros donde estas personas reciban atención, con los horarios de los puestos de trabajo.

d) Todas las respuestas son correctas.

32. **Con carácter general el personal tendrá derecho a un descanso por cada período semanal trabajado de**:

a) 48 horas continuadas.
b) 42 horas continuadas.
c) 36 horas continuadas.
d) 32 horas continuadas.

33. **Durante la jornada laboral el personal dispondrá de una pausa de**:

a) Una hora de descanso, computable como de trabajo efectivo.
b) Cuarenta y cinco minutos de descanso, computable como de trabajo efectivo.

c) Treinta minutos de descanso, computable como de trabajo efectivo.
d) Veinte minutos de descanso, computable como de trabajo efectivo.

34. Sin perjuicio de su acreditación por cualquiera de los medios admitidos en Derecho, con carácter general la situación de convivencia ha de ser acreditada mediante:

a) Con el libro o libros de familia.
b) El título correspondiente expedido por la conselleria con competencias en la materia.
c) Con certificación del Registro Civil.
d) Certificado de empadronamiento expedido por el ayuntamiento de residencia.

35. Las oficinas de las sedes centrales de las consellerias, de las sedes principales de sus delegaciones, direcciones o servicios territoriales y las oficinas PROP, prestarán el servicio de información administrativa general y registro de documentos en horario general de apertura al público de:

a) 08.00h a 14.00h, de lunes a viernes.
b) 09.00h a 15.00h, de lunes a viernes.
c) 09.00h a 14.30h, de lunes a viernes.
d) 09.30h a 14.30h, de lunes a viernes.

36. ¿Qué día de la semana, al menos en una oficina PROP de cada provincia, se prolongará el servicio de información administrativa general y registro de documentos desde las 14.30h hasta las 19.00h ininterrumpidamente?

a) Los martes.
b) Los miércoles.
c) Los jueves.
d) Los viernes.

37. Los cálculos para el cómputo anual de la jornada de trabajo en los años bisiestos se realizarán sobre la base de:

a) 52 semanas.
b) 52 semanas y 3 días.
c) 52 semanas y 2 días.
d) 52 semanas y 1 día.

38. Desde el 15 de mayo al 15 de octubre, ambos inclusive, y en los periodos de vacaciones escolares de Navidad y Pascua, el horario de atención al público será:

a) 08.00h a 14.00h, de lunes a viernes.
b) 09.00h a 15.00h, de lunes a viernes.
c) 09.00h a 14.30h, de lunes a viernes.
d) 09.30h a 14.30h, de lunes a viernes.

39. En los casos de ausencia por incapacidad temporal el personal deberá presentar, de conformidad con la normativa estatal en esta materia, el parte médico acreditativo de la baja en el plazo de:

a) Dos días contados a partir del día de su expedición, y los partes de confirmación deberán ser entregados en el centro de trabajo, como máximo, el tercer día hábil siguiente a su expedición.

b) Dos días contados a partir del día de su expedición, y los partes de confirmación deberán ser entregados en el centro de trabajo, como máximo, el segundo día hábil siguiente a su expedición.

c) Tres días contados a partir del día de su expedición, y los partes de confirmación deberán ser entregados en el centro de trabajo, como máximo, el tercer día hábil siguiente a su expedición.

d) Tres días contados a partir del día de su expedición, y los partes de confirmación deberán ser entregados en el centro de trabajo, como máximo, el segundo día hábil siguiente a su expedición.

40. Las faltas de asistencia al trabajo, totales o parciales, de las empleadas públicas víctimas de violencia de género tendrán la consideración de justificadas durante el tiempo y en las condiciones en que así se determine por:

a) La dirección correspondiente.
b) Las o los representantes sindicales.
c) El órgano de personal.
d) Los servicios sociales o de salud, según proceda.

Solución al test n.º 8

1. c) Cuidado directo.

2. c) 15 años de edad.

3. b) Treinta y siete horas y treinta minutos semanales.

4. d) Treinta y cinco horas semanales.

5. d) Doce horas.

6. a) El cómputo anual de la jornada se calculará descontando a las horas anuales equivalentes a 52 semanas y un día de trabajo 12 días de fiestas de ámbito superior.

7. c) 09.00h a 14.00h, de lunes a viernes.

8. c) Algún niño o niña de 12 años o menor, persona mayor que requiera especial dedicación, o persona con un grado de discapacidad física, psíquica o sensorial igual o superior al 33 % que no desempeñe actividad retribuida que supere el salario mínimo interprofesional.

9. b) Un 75 % del total de sus retribuciones.

10. d) Todas las respuestas son correctas.

11. d) Durante el plazo máximo de un mes desde la fecha del alta médica, una reducción de hasta el 25 % de la jornada sin reducción de haberes.

12. b) El título correspondiente expedido por la Conselleria con competencias en la materia.

13. c) Quince días.

14. b) 18 de marzo.

15. c) 09.00 a 14.00 horas.

16. a) En los periodos de vacaciones escolares de Navidad y Pascua.

17. c) Se estará exento de la asistencia al trabajo los días 24 y 31 de diciembre.

18. c) En quienes tengan a su cuidado directo personas que requieran una especial dedicación.

19. c) 15 años de edad.

20. c) Las 10.00 y las 12.00 horas.

21. b) Tener a su cargo.

22. d) Un mes desde que se dejó sin efecto la reducción anterior.

23. c) Dos horas por cada hora de exceso, o dos y media si el requerimiento se realiza en un día inhábil.

24. b) Personal que por tener reconocido un grado de discapacidad o por razón de larga o crónica enfermedad no pueda realizar su jornada laboral completa.

25. c) Dos horas, con la disminución proporcional de sus retribuciones.

26. d) Un mes.

27. a) Las reducciones de jornada que comporten disminución de retribuciones serán concedidas por el órgano competente en materia de personal de cada conselleria u organismo quien las conceda.

28. d) Cinco horas diarias, y será de permanencia obligatoria para todo el personal entre las 09.00 y las 14.00 horas, de lunes a viernes.

29. b) El 1 de diciembre del año anterior a su entrada en vigor.

30. c) El personal que debiera asistir a su puesto de trabajo los días 24, 31 de diciembre o el día exento de asistencia al trabajo de las fiestas locales, los verá compensados por tres días de descanso por cada uno de aquellos, o la parte proporcional que corresponda, en función de la jornada laboral que efectivamente realice.

31. d) Todas las respuestas son correctas.

32. a) 48 horas continuadas.

33. c) Treinta minutos de descanso, computable como de trabajo efectivo.

34. d) Certificado de empadronamiento expedido por el ayuntamiento de residencia.

35. c) 09.00h a 14.30h, de lunes a viernes.

36. c) Los jueves.

37. c) 52 semanas y 2 días.

38. c) 09.00h a 14.30h, de lunes a viernes.

39. c) Tres días contados a partir del día de su expedición, y los partes de confirmación deberán ser entregados en el centro de trabajo, como máximo, el tercer día hábil siguiente a su expedición.

40. d) Los servicios sociales o de salud, según proceda.

La Ley 31/1995, de 8 de noviembre, de Prevención de Riesgos Laborales: Capítulo I: objeto, ámbito de aplicación y definiciones; Capítulo III: derechos y obligaciones

1. La Ley 31/1995, de 8 de noviembre, de Prevención de Riesgos Laborales, será de aplicación a:

a) A las Fuerzas Armadas y actividades militares de la Guardia Civil.
b) A los servicios de resguardo aduanero.
c) A los servicios operativos de protección civil y peritaje forense fuera de los casos de grave riesgo, catástrofe y calamidad pública.
d) A los servicios de policía y seguridad.

2. Se entenderá como riesgo laboral grave e inminente aquel que resulte:

a) Seguro racionalmente que se materialice en un futuro inmediato y pueda suponer un daño para la salud de los trabajadores.
b) Seguro racionalmente que se materialice en un futuro inmediato y pueda suponer un daño grave para la salud de los trabajadores.
c) Probable racionalmente que se materialice en un futuro inmediato y pueda suponer un daño grave para la salud de los trabajadores.
d) Probable racionalmente que se materialice en un futuro inmediato y pueda suponer un daño para la salud de los trabajadores.

3. Aquellos procesos, actividades, operaciones, equipos o productos que, en ausencia de medidas preventivas específicas, originen riesgos para la seguridad y la salud de los trabajadores que los desarrollan o utilizan, son considerados por la Ley 31/1995, de 8 de noviembre, como:

a) Sumamente peligrosos.
b) Peligrosos.
c) Altamente peligrosos.
d) Potencialmente peligrosos.

4. Se considerarán como daños derivados del trabajo:

a) Cualquier lesión que sufra el trabajador en su vida diaria.

b) Las enfermedades, patologías o lesiones sufridas con motivo u ocasión del trabajo.

c) Los accidentes y enfermedades que pueda sufrir un trabajador.

d) Las enfermedades profesionales y riesgos no laborales.

5. ¿Qué artículo del Capítulo I de la Ley 31/1995, de 8 de noviembre, de prevención de Riesgos Laborales, regula su ámbito de aplicación?

a) El artículo 1.

b) El artículo 2.

c) El artículo 3.

d) El artículo 4.

6. Se entiende por riesgo laboral grave e inminente:

a) Aquel que resulte probable racionalmente que se materialice en un futuro mediato y pueda suponer un daño grave para la salud de los trabajadores.

b) Aquel que resulte probable racionalmente que se materialice en un futuro inmediato y pueda suponer un daño grave para la salud de los trabajadores.

c) Aquel que resulte cierto racionalmente que se materialice en un futuro inmediato y pueda suponer un daño grave para la salud de los trabajadores.

d) Aquel que resulte probable racionalmente que se materialice en un futuro inmediato o pueda suponer un daño grave la salud de los trabajadores.

7. Se entenderán como procesos, actividades, operaciones, equipos o productos potencialmente peligrosos aquellos que:

a) Originen riesgos para la seguridad y la salud de los trabajadores que los desarrollan o utilizan, en ausencia de medidas preventivas específicas.

b) Originen riesgos para la seguridad y la salud de los trabajadores que los desarrollan o utilizan, en ausencia de medidas preventivas generales o específicas.

c) Originen riesgos para la seguridad y la salud de los trabajadores que los desarrollan o utilizan, aunque existan medidas preventivas generales.

d) Originen riesgos para la seguridad y la salud de los trabajadores que los desarrollan o utiliza, aunque existan medidas preventivas específicas.

8. A efectos de la Ley 31/1995, de 8 de noviembre, de Prevención de Riesgos Laborales, es definido como el conjunto de actividades o medidas adoptadas o previstas en todas las fases de actividad de la empresa con el fin de evitar o disminuir los riesgos derivados del trabajo:

a) Equipo de protección individual (EPI).

b) Condición de trabajo.

c) Prevención.
d) Equipo de trabajo.

9. Se entiende como riesgo laboral a tenor de la Ley 31/1995, de 8 de noviembre, de Prevención de Riesgos Laborales:

a) Cualquier equipo destinado a ser llevado o sujetado por el trabajador para que le proteja de uno o varios riesgos que puedan amenazar su seguridad o su salud en el trabajo, así como cualquier complemento o accesorio destinado a tal fin.
b) Cualquier máquina, aparato, instrumento o instalación utilizada en el trabajo y que provoque peligro para la vida del trabajador.
c) La posibilidad de que un trabajador sufra un determinado daño derivado del trabajo.
d) Las enfermedades, patologías o lesiones sufridas con motivo u ocasión del trabajo.

10. Las disposiciones de carácter laboral contenidas en la Ley 31/1995, de 8 de noviembre y en sus normas reglamentarias tendrán en todo caso el carácter de Derecho necesario mínimo indisponible:

a) Pudiendo ser mejoradas y desarrolladas en los convenios colectivos.
b) No pudiendo ser reguladas en los convenios colectivos.
c) Pudiendo ser modificadas en los convenios colectivos.
d) No pudiendo ser mejoradas o desarrolladas en los convenios colectivos.

11. A tenor de la Ley de Prevención de Riesgos Laborales, se entenderá como «condición de trabajo» cualquier característica del mismo que pueda tener una influencia significativa en la generación de riesgos para la seguridad y la salud del trabajador. Queda excluida en esta definición:

a) La naturaleza de los agentes físicos, químicos y biológicos presentes en el ambiente de trabajo y sus correspondientes intensidades, concentraciones o niveles de presencia.
b) Todas aquellas características del trabajo, incluidas las relativas a su organización y ordenación, que influyan en la magnitud de los riesgos a que esté expuesto el trabajador.
c) Las características particulares de los locales, instalaciones, equipos, productos y demás útiles existentes en el centro de trabajo.
d) Los procedimientos para la utilización de los agentes físicos, químicos y biológicos presentes en el ambiente de trabajo que influyan en la generación de los riesgos mencionados.

12. La Ley 31/1995, de 8 de noviembre, de Prevención de Riesgos Laborales, define riesgo laboral como:

a) La posibilidad de que un trabajador sufra un incidente en el trabajo.
b) La posibilidad de que un trabajador sufra una lesión corporal en el trabajo.
c) La posibilidad de que un trabajador sufra un accidente laboral en el trabajo.
d) La posibilidad de que un trabajador sufra un determinado daño derivado del trabajo.

13. A los efectos de la Ley 31/1995, de 8 de noviembre, se entiende como riesgo laboral:

a) La realización de procesos, actividades, operaciones que, en ausencia de medidas preventivas específicas, originen riesgos para la seguridad y la salud de los trabajadores.
b) La posibilidad de que un trabajador sufra un determinado daño derivado del trabajo.
c) Aquel que resulte probable racionalmente que se materialice en un futuro inmediato y pueda suponer un daño grave para la salud de los trabajadores.
d) Las enfermedades, patologías o lesiones sufridas con motivo u ocasión del trabajo.

14. Para calificar un riesgo desde el punto de vista de su gravedad, se valorarán conjuntamente:

a) La severidad del daño y las características de las condiciones de trabajo.
b) Las características de las condiciones de trabajo y la posibilidad de evitar el riesgo.
c) La probabilidad de que se produzca el daño y la severidad del mismo.
d) Que pueda suponer un daño grave para la salud de los trabajadores y la posibilidad de evitarlo.

15. La regulación actual de la Ley de Prevención de Riesgos Laborales tiene por objeto:

a) Promover la seguridad y la salud de los trabajadores.
b) Promover la seguridad y bienestar de los trabajadores.
c) Promover solo la seguridad de los trabajadores.
d) Promover solo la salud de los trabajadores.

16. A los efectos de la Ley de Prevención de Riesgos Laborales, y de las normas que la desarrollan, se entenderá por prevención:

a) El conjunto de actividades o medidas adoptadas o previstas en la fase de riesgo de actividad de la Empresa con el fin de evitar o disminuir los riesgos derivados del trabajo.
b) El conjunto de actividades o medidas adoptadas o previstas en todas las fases de actividad de la Empresa con el fin de evitar o disminuir los riesgos derivados del trabajo.
c) El conjunto de actividades o medidas adoptadas o previstas en la fase final de actividad de la Empresa con el fin de evitar o disminuir los riesgos derivados del trabajo.
d) El conjunto de actividades o medidas adoptadas o previstas en la fase inicial de actividad de la Empresa con el fin de evitar o disminuir los riesgos derivados del trabajo.

17. Legalmente se entiende por daño derivado del trabajo:

a) Todas las enfermedades, patologías o lesiones sufridas por el trabajador.
b) Las lesiones sufridas con motivo u ocasión del trabajo.
c) Cualquier enfermedad que sufra el trabajador derivada del desempeño de su trabajo.
d) Todas las enfermedades, patologías o lesiones sufridas con motivo u ocasión del trabajo.

18. La Ley 31/1995, de 8 de noviembre, de Prevención de Riesgos Laborales, no será de aplicación:

a) Al personal funcionario de las Administraciones Públicas.

b) Al personal funcionario y estatutario de los Servicios de Salud.

c) Al personal con funciones públicas de policía, seguridad y resguardo aduanero.

d) Al personal bajo el régimen jurídico de la Ley del Estatuto de los Trabajadores.

19. A tenor de la Ley 31/1995, de 8 de noviembre, se entenderá como equipo de trabajo:

a) Cualquier máquina, aparato, instrumento o instalación utilizada en el trabajo.

b) El equipo que utiliza cada trabajador en su puesto correspondiente.

c) Cualquier máquina o equipo que exista en la empresa destinada a proteger los riesgos derivados del trabajo.

d) Cualquier equipo destinado a ser llevado o sujetado por el trabajador para que le proteja de uno o varios riesgos que puedan amenazar su seguridad o su salud en el trabajo.

20. Según el artículo 4.1 de la Ley 31/1995, de 8 de noviembre, se entiende por prevención al:

a) Conjunto de actividades o medidas adoptadas por la empresa para evitar el absentismo.

b) Conjunto de actividades o medidas adoptadas o previstas en todas las fases de actividad de la empresa con el fin de aumentar los beneficios.

c) Conjunto de actividades o medidas adoptadas o previstas en todas las fases de actividad de la empresa con el fin de evitar o disminuir los riesgos derivados del trabajo.

d) Conjunto de actividades o medidas no adoptadas o previstas en todas las fases de actividad de la empresa con el fin de evitar o disminuir los riesgos derivados del trabajo.

21. Atendiendo al artículo 14 de la Ley de prevención de riesgos:

a) Los trabajadores tienen derecho a una protección eficaz en materia de seguridad y salud en el trabajo.

b) El derecho a la salud es una obligación del trabajador, pero no del empresario.

c) El derecho a la salud del trabajador es una obligación que debe respetar solo el empresario privado.

d) El derecho a la salud del trabajador existe, pero no es exigible.

22. Atendiendo al artículo 14 de la Ley de prevención de riesgos:

a) La Administración Pública responde por todo incumplimiento que exista en España en materia de salud en el trabajo.

b) Las Administraciones Públicas autonómicas responden por todo incumplimiento que exista en España en materia de salud en el trabajo.

c) La Administración Pública tiene el deber de protección de la salud en el trabajo respecto del personal a su servicio.

d) La Administración Pública no tiene el deber de protección de la salud en el trabajo.

23. Atendiendo al artículo 14 de la Ley de prevención de riesgos, Juan, trabajador temporal:

a) Tiene derecho a una protección eficaz en materia de seguridad y salud en el trabajo.

b) Como trabajador, debe atender al derecho a la salud como una obligación, a diferencia del caso del empresario.

c) Debe tener en cuenta que el derecho a la salud del trabajador es una obligación que debe respetar solo el empresario privado.

d) Debe tener en cuenta que el derecho a la salud del trabajador existe, pero no es exigible.

24. Atendiendo al artículo 14 de la Ley de prevención de riesgos, Victoria, trabajadora indefinida:

a) Tiene derecho a una protección eficaz en materia de seguridad y salud en el trabajo.

b) Como trabajadora, debe atender al derecho a la salud como una obligación, a diferencia del caso del empresario.

c) Debe tener en cuenta que el derecho a la salud del trabajador es una obligación que debe respetar solo el empresario privado.

d) Debe tener en cuenta que el derecho a la salud del trabajador existe, pero no es exigible.

25. ¿Cuál de los siguientes no forma parte de forma directa del derecho a la seguridad y salud en el trabajo?

a) Derecho de información.

b) Derecho de participación.

c) Derecho de formación en materia preventiva.

d) Acceso a seguro médico.

26. Señala la respuesta incorrecta:

a) En cumplimiento del deber de protección, el empresario deberá garantizar la seguridad y la salud de los trabajadores a su servicio en todos los aspectos relacionados con el trabajo.

b) El empresario desarrollará una acción permanente de seguimiento de la actividad preventiva con el fin de perfeccionar de manera continua las actividades de identificación.

c) El empresario deberá cumplir las obligaciones establecidas en la normativa sobre prevención de riesgos laborales.

d) El empresario debe cumplir todas las obligaciones que el trabajador considere necesarias para velar por su salud.

27. El coste de las medidas relativas a la seguridad y la salud:

a) Va a cuenta del trabajador.

b) Va a cuenta de la Administración Pública.

c) No puede recaer sobre los trabajadores.
d) No puede recaer sobre los empresarios.

28. Ante la situación del COVID, Ricardo, empresario, ha pensado imputar el coste de los geles y de los equipos de protección individual a los trabajadores. En base a la ley:

a) No es posible, de ninguna forma.
b) Es posible, dadas las circunstancias excepcionales.
c) Es posible si el trabajador lo acepta.
d) En todo caso, es posible.

29. Ante la situación del COVID, Gema, trabajadora autónoma, ha pensado imputar el coste de los geles y de los equipos de protección individual a los trabajadores, pero solo a los que sean contratados a través de Empresa de Trabajo Temporal. En base a la ley:

a) No es posible, de ninguna forma.
b) Es posible, dadas las circunstancias excepcionales.
c) Es posible si el trabajador lo acepta.
d) En todo caso, es posible.

30. ¿Cuál de los siguientes no es un principio de acción preventiva recogido en el artículo 15 de la Ley de Prevención de Riesgos?

a) Evitar los riegos.
b) Evaluar los riesgos que no se pueden evitar.
c) Tener en cuenta la evolución de la técnica.
d) Adoptar medidas que antepongan la protección individual a la colectiva.

31. Indica la respuesta incorrecta. El empresario:

a) No tomará en consideración las capacidades profesionales de los trabajadores en materia de seguridad y de salud en el momento de encomendarles las tareas.
b) Adoptará las medidas necesarias a fin de garantizar que solo los trabajadores que hayan recibido información suficiente y adecuada puedan acceder a las zonas de riesgo grave y específico.
c) La efectividad de las medidas preventivas deberá prever las distracciones o imprudencias no temerarias que pudiera cometer el trabajador.
d) Podrán concertar operaciones de seguro que tengan como fin garantizar como ámbito de cobertura la previsión de riesgos derivados del trabajo, la empresa respecto de sus trabajadores.

32. Podrán concertar operaciones de seguro que tengan como fin garantizar como ámbito de cobertura la previsión de riesgos derivados del trabajo:

a) La empresa respecto de la empresa.
b) Los trabajadores autónomos respecto a ellos mismos.

c) Las sociedades cooperativas respecto a los trabajadores.

d) Las Administraciones Públicas respecto de ellas mismas.

33. Arturo, trabajador autónomo, se pregunta si podrá concertar operaciones de seguro que tengan como fin garantizar como ámbito de cobertura la previsión de riesgos derivados del trabajo:

a) No, porque no es una empresa.

b) Sí, pero solo porque no es una empresa.

c) Sí, lo puede concertar respecto de él mismo.

d) No, solamente lo pueden concertar las Administraciones Públicas.

34. La empresa podrá concertar operaciones de seguro que tengan como fin garantizar como ámbito de cobertura la previsión de riesgos derivados del trabajo:

a) Respecto de la empresa.

b) Respecto de los trabajadores autónomos.

c) Respecto de las sociedades cooperativas.

d) Respecto de las Administraciones Públicas.

35. El plan de prevención de riesgos laborales no incluye:

a) La estructura organizativa.

b) Las responsabilidades.

c) Las funciones.

d) Las personas concretas que llevarán a cabo las funciones y actividades.

36. Al explicar el plan de prevención de riesgos laborales, Rosa no incluye:

a) La estructura organizativa.

b) Las responsabilidades.

c) Las funciones.

d) Las personas concretas que llevarán a cabo las funciones y actividades.

37. Mario repasa el plan de prevención de riesgos de su empresa, cuenta con la estructura organizativa, las responsabilidades, las funciones, las prácticas, los procedimientos y los procesos:

a) Por lo que ya no le falta nada.

b) Le falta incluir los recursos necesarios para realizar la acción de prevención de riesgos en la empresa.

c) Le falta detallar únicamente las partidas económicas de los recursos que se van a necesitar.

d) Ya se puede someter a votación.

38. Los instrumentos esenciales para la gestión y aplicación del plan de prevención de riesgos:

a) Deben llevarse a cabo de forma unitaria.
b) Podrán ser llevados a cabo por fases de forma programada.
c) Podrán ser llevados a cabo como mucho en dos fases.
d) Podrán ser llevados a cabo como mucho en tres fases.

39. En la charla de formación, Marcos indica que los instrumentos esenciales para la gestión y aplicación del plan de prevención de riesgos:

a) Se deben llevar a cabo de forma unitaria.
b) Podrán ser llevados a cabo por fases de forma programada.
c) Podrán ser llevados a cabo como mucho en cuatro fases.
d) Podrán ser llevados a cabo como mucho en tres fases.

40. En relación con el plan de prevención de riegos, indica la respuesta incorrecta:

a) Es un instrumento esencial para la gestión y aplicación del plan la evaluación de riesgos laborales.
b) Es un instrumento esencial para la gestión y aplicación del plan la planificación de la actividad preventiva.
c) El empresario deberá realizar una evaluación inicial de los riesgos para la seguridad y salud de los trabajadores, teniendo en cuenta, con carácter general, la naturaleza de la actividad, las características de los puestos de trabajo existentes y de los trabajadores que deban desempeñarlos.
d) El plan de prevención de riegos lo elabora la Administración Pública de la comunidad autónoma del domicilio de la empresa.

41. La evaluación de los riesgos para la seguridad y salud de los trabajadores:

a) Será actualizada cuando cambien las condiciones de trabajo y se someterá a consideración con ocasión de los daños para la salud que se hayan producido.
b) Será actualizada cada 3 meses.
c) Será actualizada cada 4 meses.
d) Será actualizada cada 6 meses.

42. Rosauro, encargado de la evaluación de los riesgos para la seguridad y salud de los trabajadores, tiene dudas de cuándo se debe revisar la misma. En este sentido usted le indica que:

a) Será actualizada cuando cambien las condiciones de trabajo y se someterá a consideración con ocasión de los daños para la salud que se hayan producido.
b) Será actualizada cada mes.

c) Será actualizada cada tres meses.
d) Será actualizada cada año.

43. Las empresas, en atención al número de trabajadores y a la naturaleza y peligrosidad de las actividades realizadas, podrán realizar el plan de prevención de riesgos laborales, la evaluación de riesgos y la planificación de la actividad preventiva de forma simplificada:

a) Siempre que tengan menos de 10 trabajadores.
b) Siempre que tengan menos de 15 trabajadores.
c) Siempre que tengan menos de 20 trabajadores.
d) Siempre que ello no suponga una reducción del nivel de protección de la seguridad y salud de los trabajadores y en los términos que reglamentariamente se determinen.

44. Marta, empresaria, quiere saber si tiene opción a realizar la evaluación de riesgos y la planificación de la actividad preventiva de forma simplificada. Su empresa es de 20 trabajadores. Le indicas que:

a) Sí, siempre que ello no suponga una reducción del nivel de protección de la seguridad y salud de los trabajadores y en los términos que reglamentariamente se determinen.
b) Sí, por el hecho de que tiene 20 trabajadores.
c) No, porque tiene menos de 25 trabajadores.
d) No, porque tiene menos de 50 trabajadores.

45. Cuando se haya producido un daño para la salud de los trabajadores:

a) El empresario podrá revisar el plan de prevención de riesgos.
b) El empresario podrá proponer revisar el plan de prevención de riesgos.
c) El empresario llevará a cabo una investigación al respecto, a fin de detectar las causas de estos hechos.
d) El empresario responde siempre y en todo caso, aunque no tenga ninguna culpa.

46. Pepe ha sufrido un daño en el trabajo, a causa de la poca protección con la que se ha tenido que enfrentar a bajas temperaturas. En este sentido:

a) El empresario podrá revisar el plan de prevención de riesgos.
b) El empresario podrá proponer revisar el plan de prevención de riesgos.
c) El empresario llevará a cabo una investigación al respecto, a fin de detectar las causas de estos hechos.
d) La próxima vez, deberá ir más abrigado.

47. El empresario:

a) Deberá proporcionar a sus trabajadores equipos de protección individual adecuados para el desempeño de sus funciones.
b) Deberá aconsejar a sus trabajadores la compra y uso de equipos de protección individual adecuados para el desempeño de sus funciones.

c) Debe recomendar el uso, pero no tiene por qué velar por el uso efectivo de los mismos.

d) No tiene obligación de facilitar equipos de protección individual a sus trabajadores.

48. Indica la respuesta incorrecta. Los equipos de protección individual:

a) Deberán utilizarse siempre y en todo caso.

b) Deberán utilizarse cuando los riesgos no se puedan evitar.

c) Deberán utilizarse cuando los riesgos no puedan limitarse suficientemente por medios técnicos de protección colectiva.

d) Deberán utilizarse cuando los riesgos no puedan limitarse suficientemente mediante medidas, métodos o procedimientos de organización del trabajo.

49. A fin de dar cumplimiento al deber de protección establecido en la LPRL, el empresario adoptará las medidas adecuadas para que los trabajadores reciban todas las informaciones necesarias en relación con los riesgos para la seguridad y salud de los trabajadores. En este sentido:

a) Las empresas que cuenten con representantes de los trabajadores, la información a que se refiere el presente apartado se facilitará por el empresario a los trabajadores a través de dichos representantes; con esto es más que suficiente.

b) Deberá informarse directamente a cada trabajador de los riesgos específicos que afecten a su puesto de trabajo o función.

c) El empresario debe comunicarlas personalmente.

d) El consejo de administración debe comunicarlas personalmente.

50. El empresario:

a) Deberá consultar a los trabajadores, y permitir su participación, en el marco de todas las cuestiones que afecten a la seguridad y a la salud en el trabajo.

b) No deberá consultar a los trabajadores, y permitir su participación, en el marco de todas las cuestiones que afecten a la seguridad y a la salud en el trabajo.

c) Solo de forma excepcional deberá consultar a los trabajadores, y permitir su participación, en el marco de todas las cuestiones que afecten a la seguridad y a la salud en el trabajo.

d) En determinados casos, podrá consultar a los trabajadores, y permitir su participación, en el marco de todas las cuestiones que afecten a la seguridad y a la salud en el trabajo.

51. Los trabajadores:

a) Tendrán derecho a efectuar propuestas al empresario, así como a los órganos de participación y representación.

b) No tendrán derecho a efectuar propuestas al empresario, así como a los órganos de participación y representación.

c) Tendrán derecho a efectuar propuestas al empresario, pero no a los órganos de participación y representación.

d) Tendrán derecho a efectuar propuestas a los órganos de participación y representación, pero no al empresario.

52. En cumplimiento del deber de protección, el empresario deberá garantizar que cada trabajador reciba una formación:

a) Teórica.
b) Teórica y práctica.
c) Solo en el momento de su contratación.
d) General, no es necesario especificar sobre el puesto de trabajo.

53. A Roberto le han indicado que debe realizar un curso de formación sobre el cumplimiento del deber de protección en el trabajo. En este sentido, la misma es:

a) Teórica.
b) Teórica y práctica.
c) Siempre virtual.
d) Solo práctica.

54. La formación sobre protección que debe recibir el trabajador:

a) Deberá impartirse, siempre que sea posible, dentro de la jornada de trabajo.
b) Deberá impartirse fuera de la jornada de trabajo.
c) Si se realiza fuera de la jornada de trabajo no se pueden descontar las horas invertidas en la misma.
d) Siempre debe impartirse en modalidad on-line.

55. Mario debe preparar una formación sobre protección para sus empleados. Según la LPRL, ¿cuál sería la opción correcta?

a) Va a priorizar ponerla durante la jornada de trabajo.
b) Va a priorizar ponerla al final de la jornada.
c) Va a priorizar ponerla en festivos o fin de semana.
d) No la va a poner de ninguna forma dentro de la jornada de trabajo, para no bajar la productividad.

56. A Ana le han puesto una formación sobre protección para sus empleados fuera de la jornada de trabajo:

a) No se puede, porque siempre debe realizarse dentro de la misma.
b) Si no se puede hacer de otra forma se acepta, pero se descontará el tiempo invertido de la jornada de trabajo.
c) Si no se puede hacer de otra forma se acepta, y no se descontará el tiempo invertido de la jornada de trabajo.
d) Si no se puede realizar dentro de la jornada de trabajo no se puede realizar.

57. La formación sobre protección en el trabajo que se da a los empleados:

a) La debe impartir siempre la empresa mediante medios propios.
b) La debe impartir siempre la empresa contratándola con servicios ajenos.

c) La debe impartir siempre la empresa mediante medios propios o concertándola con servicios ajenos.

d) La debe impartir siempre la empresa, pero puede imputar el coste a los trabajadores.

58. Adela va a recibir una formación sobre protección en el trabajo. ¿Cuál de las siguientes indicaciones es errónea?

a) Debe asumir parte del coste de la misma.

b) Puede recibirla durante la jornada de trabajo.

c) La puede impartir la empresa mediante medios propios.

d) La puede impartir siempre la empresa contratándola con servicios ajenos.

59. En relación con las medidas de emergencia:

a) El empresario no asume el análisis de las posibles situaciones de emergencia.

b) La Administración Pública es la que debe asumir el análisis de las posibles situaciones de emergencia.

c) Cada trabajador debe asumir el análisis de las posibles situaciones de emergencia en su puesto de trabajo.

d) El empresario, teniendo en cuenta el tamaño y la actividad de la empresa, así como la posible presencia de personas ajenas a la misma, deberá analizar las posibles situaciones de emergencia y adoptar las medidas necesarias en materia de primeros auxilios.

60. Indica la respuesta incorrecta. Cuando los trabajadores estén o puedan estar expuestos a un riesgo grave e inminente con ocasión de su trabajo, el empresario estará obligado a:

a) Informar lo antes posible a todos los trabajadores afectados acerca de la existencia de dicho riesgo y de las medidas adoptadas o que, en su caso, deban adoptarse en materia de protección.

b) Adoptar las medidas y dar las instrucciones necesarias para que, en caso de peligro grave, inminente e inevitable, los trabajadores puedan interrumpir su actividad y, si fuera necesario, abandonar de inmediato el lugar de trabajo.

c) Disponer lo necesario para que el trabajador que no pudiera ponerse en contacto con su superior jerárquico, ante una situación de peligro grave e inminente para su seguridad, la de otros trabajadores o la de terceros a la empresa, esté en condiciones, habida cuenta de sus conocimientos y de los medios técnicos puestos a su disposición, de adoptar las medidas necesarias para evitar las consecuencias de dicho peligro.

d) Dar a elegir al trabajador la manera en que prefiere proceder.

61. Eduardo, con patologías previas, entiende que acudir a la oficina, en la que tiene constantes contactos con diversos clientes, sin la distancia necesaria, supone un riesgo grave e inminente para su vida o su salud:

a) Debe investigar si es así y ponerse en contacto con prevención de riegos de la empresa.

b) Debe investigar si es así y ponerse en contacto con el médico de la empresa.

c) Puede interrumpir su actividad y abandonar el lugar de trabajo.

d) Debe seguir trabajando hasta que la empresa le indique lo contrario.

62. Marina, diabética, ante la aparición del COVID y el anuncio de las autoridades de su peligrosidad, entiende que acudir a la oficina, en la que tiene constantes contactos con diversos clientes supone un riesgo grave e inminente para su vida o su salud:

a) Debe investigar si es así y ponerse en contacto con prevención de riegos de la empresa.

b) Debe investigar si es así y ponerse en contacto con el médico de la empresa.

c) Puede interrumpir su actividad y abandonar el lugar de trabajo.

d) Debe seguir trabajando hasta que la empresa le indique lo contrario.

63. En el caso de que el empresario no adopte o no permita la adopción de las medidas necesarias para garantizar la seguridad y la salud de los trabajadores, conforme a la LPRL:

a) El trabajador debe recordárselo.

b) Los representantes legales de los trabajadores podrán acordar, por mayoría de sus miembros, la paralización de la actividad de los trabajadores afectados por dicho riesgo.

c) Se deberá denunciar inmediatamente ante la Administración Pública para poder paralizar la actividad de los trabajadores afectados.

d) No se puede hacer nada.

64. Juan Carlos ha podido comprobar que en su empresa no se han adaptado las medidas necesarias para garantizar la seguridad y la salud de los trabajadores. Conforme a la LPRL:

a) El trabajador debe recordárselo y obligarle a que las cumpla.

b) Los representantes legales de los trabajadores podrán acordar, por mayoría de sus miembros, la paralización de la actividad de los trabajadores afectados por dicho riesgo.

c) Se deberá denunciar inmediatamente ante la Administración Pública para poder paralizar la actividad de los trabajadores afectados.

d) No se puede hacer nada.

65. En el caso de que el empresario no adopte o no permita la adopción de las medidas necesarias para garantizar la seguridad y la salud de los trabajadores, conforme a la LPRL:

a) La única opción es que le denuncie el trabajador.

b) La única opción es que los representantes legales de los trabajadores acuerden, por mayoría de sus miembros, la paralización de la actividad de los trabajadores afectados por dicho riesgo.

c) Los delegados de Prevención podrán adoptar la decisión por mayoría de paralizar la actividad de los trabajadores afectados por dicho riesgo, cuando no resulte posible reunir con la urgencia requerida al órgano de representación del personal.

d) Los delegados de Prevención podrán adoptar la decisión por minoría de paralizar la actividad de los trabajadores afectados por dicho riesgo, cuando no resulte posible reunir con la urgencia requerida al órgano de representación del personal.

66. En el Departamento de Pablo el empresario no ha adoptado y no ha permitido adoptar las medidas necesarias para garantizar la seguridad y la salud de los trabajadores. No hay tiempo para reunir a los representantes de los trabajadores:

a) Por lo que no pueden hacer nada.

b) Cuando se puedan reunir los representantes legales se podrá suspender la actividad.

c) Se puede suspender la actividad por mayoría de votos de los trabajadores.

d) Los delegados de Prevención podrán adoptar la decisión por minoría de paralizar la actividad de los trabajadores afectados por dicho riesgo.

67. Los representantes que acuerden por mayoría de sus miembros, la paralización de la actividad de los trabajadores afectados por dicho riesgo:

a) Nunca podrán sufrir un perjuicio por la adopción de la medida.

b) No podrán sufrir perjuicio alguno derivado de la adopción de las medidas, a menos que hubieran obrado de mala fe o cometido negligencia grave.

c) Se arriesgan a sufrir perjuicios derivados de la adopción de la misma.

d) Habitualmente se arriesgan a sufrir perjuicios derivados de la adopción de la misma.

68. El empresario garantizará a los trabajadores a su servicio la vigilancia periódica de su estado de salud en función de los riesgos inherentes al trabajo:

a) En realidad, se trata de una sugerencia, no de una obligación.

b) Esta vigilancia solo podrá llevarse a cabo cuando el trabajador preste su consentimiento, siempre y en todo caso.

c) La obligación puede llevarse a cabo con el consentimiento o no del trabajador, según lo decida el empresario.

d) Esta vigilancia solo podrá llevarse a cabo cuando el trabajador preste su consentimiento. De este carácter voluntario solo se exceptuarán, previo informe de los representantes de los trabajadores, los supuestos en los que la realización de los reconocimientos sea imprescindible para evaluar los efectos de las condiciones de trabajo sobre la salud de los trabajadores o para verificar si el estado de salud del trabajador puede constituir un peligro para el mismo.

69. Desde su empresa, han escrito a Marta para programar la revisión anual. En términos generales:

a) Es obligatorio someterse a la misma.

b) Puede indicar que no se quiere someter a la misma.

c) Puede indicar que no se quiere someter a la misma, pero debe justificarlo.

d) Solo de forma excepcional puede evitar someterse a la misma.

70. ¿Cuál de las siguientes indicaciones no es correcta?

a) En los controles médicos, en todo caso, se deberá optar por la realización de aquellos reconocimientos o pruebas que causen las menores molestias al trabajador y que sean proporcionales al riesgo.

b) Las medidas de vigilancia y control de la salud de los trabajadores se llevarán a cabo respetando siempre el derecho a la intimidad y a la dignidad de la persona del trabajador.

c) Las medidas de vigilancia y control de la salud de los trabajadores se llevarán a cabo respetando siempre la confidencialidad de toda la información relacionada con su estado de salud.

d) La empresa recibirá el mismo informe médico que se haya facilitado al trabajador.

71. Al evaluar los riegos, el empresario:

a) Debe tener en cuenta las situaciones de discapacidad psíquica o sensorial de los trabajadores.

b) No debe tener en cuenta las situaciones de discapacidad psíquica o sensorial de los trabajadores.

c) Lo debe hacer solo en términos generales, sin entrar en consideraciones personales.

d) Lo debe hacer solo en términos generales, sin entrar en consideraciones del puesto de trabajo.

72. Carlos, empresario, al evaluar los riegos existentes en su empresa:

a) Debe tener en cuenta las situaciones de discapacidad psíquica o sensorial de los trabajadores.

b) No debe tener en cuenta las situaciones de discapacidad psíquica o sensorial de los trabajadores.

c) Lo debe hacer solo en términos generales, sin entrar en consideraciones personales.

d) Lo debe hacer solo en términos generales, sin entrar en consideraciones del puesto de trabajo.

73. Álvaro, empresario, tiene un trabajador con discapacidad sensorial, y no sabe si debe tenerlo en consideración al evaluar los riegos existentes en su empresa:

a) Sí, lo debe tener en cuenta.

b) No lo debe tener en cuenta.

c) No, solo debe tener en cuenta la discapacidad psíquica.

d) Solo lo debe tener en cuenta si el trabajador quiere.

74. Conforme a la normativa, al evaluar los riesgos derivados del trabajo, el empresario:

a) Deberá tener en cuenta en las evaluaciones los factores de riesgo que puedan incidir en la función de procreación de los trabajadores y trabajadoras.

b) Solo deberá tener en cuenta que la exposición a los agentes físicos, químicos y biológicos no cause pérdida en el embarazo de la mujer.

c) Solo deberá tener en cuenta que la exposición a los agentes físicos, químicos y biológicos no cause problemas en el desarrollo de la descendencia.

d) No está obligado a tener en cuenta en las evaluaciones los factores de riesgo que puedan incidir en la función de procreación de los trabajadores y trabajadoras.

75. Iván, empresario, al evaluar los riesgos derivados del trabajo:

a) Deberá tener en cuenta en las evaluaciones los factores de riesgo que puedan incidir en la función de procreación de los trabajadores y trabajadoras.

b) Únicamente deberá tener en cuenta que la exposición a los agentes físicos, químicos y biológicos no cause pérdida en el embarazo de la mujer.

c) Únicamente deberá tener en cuenta que la exposición a los agentes físicos, químicos y biológicos no cause problemas en el desarrollo de la descendencia.

d) No está obligado a tener en cuenta en las evaluaciones los factores de riesgo que puedan incidir en la función de procreación de los trabajadores y trabajadoras.

76. María trabaja como auxiliar de limpieza de una empresa cárnica. Está embarazada de 3 meses y entiende que las tareas que tiene asignadas implican un peligro para el buen desarrollo de su embarazo:

a) Es una cuestión que puede plantear al empresario, que deberá investigarlo, analizarlo y evaluarlo.

b) Se trata de una cuestión que el empresario ya debe haber previsto en las evaluaciones de los factores de riesgo.

c) Se trata de una decisión personal; ella deberá decidir qué debe hacer, pero el empresario no debe entrometerse.

d) Para poder optar a otro puesto de trabajo, la trabajadora deberá probar exactamente cuáles son los daños que puede sufrir.

77. Si los resultados de la evaluación revelasen un riesgo para la seguridad y la salud o una posible repercusión sobre el embarazo o la lactancia de las citadas trabajadoras:

a) El empresario adoptará las medidas necesarias para evitar la exposición a dicho riesgo, a través de una adaptación de las condiciones o del tiempo de trabajo de la trabajadora afectada.

b) El empresario puede suspender el contrato.

c) El empresario puede resolver el contrato.

d) El empresario puede recomendar la no realización de trabajo nocturno o de trabajo a turnos.

78. Cuando la adaptación de las condiciones o del tiempo de trabajo no resultase posible o, a pesar de tal adaptación, las condiciones de un puesto de trabajo pudieran influir negativamente en la salud de la trabajadora embarazada o del feto:

a) Se deberán mantener las mismas condiciones de trabajo.

b) Se deberá suspender el contrato.

c) Esta deberá desempeñar un puesto de trabajo o función diferente y compatible con su estado.

d) Se deberá coger la baja por riesgo laboral.

79. A Carlota, embarazada de cinco meses, y con riesgo en su puesto de trabajo actual, le han comunicado que la adaptación de las condiciones no es posible, por lo que, en primer término:

a) Se deberán mantener las mismas condiciones de trabajo.
b) Se deberá suspender el contrato.
c) Esta deberá desempeñar un puesto de trabajo o función diferente y compatible con su estado.
d) Se deberá coger la baja por riesgo laboral.

80. A Helena, embarazada de cuatro meses, le han comunicado que a pesar de la adaptación del puesto de trabajo, las condiciones de un puesto de trabajo pudieran influir negativamente en su salud. En primer término:

a) Se deberán mantener las mismas condiciones de trabajo.
b) Se deberá suspender el contrato.
c) Esta deberá desempeñar un puesto de trabajo o función diferente y compatible con su estado.
d) Se deberá coger la baja por riesgo laboral.

81. Antes de la incorporación al trabajo de jóvenes menores de dieciocho años, y previamente a cualquier modificación importante de sus condiciones de trabajo:

a) El empresario deberá efectuar una evaluación de los puestos de trabajo a desempeñar por los mismos.
b) Se deberá obtener la autorización del Ministerio Fiscal.
c) Se deberá obtener la autorización del Ministerio de Trabajo.
d) Se deberá obtener la autorización de la Seguridad Social.

82. Los trabajadores con relaciones de trabajo temporales o de duración determinada:

a) Deberán disfrutar del mismo nivel de protección en materia de seguridad y salud que los restantes trabajadores de la empresa en la que prestan sus servicios.
b) Pueden llegar a disfrutar del mismo nivel de protección en materia de seguridad y salud que los restantes trabajadores de la empresa en la que prestan sus servicios.
c) No pueden disfrutar del mismo nivel de protección en materia de seguridad y salud que los restantes trabajadores de la empresa en la que prestan sus servicios.
d) Solo pueden disfrutar de los elementos más relevantes de la protección en materia de seguridad y salud que los restantes trabajadores de la empresa en la que prestan sus servicios.

83. Santiago es trabajador temporal:

a) Deberá disfrutar del mismo nivel de protección en materia de seguridad y salud que los restantes trabajadores de la empresa.
b) Podrá llegar a disfrutar del mismo nivel de protección en materia de seguridad y salud que los restantes trabajadores de la empresa.

c) No podrá disfrutar del mismo nivel de protección en materia de seguridad y salud que los restantes trabajadores de la empresa.

d) Solo podrá disfrutar de los elementos más relevantes de la protección en materia de seguridad y salud que los restantes trabajadores de la empresa.

84. Pablo tiene un contrato de duración determinada:

a) Deberá disfrutar del mismo nivel de protección en materia de seguridad y salud que los restantes trabajadores de la empresa.

b) Deberá disfrutar del mismo nivel de protección en materia de seguridad y salud que los trabajadores temporales, pero no la misma que los trabajadores indefinidos.

c) Podrá llegar a disfrutar del mismo nivel de protección en materia de seguridad y salud que los restantes trabajadores de la empresa.

d) Solo podrá disfrutar de los elementos más relevantes de la protección en materia de seguridad y salud que los restantes trabajadores de la empresa.

85. Los contratados por empresas de trabajo temporal:

a) Deberán disfrutar del mismo nivel de protección en materia de seguridad y salud que los restantes trabajadores de la empresa en la que prestan sus servicios.

b) Pueden llegar a disfrutar del mismo nivel de protección en materia de seguridad y salud que los restantes trabajadores de la empresa en la que prestan sus servicios.

c) No pueden disfrutar del mismo nivel de protección en materia de seguridad y salud que los restantes trabajadores de la empresa en la que prestan sus servicios.

d) Solo pueden disfrutar de los elementos más relevantes de la protección en materia de seguridad y salud que los restantes trabajadores de la empresa en la que prestan sus servicios.

86. Lola ha sido contratada a través de una empresa de trabajo temporal:

a) Por este motivo, disfrutará de un nivel diferente de protección y seguridad en el trabajo que el resto de trabajadores de la empresa.

b) Por este motivo, disfrutará de un nivel superior de protección y seguridad en el trabajo que el resto de trabajadores de la empresa.

c) Por este motivo, disfrutará de un nivel inferior de protección y seguridad en el trabajo que el resto de trabajadores de la empresa.

d) Disfrutará del mismo nivel de protección y seguridad en el trabajo que el resto de trabajadores de la empresa.

87. Deben velar en la medida de sus posibilidades por el cumplimiento de las medidas de prevención de riegos:

a) Solo los trabajadores.
b) Solo los empresarios.
c) Los trabajadores y los empresarios.
d) Solo la Administración Pública.

88. Indica la respuesta incorrecta. Los trabajadores, con arreglo a su formación y siguiendo las instrucciones del empresario, deberán en particular:

a) Usar adecuadamente, de acuerdo con su naturaleza y los riesgos previsibles, las máquinas, aparatos, herramientas, sustancias peligrosas, equipos de transporte y, en general, cualesquiera otros medios con los que desarrollen su actividad.

b) Utilizar correctamente los medios y equipos de protección facilitados por el empresario, de acuerdo con las instrucciones recibidas de este.

c) No poner fuera de funcionamiento y utilizar correctamente los dispositivos de seguridad existentes o que se instalen en los medios relacionados con su actividad o en los lugares de trabajo en los que esta tenga lugar.

d) Asumir el riesgo de sus actos, siempre y en todo caso.

89. El incumplimiento por los trabajadores de las obligaciones en materia de prevención de riesgos:

a) Dará lugar al despido inmediato y automático de los mismos.

b) Tendrá la consideración de incumplimiento laboral.

c) No se tendrá en cuenta.

d) No será relevante a efectos de responsabilidad.

90. Julio se ha olvidado de ponerse la mascarilla obligatoria en parte de su jornada laboral, lo cual, según la Ley de Prevención de Riesgos Laborales:

a) Dará lugar a su despido inmediato y automático.

b) Tendrá la consideración de incumplimiento laboral.

c) No se tendrá en cuenta.

d) No será relevante a efectos de responsabilidad.

Solución al test n.º 9

1. c) A los servicios operativos de protección civil y peritaje forense fuera de los casos de grave riesgo, catástrofe y calamidad pública.

2. c) Probable racionalmente que se materialice en un futuro inmediato y pueda suponer un daño grave para la salud de los trabajadores.

3. d) Potencialmente peligrosos.

4. b) Las enfermedades, patologías o lesiones sufridas con motivo u ocasión del trabajo.

5. c) El artículo 3.

6. b) Aquel que resulte probable racionalmente que se materialice en un futuro inmediato y pueda suponer un daño grave para la salud de los trabajadores.

7. a) Originen riesgos para la seguridad y la salud de los trabajadores que los desarrollan o utilizan, en ausencia de medidas preventivas específicas.

8. c) Prevención.

9. c) La posibilidad de que un trabajador sufra un determinado daño derivado del trabajo.

10. a) Pudiendo ser mejoradas y desarrolladas en los convenios colectivos.

11. c) Las características particulares de los locales, instalaciones, equipos, productos y demás útiles existentes en el centro de trabajo.

12. d) La posibilidad de que un trabajador sufra un determinado daño derivado del trabajo.

13. b) La posibilidad de que un trabajador sufra un determinado daño derivado del trabajo.

14. c) La probabilidad de que se produzca el daño y la severidad del mismo.

15. a) Promover la seguridad y la salud de los trabajadores.

16. b) El conjunto de actividades o medidas adoptadas o previstas en todas las fases de actividad de la Empresa con el fin de evitar o disminuir los riesgos derivados del trabajo.

17. d) Todas las enfermedades, patologías o lesiones sufridas con motivo u ocasión del trabajo.

18. c) Al personal con funciones públicas de policía, seguridad y resguardo aduanero.

19. a) Cualquier máquina, aparato, instrumento o instalación utilizada en el trabajo.

20. c) Conjunto de actividades o medidas adoptadas o previstas en todas las fases de actividad de la empresa con el fin de evitar o disminuir los riesgos derivados del trabajo.

21. a) Los trabajadores tienen derecho a una protección eficaz en materia de seguridad y salud en el trabajo.

22. c) La Administración Pública tiene el deber de protección de la salud en el trabajo respecto del personal a su servicio.

23. a) Tiene derecho a una protección eficaz en materia de seguridad y salud en el trabajo.

24. a) Tiene derecho a una protección eficaz en materia de seguridad y salud en el trabajo.

25. d) Acceso a seguro médico.

26. d) El empresario debe cumplir todas las obligaciones que el trabajador considere necesarias para velar por su salud.

27. c) No puede recaer sobre los trabajadores.

28. a) No es posible, de ninguna forma.

29. a) No es posible, de ninguna forma.

30. d) Adoptar medidas que antepongan la protección individual a la colectiva.

31. a) No tomará en consideración las capacidades profesionales de los trabajadores en materia de seguridad y de salud en el momento de encomendarles las tareas.

32. b) Los trabajadores autónomos respecto a ellos mismos.

33. c) Sí, lo puede concertar respecto de él mismo.

34. a) Respecto de la empresa.

35. d) Las personas concretas que llevarán a cabo las funciones y actividades.

36. d) Las personas concretas que llevarán a cabo las funciones y actividades.

37. b) Le falta incluir los recursos necesarios para realizar la acción de prevención de riesgos en la empresa.

38. b) Podrán ser llevados a cabo por fases de forma programada.

39. b) Podrán ser llevados a cabo por fases de forma programada.

40. d) El plan de prevención de riesgos lo elabora la Administración Pública de la comunidad autónoma del domicilio de la empresa.

41. a) Será actualizada cuando cambien las condiciones de trabajo y se someterá a consideración con ocasión de los daños para la salud que se hayan producido.

42. a) Será actualizada cuando cambien las condiciones de trabajo y se someterá a consideración con ocasión de los daños para la salud que se hayan producido.

43. d) Siempre que ello no suponga una reducción del nivel de protección de la seguridad y salud de los trabajadores y en los términos que reglamentariamente se determinen.

44. a) Sí, siempre que ello no suponga una reducción del nivel de protección de la seguridad y salud de los trabajadores y en los términos que reglamentariamente se determinen.

45. c) El empresario llevará a cabo una investigación al respecto, a fin de detectar las causas de estos hechos.

46. c) El empresario llevará a cabo una investigación al respecto, a fin de detectar las causas de estos hechos.

47. a) Deberá proporcionar a sus trabajadores equipos de protección individual adecuados para el desempeño de sus funciones.

48. a) Deberán utilizarse siempre y en todo caso.

49. b) Deberá informarse directamente a cada trabajador de los riesgos específicos que afecten a su puesto de trabajo o función.

50. a) Deberá consultar a los trabajadores, y permitir su participación, en el marco de todas las cuestiones que afecten a la seguridad y a la salud en el trabajo.

51. a) Tendrán derecho a efectuar propuestas al empresario, así como a los órganos de participación y representación.

52. b) Teórica y práctica.

53. b) Teórica y práctica.

54. a) Deberá impartirse, siempre que sea posible, dentro de la jornada de trabajo.

55. a) Va a priorizar ponerla durante la jornada de trabajo.

56. b) Si no se puede hacer de otra forma se acepta, pero se descontará el tiempo invertido de la jornada de trabajo.

57. c) La debe impartir siempre la empresa mediante medios propios o concertándola con servicios ajenos.

58. a) Debe asumir parte del coste de la misma.

59. d) El empresario, teniendo en cuenta el tamaño y la actividad de la empresa, así como la posible presencia de personas ajenas a la misma, deberá analizar las posibles situaciones de emergencia y adoptar las medidas necesarias en materia de primeros auxilios.

60. d) Dar a elegir al trabajador la manera en que prefiere proceder.

61. c) Puede interrumpir su actividad y abandonar el lugar de trabajo.

62. c) Puede interrumpir su actividad y abandonar el lugar de trabajo.

63. b) Los representantes legales de los trabajadores podrán acordar, por mayoría de sus miembros, la paralización de la actividad de los trabajadores afectados por dicho riesgo.

64. b) Los representantes legales de los trabajadores podrán acordar, por mayoría de sus miembros, la paralización de la actividad de los trabajadores afectados por dicho riesgo.

65. c) Los delegados de Prevención podrán adoptar la decisión por mayoría de paralizar la actividad de los trabajadores afectados por dicho riesgo, cuando no resulte posible reunir con la urgencia requerida al órgano de representación del personal.

66. d) Los delegados de Prevención podrán adoptar la decisión por minoría de paralizar la actividad de los trabajadores afectados por dicho riesgo.

67. b) No podrán sufrir perjuicio alguno derivado de la adopción de las medidas, a menos que hubieran obrado de mala fe o cometido negligencia grave.

68. d) Esta vigilancia solo podrá llevarse a cabo cuando el trabajador preste su consentimiento. De este carácter voluntario solo se exceptuarán, previo informe de los representantes de los trabajadores, los supuestos en los que la realización de los reconocimientos sea imprescindible para evaluar los efectos de las condiciones de trabajo sobre la salud de los trabajadores o para verificar si el estado de salud del trabajador puede constituir un peligro para el mismo.

69. b) Puede indicar que no se quiere someter a la misma.

70. d) La empresa recibirá el mismo informe médico que se haya facilitado al trabajador.

71. a) Debe tener en cuenta las situaciones de discapacidad psíquica o sensorial de los trabajadores.

72. a) Debe tener en cuenta las situaciones de discapacidad psíquica o sensorial de los trabajadores.

73. a) Sí, lo debe tener en cuenta.

74. a) Deberá tener en cuenta en las evaluaciones los factores de riesgo que puedan incidir en la función de procreación de los trabajadores y trabajadoras.

75. a) Deberá tener en cuenta en las evaluaciones los factores de riesgo que puedan incidir en la función de procreación de los trabajadores y trabajadoras.

76. b) Se trata de una cuestión que el empresario ya debe haber previsto en las evaluaciones de los factores de riesgo.

77. a) El empresario adoptará las medidas necesarias para evitar la exposición a dicho riesgo, a través de una adaptación de las condiciones o del tiempo de trabajo de la trabajadora afectada.

78. c) Esta deberá desempeñar un puesto de trabajo o función diferente y compatible con su estado.

79. c) Esta deberá desempeñar un puesto de trabajo o función diferente y compatible con su estado.

80. c) Esta deberá desempeñar un puesto de trabajo o función diferente y compatible con su estado.

81. a) El empresario deberá efectuar una evaluación de los puestos de trabajo a desempeñar por los mismos.

82. a) Deberán disfrutar del mismo nivel de protección en materia de seguridad y salud que los restantes trabajadores de la empresa en la que prestan sus servicios.

83. a) Deberá disfrutar del mismo nivel de protección en materia de seguridad y salud que los restantes trabajadores de la empresa.

84. a) Deberá disfrutar del mismo nivel de protección en materia de seguridad y salud que los restantes trabajadores de la empresa.

85. a) Deberán disfrutar del mismo nivel de protección en materia de seguridad y salud que los restantes trabajadores de la empresa en la que prestan sus servicios.

86. d) Disfrutará del mismo nivel de protección y seguridad en el trabajo que el resto de trabajadores de la empresa.

87. c) Los trabajadores y los empresarios.

88. d) Asumir el riesgo de sus actos, siempre y en todo caso.

89. b) Tendrá la consideración de incumplimiento laboral.

90. b) Tendrá la consideración de incumplimiento laboral.

E. Test Transversales

TEST N.º 10

La Ley Orgánica 3/2007, de 22 de marzo, para la igualdad efectiva de mujeres y hombres: Título preliminar, Objeto de la Ley; Título I, El principio de igualdad y la tutela contra la discriminación. La Ley 9/2003, de 2 de abril, de la Generalitat, para la igualdad de mujeres y hombres. Ley 4/2023, de 28 de febrero, para la igualdad real y efectiva de las personas trans y para la garantía de los derechos de las personas LGTBI: Deber de protección; Medidas en el ámbito administrativo. La Ley Orgánica 1/2004, de 28 de diciembre, de medidas de protección integral contra la violencia de género: Título preliminar

1. ¿Qué artículo de la Constitución proclama que los españoles son iguales ante la ley, sin que pueda prevalecer discriminación alguna por razón de nacimiento, raza, sexo, religión, opinión o cualquier otra condición o circunstancia personal o social?

a) Artículo 9.
b) Artículo 11.
c) Artículo 14.
d) Artículo 18.

2. ¿Qué artículo de la Constitución Española consagra la igualdad de todos los españoles ante la ley?

a) El artículo 8.
b) El artículo 14.
c) El artículo 21.
d) El artículo 27.

3. Según el artículo 9.2: de la Constitución, "corresponde a los poderes públicos .... las condiciones para que la libertad y la igualdad del individuo y de los grupos en que se integra sean reales y efectivas; .... los obstáculos que impidan o dificulten su plenitud y .... la participación de todos los ciudadanos en la vida política, económica, cultural y social.". ¿Qué tres verbos faltan en la anterior frase?

a) Promover, remover y facilitar.
b) Impulsar, superar y posibilitar.

c) Crear, eliminar y alentar.
d) Facilitar, disminuir y promover.

4. La ley que regula a nivel estatal la igualdad efectiva de mujeres y hombres, es:

a) La Ley 3/2007, de 12 de marzo.
b) La Ley Orgánica 22/2007, de 3 de abril.
c) La Ley Orgánica 3/2007, de 22 de marzo.
d) El Decreto Legislativo 7/2003, de 23 de mayo.

5. El objeto y el ámbito de aplicación de la Ley estatal para la Igualdad efectiva entre Mujeres y Hombres vienen recogidos en su:

a) Disposición Final Primera.
b) Disposición Adicional Primera.
c) Título Primero.
d) Título Preliminar.

6. Según su artículo 1, la LO 3/2007 tiene por objeto hacer efectivo el derecho de:

a) Conciliación de la vida laboral y familiar de mujeres y hombres.
b) Igualdad de trato y de oportunidades entre mujeres y hombres.
c) Participación en los asuntos públicos en igualdad de condiciones.
d) No discriminación por razón de sexo.

7. Las obligaciones establecidas en la LO 3/2007 son de aplicación a:

a) A toda persona, física o jurídica, que se encuentre o actúe en territorio español, cualquiera que fuese su nacionalidad, domicilio o residencia.
b) A todos los ciudadanos españoles, ya sea en territorio español o territorio de cualquier país extranjero.
c) A toda persona, física o jurídica, que se encuentre o actúe en territorio español, con nacionalidad española.
d) A toda persona, física o jurídica, que resida en territorio español, cualquiera que fuese su nacionalidad.

8. La LO 3/2007 entró en vigor el 24 de marzo de 2007, con una excepción que entró en vigor el 31 de diciembre de 2008:

a) Lo previsto en el artículo 19 sobre la obligatoriedad de los proyectos de disposiciones de carácter general de incorporar un informe sobre su impacto por razón de género.
b) Lo previsto en el artículo 44.3, referente al reconocimiento a los padres del derecho a un permiso y una prestación por paternidad.

c) Lo previsto en el artículo 49, sobre la implantación de planes de igualdad en las pequeñas y medianas empresas.

d) Lo previsto en el artículo 71.2, referente a costes relacionados con el embarazo y el parto en contratos de seguros o servicios financieros.

9. **Según el texto literal del artículo 3 de la LO 3/2007, el principio de igualdad de trato entre mujeres y hombres no resulta aplicable a cualquier discriminación, directa o indirecta, por razón de sexo, y especialmente, las derivadas de:**

a) La maternidad.

b) La tendencia sexual.

c) La asunción de obligaciones familiares.

d) El estado civil.

10. **Según el artículo 4 de la LO 3/2007, la igualdad de trato y de oportunidades entre mujeres y hombres**:

a) Es un deber de las Administraciones Públicas.

b) Es una fuente formal del Derecho.

c) Es un principio informador del ordenamiento jurídico.

d) Es un objetivo fundamental del procedimiento administrativo.

11. **El principio de igualdad de trato y de oportunidades entre mujeres y hombres**:

a) Solo se aplica en el ámbito del empleo público.

b) Se garantizará incluso en el acceso al trabajo por cuenta propia.

c) No se aplica en la afiliación y participación en organizaciones sindicales o empresariales.

d) Se garantizará en los términos que prevean los convenios colectivos.

12. **La situación en que se encuentra una persona que sea, haya sido o pudiera ser tratada, en atención a su sexo, de manera menos favorable que otra en situación comparable se considera**:

a) Discriminación directa.

b) Acoso sexual.

c) Discriminación indirecta.

d) Violencia de género.

13. **Una diferencia de trato basada en una característica relacionada con el sexo, ¿constituye discriminación en el acceso al empleo?**

a) Sí, en todo caso.

b) No, siempre que la formación necesaria se base en dicha característica.

c) No, siempre que dicha característica constituya un requisito profesional esencial y determinante.

d) No, si debido a la naturaleza de las actividades profesionales concretas o al contexto en el que se lleven a cabo, dicha característica constituye un requisito profesional esencial y determinante, siempre y cuando el objetivo sea legítimo y el requisito proporcionado.

14. En virtud del artículo 6.2 de la LO 3/2007, la situación en que una disposición, criterio o práctica aparentemente neutros pone a personas de un sexo en desventaja particular con respecto a personas del otro:

a) En cualquier caso constituirá discriminación directa.

b) En cualquier caso constituirá discriminación indirecta.

c) No se considera discriminación indirecta si dicha disposición, criterio o práctica pueden justificarse objetivamente en atención a una finalidad legítima y los medios para alcanzar dicha finalidad son necesarios y adecuados.

d) En ningún caso podrá considerarse discriminación.

15. Conforme al artículo 6.3 de la LO 3/2007, toda orden de discriminar por razón de sexo:

a) Solo se considera discriminatoria si se ordena discriminar directamente.

b) En ningún caso se puede considerar discriminatoria.

c) Solo se considera discriminatoria si ordena una discriminación indirecta.

d) En cualquier caso se considera discriminatoria, sea directa o indirecta.

16. La ley Orgánica 3/2007 determina que constituyen acoso sexual los comportamientos que:

a) Exclusivamente crean un entorno intimidatorio, degradante u ofensivo.

b) En particular, cuando crean un entorno intimidatorio, degradante u ofensivo.

c) Siempre que no creen un entorno intimidatorio, degradante u ofensivo.

d) Cuando accesoriamente se creen entornos intimidatorios, degradantes u ofensivos.

17. A los efectos de la LO 3/2007, definimos como acoso sexual:

a) Cualquier comportamiento realizado en función del sexo de una persona, con el propósito o el efecto de atentar contra su dignidad y de crear un entorno intimidatorio, degradante u ofensivo.

b) La situación en que una disposición, criterio o práctica aparentemente neutros pone a personas de un sexo en desventaja particular con respecto a personas del otro, salvo que dicha disposición, criterio o práctica puedan justificarse objetivamente en atención a una finalidad legítima y que los medios para alcanzar dicha finalidad sean necesarios y adecuados.

c) Todo trato desfavorable a las mujeres relacionado con el embarazo o la maternidad.

d) Cualquier comportamiento, verbal o físico, de naturaleza sexual que tenga el propósito o produzca el efecto de atentar contra la dignidad de una persona, en particular cuando se crea un entorno intimidatorio, degradante u ofensivo.

18. Según el artículo 8 de la LO 3/2007, todo trato desfavorable a las mujeres relacionado con el embarazo o la maternidad constituye:

a) Acoso sexual.
b) Acoso por razón de sexo.
c) Discriminación directa por razón de sexo.
d) Discriminación indirecta por razón de sexo.

19. Cualquier comportamiento realizado en función del sexo de una persona, con el propósito o el efecto de atentar contra su dignidad y de crear un entorno intimidatorio, degradante u ofensivo, constituye:

a) Discriminación directa.
b) Acoso sexual.
c) Acoso por razón de sexo.
d) Discriminación indirecta.

20. Conforme al artículo 7.4 de la LO 3/2007, el condicionamiento de un derecho o de una expectativa de derecho a la aceptación de una situación constitutiva de acoso sexual o de acoso por razón de sexo se considerará:

a) Acto de discriminación por razón de sexo.
b) Creación de un entorno intimidatorio, degradante u ofensivo.
c) Anulable y sin efecto.
d) Indemnizable.

21. En virtud del artículo 9 de la LO 3/2007, cualquier trato adverso o efecto negativo que se produzca en una persona como consecuencia de la presentación por su parte de queja, reclamación, denuncia, demanda o recurso, de cualquier tipo, destinados a impedir su discriminación y a exigir el cumplimiento efectivo del principio de igualdad de trato entre mujeres y hombres, se considerará:

a) Discriminación directa.
b) Discriminación por razón de sexo.
c) Injustificado.
d) Acoso sexual.

22. Según el artículo 10 de la LO 3/2007, los actos y las cláusulas de los negocios que constituyan o causen discriminación por razón de sexo darán lugar a responsabilidades a través de un sistema de reparaciones o indemnizaciones, aunque las mismas no tienen que ser necesariamente:

a) Reales.
b) Disuasivas.
c) Proporcionadas al perjuicio sufrido.
d) Efectivas.

23. **Para prevenir la realización de conductas discriminatorias en los actos y las cláusulas de los negocios jurídicos, el artículo 10 de la LO 3/2007 prevé la existencia de un sistema de sanciones eficaz y**:

a) Proporcionado.
b) Comprensible.
c) Cuantificable.
d) Disuasorio.

24. **Según el artículo 10 de la LO 3/2007, los actos y las cláusulas de los negocios jurídicos que constituyan o causen discriminación por razón de sexo se considerarán**:

a) Válidos, pero anulables.
b) Nulos y sin efecto.
c) Ilegales.
d) Nulos, pero con efectos.

25. **Con el fin de hacer efectivo el derecho constitucional de la igualdad, los Poderes Públicos adoptarán medidas específicas en favor de las mujeres para corregir situaciones patentes de desigualdad de hecho respecto de los hombres. Tales medidas, que serán aplicables en tanto subsistan dichas situaciones, habrán de ser en relación con el objetivo perseguido en cada caso razonables y**:

a) Justificadas.
b) Autorizadas judicialmente.
c) Transparentes.
d) Proporcionadas.

26. **Conforme al artículo 12 de la LO 3/2007, cualquier persona podrá recabar de los tribunales la tutela del derecho a la igualdad entre mujeres y hombres, de acuerdo con lo establecido en el artículo 53.2 de la Constitución**:

a) Siempre que la relación en la que supuestamente se produce la discriminación se encuentre vigente.
b) Incluso tras la terminación de la relación en la que supuestamente se ha producido la discriminación.
c) Siempre que se haya dado por terminada la relación en la que supuestamente se produce la discriminación.
d) A menos que se haya procedido a la suspensión de la relación en la que supuestamente se produce la discriminación.

27. La capacidad y la legitimación para intervenir en los procesos civiles, sociales y contencioso-administrativos que versen sobre la defensa del derecho de igualdad entre mujeres y hombres, corresponden a:

a) La persona acosada, únicamente.
b) Cualquier ciudadano.
c) Las personas físicas y jurídicas con interés legítimo.
d) Cualquier persona jurídica.

28. La persona acosada será la única legitimada en los litigios:

a) Sobre discriminación directa.
b) Sobre acoso sexual y acoso por razón de sexo.
c) Sobre acoso sexual únicamente.
d) Únicamente sobre acoso por razón de sexo.

29. La carga de la prueba consistente en que el demandado tenga que probar que no ha practicado discriminación, no se exige en la:

a) Jurisdicción penal.
b) Jurisdicción civil.
c) Jurisdicción contencioso-administrativa.
d) Jurisdicción social.

30. De acuerdo con las leyes procesales, en aquellos procedimientos en los que las alegaciones de la parte actora se fundamenten en actuaciones discriminatorias, por razón de sexo, corresponderá a la persona demandada probar la ausencia de discriminación en las medidas adoptadas y su proporcionalidad. A tales efectos, el órgano judicial:

a) A instancia de parte, podrá recabar, si lo estimase útil y pertinente, informe o dictamen de los organismos públicos competentes.
b) Deberá recabar informe o dictamen de los organismos públicos competentes.
c) De oficio, podrá recabar, si lo estimase útil y pertinente, informe o dictamen de los organismos públicos competentes.
d) De oficio o a instancia de parte, podrá recabar, si lo estimase útil y pertinente, informe o dictamen de los organismos públicos competentes.

31. La Ley 9/2003, de 2 de abril, en las actuaciones públicas o los comportamientos privados:

a) No prohíbe de manera general que se establezcan diferencias entre mujeres y hombres si hay justificación para ello, en la forma que determine la norma aplicable.
b) Establece la prohibición de establecer cualquier diferencia entre mujeres y hombres.

c) Permite, con carácter general, establecer diferencias entre mujeres y hombres.

d) No prohíbe de manera general que se establezcan diferencias entre mujeres y hombres si hay justificación objetiva, racional y razonable para ello.

32. **La Ley 9/2003, en cuanto a la igualdad entre mujeres y hombres en la promoción interna de la función pública valenciana, en las Administraciones Públicas valencianas recoge que**:

a) Se establecerán planes anuales.
b) Podrán establecerse planes plurianuales.
c) Se establecerán planes bianuales.
d) Se establecerán planes plurianuales.

33. **Según la ley 9/2003, en cuanto a los medios para establecer diferencias de trato entre hombres y mujeres, no se exige que sean**:

a) Proporcionados con el fin que se persigue.
b) Independientes del fin que se persigue.
c) Congruentes con el fin que se persigue.
d) Adecuados con el fin que se persigue.

34. **En la Ley 9/2003, de 2 de abril se determinan respecto al principio de igualdad de mujeres y hombres**:

a) Todas las acciones que deben ser implementadas a tal fin.
b) Todas las acciones obligatorias que deben, con carácter básico o no, cumplirse e implementarse a tal fin.
c) Las acciones básicas que deben ser implementadas a tal fin.
d) Las acciones básicas que deben ser implementadas a tal fin y su desarrollo.

35. **La Ley 9/2003, de 2 de abril entró en vigor**:

a) El mismo día de su publicación en el Diari Oficial de la Comunitat Valenciana.
b) A los seis meses de su publicación en el Diari Oficial de la Comunitat Valenciana.
c) Al día siguiente de su publicación en el BOE.
d) Al día siguiente de su publicación en el Diari Oficial de la Comunitat Valenciana.

36. **La Ley 9/2003, de 2 de abril**:

a) Como todas las leyes de la Generalitat fue publicada en el BOE.
b) Fue publicada en el BOE, aunque no era preceptiva dicha publicación.
c) No fue publicada en el BOE.
d) Fue publicada en el BOE como es perceptivo con todas las normas jurídicas que dicte la Generalitat y sus organismos de gobierno.

37. ¿De cuántos Títulos consta la Ley 9/2003, de 2 de abril?

a) De cuatro.
b) De cinco.
c) De tres.
d) De seis.

38. ¿Cuántos artículos contiene la Ley 9/2003, de 2 de abril?

a) De 56.
b) De 51.
c) De 62.
d) De 58.

39. Según el artículo 51 de la Ley 9/2003, la Defensoría de la Igualdad de Género será desempeñada por:

a) El Observatorio de Género.
b) El titular de la Conselleria competente en materia de igualdad.
c) El Síndic de Greuges.
d) El Consejo Valenciano de las Mujeres.

40. El Título III de la Ley 9/2003, de 2 de abril, es el dedicado a:

a) Igualdad y Administración Pública.
b) Igualdad de oportunidades en el marco de la sociedad de la información.
c) Instituciones de Protección del Derecho a la Igualdad de Mujeres y Hombres.
d) Actuación administrativa.

41. El código de conducta contra el acoso sexual que debe incorporar la Administración autonómica al Régimen de la Función Pública Valenciana recogerá:

a) La Resolución de la Comisión de las Comunidades Europeas de 10 de octubre de 2012.
b) La Recomendación de la Comisión de las Comunidades Europeas, de 22 de septiembre de 1999.
c) La Resolución de la Comisión de las Comunidades Europeas, de 2 de diciembre de 1992.
d) La Recomendación de la Comisión de las Comunidades Europeas, de 27 de noviembre de 1991.

42. La aplicación de la Ley Orgánica 1/2004, de 28 de diciembre:

a) No supone la existencia necesariamente de convivencia entre la víctima y el agresor.
b) Supone que en algún momento anterior haya existido convivencia entre la víctima y el agresor.

c) Supone la convivencia, al menos en el momento del hecho, entre la víctima y el agresor.

d) Supone siempre la inexistencia de convivencia entre la víctima y el agresor.

43. Las medidas de protección integral de la Ley Orgánica 1/2004, de 28 de diciembre:

a) No tienen finalidad sancionadora.

b) Su finalidad es esencialmente reparadora.

c) Tienen finalidad previsora y sancionadora.

d) Tienen finalidad prioritariamente sancionadora.

44. Conforme al artículo 2 de la LO 1/2004, un principio rector de esta ley es consagrar los derechos de las mujeres víctimas de violencia de género exigibles ante las Administraciones Públicas, y así asegurar un acceso a los servicios establecidos al efecto, rápido, transparente y:

a) Eficaz.

b) Duradero.

c) Seguro.

d) Económico.

45. La Ley que define las políticas públicas que garantizarán los derechos de las personas LGTBI y remueve los obstáculos que les impiden ejercer plenamente su ciudadanía, es la:

a) Ley 4/2023, de 22 de marzo.

b) Ley 3/2023, de 28 de febrero.

c) Ley 8/2021, de 2 de junio.

d) Ley 4/2023, de 28 de febrero.

Solución al test n.º 10

1. c) Artículo 14.

2. b) El artículo 14.

3. a) Promover, remover y facilitar.

4. c) La Ley Orgánica 3/2007, de 22 de marzo.

5. d) Título Preliminar.

6. b) Igualdad de trato y de oportunidades entre mujeres y hombres.

7. a) A toda persona, física o jurídica, que se encuentre o actúe en territorio español, cualquiera que fuese su nacionalidad, domicilio o residencia.

8. d) Lo previsto en el artículo 71.2, referente a costes relacionados con el embarazo y el parto en contratos de seguros o servicios financieros.

9. b) La tendencia sexual.

10. c) Es un principio informador del ordenamiento jurídico.

11. b) Se garantizará incluso en el acceso al trabajo por cuenta propia.

12. a) Discriminación directa.

13. d) No, si debido a la naturaleza de las actividades profesionales concretas o al contexto en el que se lleven a cabo, dicha característica constituye un requisito profesional esencial y determinante, siempre y cuando el objetivo sea legítimo y el requisito proporcionado.

14. c) No se considera discriminación indirecta si dicha disposición, criterio o práctica pueden justificarse objetivamente en atención a una finalidad legítima y los medios para alcanzar dicha finalidad son necesarios y adecuados.

15. d) En cualquier caso se considera discriminatoria, sea directa o indirecta.

16. b) En particular, cuando crean un entorno intimidatorio, degradante u ofensivo.

17. d) Cualquier comportamiento, verbal o físico, de naturaleza sexual que tenga el propósito o produzca el efecto de atentar contra la dignidad de una persona, en particular cuando se crea un entorno intimidatorio, degradante u ofensivo.

18. c) Discriminación directa por razón de sexo.

19. c) Acoso por razón de sexo.

20. a) Acto de discriminación por razón de sexo.

21. b) Discriminación por razón de sexo.

22. b) Disuasivas.

23. d) Disuasorio.

24. b) Nulos y sin efecto.

25. d) Proporcionadas.

26. b) Incluso tras la terminación de la relación en la que supuestamente se ha producido la discriminación.

27. c) Las personas físicas y jurídicas con interés legítimo.

28. b) Sobre acoso sexual y acoso por razón de sexo.

29. a) Jurisdicción penal.

30. a) A instancia de parte, podrá recabar, si lo estimase útil y pertinente, informe o dictamen de los organismos públicos competentes.

31. d) No prohíbe de manera general que se establezcan diferencias entre mujeres y hombres si hay justificación objetiva, racional y razonable para ello.

32. d) Se establecerán planes plurianuales.

33. b) Independientes del fin que se persigue.

34. c) Las acciones básicas que deben ser implementadas a tal fin.

35. d) Al día siguiente de su publicación en el Diari Oficial de la Comunitat Valenciana.

36. a) Como todas las leyes de la Generalitat fue publicada en el BOE.

37. a) De cuatro.

38. b) De 51.

39. c) El Síndic de Greuges.

40. a) Igualdad y Administración Pública.

41. d) La Recomendación de la Comisión de las Comunidades Europeas, de 27 de noviembre de 1991.

42. a) No supone la existencia necesariamente de convivencia entre la víctima y el agresor.

43. c) Tienen finalidad previsora y sancionadora.

44. a) Eficaz.

45. d) Ley 4/2023, de 28 de febrero.

Test
Parte Especial

Condiciones higiénico-sanitarias. Manipulador de alimentos. Normativa actual vigente al respecto. Reglamentación técnico-sanitaria actual de aplicación en comedores colectivos

1. ¿Qué requisito deben cumplir las cámaras de congelación en las cocinas centrales?

a) Garantizar un rango de temperatura entre 0 ºC y -25 ºC.
b) Mantener siempre una temperatura de -18 ºC sin variaciones.
c) Contar con un sistema de climatización para temperaturas superiores a 25 ºC.
d) Tener acceso restringido únicamente al personal de mantenimiento.

2. ¿Qué Real Decreto deroga al Real Decreto 3484/2000 sobre normas de higiene para la elaboración, distribución y comercio de comidas preparadas?

a) Real Decreto 1086/2020.
b) Real Decreto 1021/2022.
c) Real Decreto 852/2004.
d) Real Decreto 1420/2006.

3. Según el Reglamento 852/2004, ¿cuál es la temperatura máxima permitida para la conservación de alimentos congelados?

a) -12 °C.
b) -15 °C.
c) -18 °C.
d) -25 °C.

4. ¿Cuál es el principal riesgo de la contaminación cruzada en las cocinas de colectividades?

a) Transferencia de microorganismos patógenos de un alimento a otro.
b) Aumento del desperdicio de alimentos.

c) Disminución de la vida útil de los productos envasados.

d) Reducción del valor nutricional de los alimentos.

5. ¿Qué se considera un establecimiento de comercio al por menor según el Real Decreto 1021/2022?

a) Un establecimiento que vende productos exclusivamente envasados.

b) Un lugar donde se manipulan, preparan, elaboran o transforman alimentos para su entrega al consumidor final o a colectividades.

c) Un establecimiento que solo almacena productos sin manipularlos.

d) Una explotación agrícola que vende productos primarios directamente al consumidor.

6. Según el Real Decreto 1021/2022, En qué condiciones se pueden vender productos alimenticios con defectos en establecimientos de comercio al por menor?

a) Solo si tienen defectos en la forma o tamaño, sin afectar su seguridad.

b) Siempre que el vendedor lo considere oportuno, sin necesidad de informar al consumidor.

c) Únicamente si tienen defectos en el etiquetado o en el envasado, incluidos los envases abombados de conservas.

d) No está permitido vender productos con defectos bajo ninguna circunstancia.

7. ¿Cuál de los siguientes factores justifica la actualización normativa en higiene y seguridad alimentaria según el Real Decreto 1086/2020?

a) La experiencia adquirida con el tiempo.

b) Los avances científicos en tecnología alimentaria.

c) La demanda cambiante de la sociedad.

d) Todas las respuestas son correctas.

8. ¿Cuál de los siguientes principios es considerado fundamental en el Reglamento (CE) Nº 852/2004 sobre la higiene de los productos alimenticios?

a) La cadena de frío solo es importante en los productos frescos.

b) Los operadores de empresa alimentaria no tienen responsabilidad directa sobre la seguridad alimentaria.

c) La aplicación del sistema APPCC refuerza la seguridad alimentaria en las empresas del sector.

d) No es necesario establecer criterios microbiológicos en la evaluación de riesgos.

9. ¿Cuál es la definición de "higiene alimentaria" según el Reglamento 852/2004?

a) Solo se refiere a la limpieza de los alimentos antes de su consumo.

b) Incluye las condiciones y medidas necesarias para garantizar la seguridad de los alimentos durante toda la cadena de producción y distribución.

c) Es el conjunto de normas que regulan exclusivamente el almacenamiento de los alimentos.

d) Hace referencia únicamente a la desinfección de utensilios y superficies en contacto con los alimentos.

10. ¿Cuál de las siguientes afirmaciones sobre la gestión de desperdicios de productos alimenticios es correcta?

a) Los desperdicios pueden acumularse en las salas de trabajo hasta el final de la jornada laboral.

b) Los contenedores de desperdicios deben estar provistos de cierre y ser de fácil limpieza y desinfección.

c) No es necesario mantener limpios los depósitos de desperdicios si se eliminan diariamente.

d) La eliminación de desperdicios no debe considerar su impacto ambiental

11. ¿Cuál de las siguientes afirmaciones sobre la higiene del personal en zonas de manipulación de alimentos es correcta?

a) Solo es obligatorio el uso de vestimenta protectora en establecimientos de hostelería.

b) Los trabajadores con heridas infectadas pueden manipular alimentos si usan guantes.

c) Las personas con enfermedades transmisibles deben informar al operador de empresa alimentaria.

d) La higiene personal del manipulador no influye en la seguridad alimentaria.

12. ¿Cuál es uno de los objetivos principales del Plan Nacional de Control Oficial de la Cadena Alimentaria?

a) Regular exclusivamente la sanidad vegetal.

b) Garantizar un nivel elevado de seguridad alimentaria y protección de la salud humana.

c) Limitar el acceso a los mercados internacionales.

d) Sustituir las inspecciones en los establecimientos por autocontroles.

13. ¿Cuál de las siguientes normas de higiene debe cumplir un manipulador de alimentos?

a) Usar guantes y mascarilla en el proceso de manipulación de alimentos listos para el consumo.

b) Llevar joyas y relojes siempre que estén bien ajustados a la muñeca.

c) No es necesario lavarse las manos si se utilizan guantes.

d) Solo se debe llevar cubrecabezas en caso de tener el pelo largo.

14. ¿Cuál es el objetivo principal del Plan de limpieza y desinfección (L+D) en una empresa alimentaria?

a) Minimizar los costos de limpieza en la empresa.

b) Evitar cualquier posibilidad de contaminación en locales, equipos y útiles.

c) Reducir el tiempo de producción mediante la eliminación de la limpieza diaria.

d) Utilizar productos químicos sin necesidad de evaluación del riesgo sanitario.

15. ¿Qué medida de higiene debe tomarse en caso de tener un corte o herida en la zona de manipulación de alimentos?

a) Lavar la herida únicamente con agua y jabón antes de continuar trabajando.

b) Cubrir la herida con un apósito adecuado que impida el contacto con los alimentos o utensilios utilizados.

c) Utilizar guantes sin necesidad de cubrir la herida previamente.

d) No es necesario tomar ninguna medida si la herida es pequeña.

16. ¿Qué requisito deben cumplir los locales destinados a la producción de alimentos según el Reglamento 852/2004?

a) Deben tener una disposición y diseño que permita su limpieza y desinfección.

b) Pueden compartir espacio con almacenes de productos químicos de limpieza.

c) No es necesario disponer de ventilación si el local tiene acceso al exterior.

d) Los inodoros pueden estar dentro de las salas de manipulación de alimentos si están correctamente ventilados.

17. ¿Qué características deben cumplir los suelos y paredes de las salas donde se preparan alimentos?

a) Deben ser de materiales impermeables, no absorbentes, lavables y no tóxicos.

b) Pueden tener superficies rugosas si se limpian con frecuencia.

c) No es necesario que tengan sistemas de desagüe si se realiza una limpieza diaria.

d) Pueden ser de cualquier material siempre que sean resistentes a golpes y arañazos.

18. ¿Por qué es importante la formación continuada de los manipuladores de alimentos?

a) Porque permite mejorar los hábitos de higiene y aplicar prácticas correctas.

b) Solo es necesaria al inicio de la actividad laboral.

c) Se centra exclusivamente en el aprendizaje de nuevas recetas y técnicas culinarias.

d) Solo se imparte cuando hay cambios en la normativa, sin necesidad de actualizar conocimientos regularmente.

19. ¿Qué se considera una infracción en materia de seguridad alimentaria según la Ley 17/2011?

a) La falta de colaboración con las autoridades competentes.

b) El uso de ingredientes naturales en la elaboración de productos.

c) La correcta aplicación de los sistemas de autocontrol en seguridad alimentaria.

d) La exportación de productos con todas las certificaciones sanitarias.

20. Todo manipulador de alimentos debe respetar las siguientes normas de higiene:

a) Lavado de manos con agua caliente y jabón.

b) Fumar, toser o estornudar sobre el alimento.

c) Usar mascarilla exclusivamente para la manipulación de productos que se consumirán en crudo.

d) Todas son correctas.

21. ¿Qué hará el manipulador de alimentos si está afectado por un proceso diarreico?

a) No presentarse a trabajar.

b) No realizará ningún tipo de trabajo de manipulación, independientemente de la gravedad de la infección.

c) Informará con la finalidad de que se valore la necesidad de someterse a examen médico, y, en caso necesario, su exclusión temporal de la manipulación de productos alimenticios.

d) Continuará con su tarea normal, ya que no influye en su trabajo.

22. ¿Quién impartirá la formación a los manipuladores de alimentos?

a) La propia empresa o una entidad autorizada por la autoridad sanitar a competente.

b) La propia empresa siempre.

c) La autoridad competente.

d) Una empresa auditora.

23. Garantizarán que los manipuladores de alimentos dispongan de una formación adecuada en higiene de los alimentos de acuerdo con su actividad laboral:

a) Las empresas del sector alimentario.

b) La Comunidad Autónoma respectiva.

c) La autoridad sanitaria competente.

d) Las opciones a) y b) son correctas.

24. Las personas que, por su actividad laboral, tienen contacto directo con los alimentos durante su preparación, fabricación, transformación, elaboración, envasado, almacenamiento, transporte, distribución, venta, suministro y servicio, son llamadas:

a) Manipuladores alimentarios.

b) Manipuladores de alimentos.

c) Manejadores de alimentos.

d) Manejadores alimentarios.

25. Señala cuál de las siguientes actividades puede realizar el manipulador de alimentos durante el ejercicio de la actividad:

a) Fumar.

b) Masticar chicle.

c) Comer en el puesto de trabajo.

d) Ninguna de las opciones anteriores es correcta.

26. ¿Cuál es la definición correcta de Higiene Alimentaria, según la Organización Mundial de la Salud?

a) El conjunto de medidas necesarias para asegurar la salubridad de un producto.
b) El conjunto de medidas necesarias para asegurar la inocuidad de un producto.
c) El conjunto de medidas necesarias para asegurar el buen estado de los productos.
d) El conjunto de medidas necesarias para asegurar la salubridad, inocuidad y buen es-tado de los productos destinados a la alimentación, en todas las etapas de su preparación.

27. ¿En qué etapa del proceso hay riesgo de contaminación del alimento?

a) En la cocción.
b) En el envasado.
c) En la preparación en crudo.
d) En todas las etapas.

28. ¿Qué se entiende por productos primarios?

a) Los productos de producción primaria, incluidos los de la tierra, ganadería, caza y pesca.
b) Los productos de producción agrícola exclusivamente.
c) Todos los productos de elaboración básica.
d) Los productos precocinados.

29. Para garantizar la protección de los productos primarios contra focos de con-taminación, ¿qué medida/s higiénica/s tendrá en cuenta la empresa alimentaria?

a) Mantendrán limpias las instalaciones, equipos, contenedores y vehículos.
b) Evitarán la contaminación por plagas u otros animales, residuos y sustancias peligrosas.
c) Vigilarán el buen estado de salud de los manipuladores, y se asegurarán de que reciben la formación necesaria sobre riesgos sanitarios.
d) Todas las respuestas son correctas.

30. ¿Qué requisitos exige el Reglamento 852/2004 del Parlamento Europeo, para los locales destinados a los productos alimenticios?

a) Habrá ventilación artificial para evitar tener que hacer control de temperatura.
b) Se evitarán las corrientes de aire desde zonas contaminadas a zonas limpias.
c) Dispondrán siempre de buena iluminación natural.
d) Todas las respuestas son correctas.

31. ¿Qué características tendrán las superficies donde se manipulen alimentos?

a) Serán de materiales porosos con fácil absorción.
b) Las superficies serán rugosas para evitar el deslizamiento de los materiales durante la manipulación.

c) Serán de materiales lisos, lavables, resistentes a la corrosión y no tóxicos.

d) No hay requisitos sobre las características de los materiales que entren en contacto con los alimentos, tan solo se deberán mantener limpios.

32. Los contenedores utilizados para transporte de productos alimenticios, ¿podrán transportar algo que no sean productos alimenticios?

a) No, nunca.

b) Sí, siempre que exista una separación efectiva de los productos para evitar contaminación.

c) Sí. No tienen por qué ser exclusivos para productos alimenticios.

d) Cada producto debe ir obligatoriamente en un contenedor, aunque podrá ser transportado en el mismo vehículo.

33. El Reglamento 852/2004 establece las disposiciones aplicables a los productos alimenticios. Indique cuál de las siguientes es falsa:

a) Las materias primas e ingredientes se almacenarán en condiciones adecuadas, que permitan evitar su deterioro y protegerlos de la contaminación.

b) Las materias primas o productos no deberán conservarse a temperaturas que puedan dar lugar a riesgos para la salud.

c) Cuando un operador de empresa alimentaria prevea razonablemente que una materia prima pueda estar contaminada, la someterá a cocción prolongada para eliminar los microorganismos.

d) La descongelación se hará de modo que se reduzca al mínimo el riesgo de multiplicación de microorganismos patógenos o la formación de toxinas.

34. ¿Qué objetivos tiene la formación de los manipuladores de alimentos?

a) Actualizar los cambios normativos y tecnológicos.

b) Mejorar los hábitos de los manipuladores y promover las prácticas correctas.

c) Responder a las exigencias de la normativa vigente.

d) Todas las respuestas son correctas.

35. Según el Reglamento (CE) 852/2004 del Parlamento Europeo y del Consejo, de 29 de abril, los operadores de empresa alimentaria deberán garantizar:

a) La supervisión, instrucción y formación de los manipuladores de alimentos en cuestiones de higiene alimentaria.

b) La vigencia de la normativa en materia de higiene alimentaria.

c) La formación de los inspectores de la autoridad competente en materia de higiene alimentaria.

d) Todas las respuestas son falsas.

36. ¿Qué obligación tiene la empresa alimentaria con la autoridad competente?

a) Deberá cooperar y notificar todos los establecimientos que estén bajo su control con el fin de proceder a su registro.

b) Enviará informe diario pormenorizado sobre la actividad de la empresa.

c) Registrará la contabilidad mensual.

d) La normativa vigente no establece obligaciones con la autoridad competente.

37. ¿Qué finalidad tiene el Catálogo Nacional de Cualificaciones Profesionales?

a) Establecer la norma que regula cada una de las profesiones.

b) Definir los contenidos de las diferentes titulaciones universitarias.

c) Ordena las cualificaciones profesionales susceptibles de reconocimiento y acreditación, identificadas en el sistema productivo en función de las competencias apropiadas para el ejercicio profesional.

d) Dividir las profesiones en grupos familiares y módulos en función de los niveles salariales.

Solución al test n.º 1

1. a) Garantizar un rango de temperatura entre 0 ºC y -25 ºC.

2. b) Real Decreto 1021/2022.

3. c) -18 °C.

4. a) Transferencia de microorganismos patógenos de un alimento a otro.

5. b) Un lugar donde se manipulan, preparan, elaboran o transforman alimentos para su entrega al consumidor final o a colectividades.

6. a) Solo si tienen defectos en la forma o tamaño, sin afectar su seguridad.

7. d) Todas las respuestas son correctas.

8. c) La aplicación del sistema APPCC refuerza la seguridad alimentaria en las empresas del sector.

9. b) Incluye las condiciones y medidas necesarias para garantizar la seguridad de los alimentos durante toda la cadena de producción y distribución.

10. b) Los contenedores de desperdicios deben estar provistos de cierre y ser de fácil limpieza y desinfección.

11. c) Las personas con enfermedades transmisibles deben informar al operador de empresa alimentaria.

12. b) Garantizar un nivel elevado de seguridad alimentaria y protección de la salud humana.

13. a) Usar guantes y mascarilla en el proceso de manipulación de alimentos listos para el consumo.

14. b) Evitar cualquier posibilidad de contaminación en locales, equipos y útiles.

15. b) Cubrir la herida con un apósito adecuado que impida el contacto con los alimentos o utensilios utilizados.

16. a) Deben tener una disposición y diseño que permita su limpieza y desinfección.

17. a) Deben ser de materiales impermeables, no absorbentes, lavables y no tóxicos.

18. a) Porque permite mejorar los hábitos de higiene y aplicar prácticas correctas.

19. a) La falta de colaboración con las autoridades competentes.

20. a) Lavado de manos con agua caliente y jabón.

21. c) Informará con la finalidad de que se valore la necesidad de someterse a examen médico, y, en caso necesario, su exclusión temporal de la manipulación de productos alimenticios.

22. a) La propia empresa o una entidad autorizada por la autoridad sanitaria competente.

23. a) Las empresas del sector alimentario.

24. b) Manipuladores de alimentos.

25. d) Ninguna de las opciones anteriores es correcta.

26. d) El conjunto de medidas necesarias para asegurar la salubridad, inocuidad y buen estado de los productos destinados a la alimentación, en todas las etapas de su preparación.

27. d) En todas las etapas.

28. a) Los productos de producción primaria, incluidos los de la tierra, ganadería, caza y pesca.

29. d) Todas las respuestas son correctas.

30. b) Se evitarán las corrientes de aire desde zonas contaminadas a zonas limpias.

31. c) Serán de materiales lisos, lavables, resistentes a la corrosión y no tóxicos.

32. b) Si, siempre que exista una separación efectiva de los productos para evitar contaminación.

33. c) Cuando un operador de empresa alimentaria prevea razonablemente que una materia prima pueda estar contaminada, la someterá a cocción prolongada para eliminar los microorganismos.

34. d) Todas las respuestas son correctas.

35. a) La supervisión, instrucción y formación de los manipuladores de alimentos en cuestiones de higiene alimentaria.

36. a) Deberá cooperar y notificar todos los establecimientos que estén bajo su control con el fin de proceder a su registro.

37. c) Ordena las cualificaciones profesionales susceptibles de reconocimiento y acreditación, identificadas en el sistema productivo en función de las competencias apropiadas para el ejercicio profesional.

La Ley 31/1995, de 8 de noviembre, de Prevención de Riesgos Laborales: Objeto, ámbito de aplicación y definiciones. Derechos y obligaciones en el área de cocina

1. ¿Qué se entiende por "riesgo laboral"?

a) La posibilidad de que un trabajador sufra un determinado daño derivado del trabajo.
b) La posibilidad de que un trabajador sufra una enfermedad en el trabajo.
c) La posibilidad de que un trabajador sufra acoso.
d) El riesgo que supone el ir a trabajar.

2. Indica cuál es la definición de prevención:

a) La probabilidad racional de que un riesgo se materialice de forma inminente.
b) El estudio de los procesos potencialmente peligrosos para el trabajo.
c) Conjunto de actividades o medidas adoptadas o previstas en todas las fases de actividad de la empresa con el fin de evitar o disminuir los riesgos derivados del trabajo.
d) Posibilidad de que un trabajador sufra un determinado daño derivado del trabajo.

3. Según establece el art. 4 de la Ley 31/1995, de 8 de noviembre, de Prevención de Riesgos Laborales, se define como daños derivados del trabajo:

a) La posibilidad de que un trabajador sufra un determinado daño derivado del trabajo.
b) El que resulte probable racionalmente que se materialice en un futuro inmediato y pueda suponer y pueda suponer un daño grave para la salud de los trabajadores.
c) Las enfermedades, patologías o lesiones sufridas con motivo u ocasión del trabajo.
d) Cualquier máquina, aparato, instrumento o instalación utilizada en el trabajo.

4. El objeto y carácter de la norma de la Ley 31/95 de Prevención de Riesgos Laborales dice:

a) La presente Ley tiene por objeto promover la salud de los trabajadores mediante la aplicación de medidas y el desarrollo de las actividades necesarias para la prevención de riesgos derivados del trabajo.
b) La presente Ley tiene por objeto promover la seguridad y la salud de los trabajadores mediante la aplicación de medidas y el desarrollo de las actividades necesarias para la prevención de riesgos derivados del trabajo.

c) La presente Ley tiene por objeto promover la seguridad de los trabajadores mediante la aplicación de medidas y el desarrollo de las actividades necesarias para la prevención de riesgos derivados del trabajo.

d) La presente Ley tiene por objeto promover la seguridad, la salud de los trabajadores y la negociación entre empresa y delegados de prevención, mediante la aplicación de medidas y el desarrollo de las actividades necesarias para la prevención de riesgos derivados del trabajo.

5. Cualquier característica del trabajo que pueda tener una influencia significativa en la generación de riesgos para la seguridad y la salud del trabajador, es:

a) Una condición de trabajo.
b) Un factor de riesgo.
c) Un proceso potencialmente peligroso.
d) Una zona peligrosa.

6. Toda lesión corporal que el trabajador sufra con ocasión del trabajo que ejerza por cuenta ajena:

a) Es un riesgo laboral.
b) Es un accidente.
c) Es una enfermedad profesional.
d) Es una simple circunstancia.

7. Señala la respuesta incorrecta:

a) La Ley de Prevención de Riesgos Laborales se aplica a los operativos de Seguridad civil en casos de catástrofe.
b) La Ley de Prevención de Riesgos Laborales se aplica a las sociedades cooperativas.
c) En el ámbito de la relación laboral de carácter especial del servicio del hogar familiar, las personas trabajadoras tienen derecho a una protección eficaz en materia de seguridad y salud en el trabajo.
d) En los establecimientos penitenciarios, se adaptarán a la Ley de Prevención de Riesgos Laborales aquellas actividades cuyas características justifiquen una regulación especial.

8. Para calificar un riesgo desde el punto de vista de su gravedad, se valorarán conjuntamente la severidad del daño y:

a) La probabilidad de que se produzca.
b) La cantidad de trabajadores de la empresa.
c) La existencia o no de equipos individuales de protección.
d) Las condiciones de trabajo.

9. ¿Quién debe garantizar a los trabajadores la vigilancia periódica de su estado de salud en función de los riesgos inherentes al trabajo?

a) La Inspección de Trabajo.
b) El propio trabajador.
c) El empresario.
d) Las secciones sindicales.

10. El derecho básico reconocido a los trabajadores por la Ley 31/1995, de 8 de noviembre, es:

a) La vigilancia de su estado de salud.
b) Una protección eficaz en materia de seguridad y salud en el trabajo.
c) La formación en materia preventiva.
d) La información, consulta y participación.

11. Entre los principios de la acción preventiva recogidos por el artículo 15 de la Ley de Prevención de Riesgos Laborales, no figura:

a) Evitar los riesgos.
b) Evaluar los riesgos que se puedan evitar.
c) Tener en cuenta la evolución de la técnica.
d) Dar las debidas instrucciones a los trabajadores.

12. En el marco de sus responsabilidades, el empresario realizará la prevención de los riesgos laborales mediante la integración en la empresa de:

a) Los equipos de protección individual.
b) Los Servicios de Prevención propios.
c) La actividad preventiva.
d) La normativa comunitaria.

13. Es un instrumento esencial para la gestión y aplicación del Plan de prevención de riesgos laborales:

a) La jerarquización de la estructura preventiva.
b) La elección de los equipos de trabajo.
c) La evaluación de riesgos.
d) La vigilancia de la salud.

14. La prevención de riesgos laborales deberá integrarse en el sistema general de gestión de la empresa a través de:

a) La política preventiva.
b) El plan de prevención.

c) El consenso de las partes.

d) El poder de decisión del empresario.

15. Podrán realizar el plan de prevención de riesgos laborales, la evaluación de riesgos y la planificación de la actividad preventiva de forma simplificada, en atención a la naturaleza y peligrosidad de las actividades realizadas, empresas cuyo número de trabajadores no exceda de:

a) 30.

b) 50.

c) 80.

d) 100

16. ¿Qué regula la Ley 31/1995 de Prevención de Riesgos Laborales?

a) Únicamente las sanciones por incumplimiento de normas de seguridad en el trabajo.

b) Las actuaciones de las Administraciones Públicas, empresarios, trabajadores y sus organizaciones en materia de prevención de riesgos laborales.

c) Exclusivamente los derechos de los trabajadores en materia de seguridad laboral.

d) Solo las obligaciones de los empresarios en cuanto a condiciones de trabajo.

17. Según la Disposición adicional 18ª de la Ley 31/1995, ¿qué derecho tienen las personas trabajadoras del hogar familiar en materia de seguridad y salud laboral?

a) Únicamente la obligación de seguir las normas de seguridad del empleador.

b) Derecho a una protección eficaz, especialmente en la prevención de la violencia contra las mujeres.

c) La posibilidad de acceder a equipos de protección si el empleador lo considera necesario.

d) Exención de las normativas de prevención de riesgos laborales por tratarse de un ámbito privado.

18. Según la normativa de prevención de riesgos laborales, ¿cuándo se considera que existe un riesgo laboral grave e inminente?

a) Cuando un trabajador sufre una lesión leve durante su jornada laboral.

b) Cuando existe una alta probabilidad de que el riesgo se materialice en un futuro inmediato y cause daños graves a la salud.

c) Cuando un equipo de trabajo presenta un fallo técnico sin afectar a la seguridad de los trabajadores.

d) Cuando un trabajador se expone a condiciones de trabajo incómodas, pero sin peligro para su salud.

19. ¿Qué se considera un equipo de protección individual (EPI) según la normativa de seguridad laboral?

a) Cualquier equipo destinado a ser llevado o sujetado por el trabajador para proteger su seguridad y salud en el trabajo.

b) Cualquier equipo de trabajo utilizado para manipular cargas de forma manual.

c) Un conjunto de señales luminosas o acústicas que indican riesgos en el entorno laboral.

d) Únicamente los cascos y guantes utilizados en trabajos de alto riesgo.

20. Según el artículo 29 de la Ley 31/1995, ¿qué obligación tienen los trabajadores en materia de prevención de riesgos laborales?

a) Velar únicamente por su propia seguridad en el trabajo.

b) Usar correctamente los medios y equipos de protección proporcionados por el empresario.

c) Depender exclusivamente del empresario para garantizar su seguridad.

d) Informar sobre riesgos laborales solo si hay una orden expresa del empresario.

21. Eliminar la suciedad, papeles, derrames, grasas, desperdicios y obstáculos contra los que se pueda tropezar y retirar los objetos innecesarios y utensilios que no se estén utilizando, es una medida preventiva para evitar:

a) Caídas al mismo nivel.

b) Cortes y heridas.

c) Incendios.

d) Todas con correctas.

22. Señala cuál de las siguientes opciones no es una medida preventiva, frente a quemaduras por el contacto con objetos o gases calientes:

a) Comprar máquinas y utensilios seguros que tengan el marcado CE.

b) No llenar los recipientes hasta arriba.

c) Comprobar el termostato de la freidora antes de la introducción de alimentos.

d) Todas son correctas.

23. No es un factor de riesgo de incendio y explosión:

a) Sólidos inflamables (papel, trapos, cajas).

b) Sustancias cáusticas y corrosivas.

c) Líquidos inflamables (disolventes, alcoholes).

d) Presencia de focos de ignición.

24. Es un riesgo ergonómico:

a) Estar en contacto con productos que contienen sustancias químicas peligrosas.

b) Realizar trabajos con manejo de cargas o posturas forzadas.

c) Las situaciones de trabajo que producen estrés.

d) Todos son riesgos ergonómicos.

25. El trabajador debe recibir información, en materia de prevención de riesgos laborales sobre:

a) Los riesgos específicos que afecten a su puesto de trabajo.
b) Las medidas de protección a utilizar.
c) Las medidas de prevención.
d) Todas las respuestas son correctas.

26. ¿Qué derecho tendrá el trabajador en caso de riesgo grave e inminente?

a) A interrumpir su actividad sin abandonar el lugar de trabajo.
b) A interrumpir su actividad y abandonar el lugar de trabajo en caso necesario.
c) A decidir sobre la continuidad de la tarea en ese lugar.
d) No tiene ningún derecho específico en este caso.

27. ¿Cómo se denomina la fuerza del ruido?

a) Tono.
b) Intensidad.
c) Timbre.
d) Volumen.

28. ¿Qué causa de riesgo se asocia caídas a distinto mismo nivel?

a) Calzado inadecuado.
b) Falta de orden y limpieza.
c) Suelos mojados o resbaladizos.
d) Limpieza de escaleras fijas.

29. ¿Cuál es el peso máximo que se recomienda no sobrepasar (en kg), en condiciones ideales de manipulación?

a) 5 kg.
b) 20 kg.
c) 25 kg.
d) 35 kg.

Solución al test n.º 2

1. a) La posibilidad de que un trabajador sufra un determinado daño derivado del trabajo.

2. c) Conjunto de actividades o medidas adoptadas o previstas en todas las fases de actividad de la empresa con el fin de evitar o disminuir los riesgos derivados del trabajo.

3. c) Las enfermedades, patologías o lesiones sufridas con motivo u ocasión del trabajo.

4. b) La presente Ley tiene por objeto promover la seguridad y la salud de los trabajadores mediante la aplicación de medidas y el desarrollo de las actividades necesarias para la prevención de riesgos derivados del trabajo.

5. a) Una condición de trabajo.

6. b) Es un accidente.

7. a) La Ley de Prevención de Riesgos Laborales se aplica a los operativos de Seguridad civil en casos de catástrofe.

8. a) La probabilidad de que se produzca.

9. c) El empresario.

10. b) Una protección eficaz en materia de seguridad y salud en el trabajo.

11. b) Evaluar los riesgos que se puedan evitar.

12. c) La actividad preventiva.

13. c) La evaluación de riesgos.

14. b) El plan de prevención.

15. b) 50.

16. b) Las actuaciones de las Administraciones Públicas, empresarios, trabajadores y sus organizaciones en materia de prevención de riesgos laborales.

17. b) Derecho a una protección eficaz, especialmente en la prevención de la violencia contra las mujeres.

18. b) Cuando existe una alta probabilidad de que el riesgo se materialice en un futuro inmediato y cause daños graves a la salud.

19. a) Cualquier equipo destinado a ser llevado o sujetado por el trabajador para proteger su seguridad y salud en el trabajo.

20. b) Usar correctamente los medios y equipos de protección proporcionados por el empresario.

21. a) Caídas al mismo nivel.

22. d) Todas son correctas.

23. b) Sustancias cáusticas y corrosivas.

24. b) Realizar trabajos con manejo de cargas o posturas forzadas.

25. d) Todas las respuestas son correctas.

26. b) A interrumpir su actividad y abandonar el lugar de trabajo en caso necesario.

27. b) Intensidad.

28. d) Limpieza de escaleras fijas.

29. c) 25 kg.

**Maquinaria empleada en la cocina. Utilización y mantenimiento.
Utensilios para la elaboración de comidas.
Términos culinarios de mayor uso**

1. Las aberturas y ventanas o huecos practicables para la ventilación de los locales de cocina deberán estar dotados de:

a) Sistema de clausura para impedir su manipulación.
b) Cristales opacos para evitar que la luz natural estropee los alimentos.
c) Rejillas de malla adecuadas para evitar el paso de insectos.
d) Rejas homologadas por la ley de prevención de riesgos laborales.

2. En los locales de cocina, las uniones de paramentos verticales y horizontales:

a) Deberán ser redondeados.
b) Deberán estar recubiertos con perfiles metálicos.
c) Deberán estar recubiertos con perfiles de PVC.
d) Se pintarán al menos dos veces al año.

3. Una de las características que deberá tener el suelo de una cocina colectiva es:

a) Deberá estar provisto de desagües con los dispositivos adecuados (sifones, rejillas, etc.).
b) Estará totalmente nivelado y desprovisto de sumideros para evitar los malos olores y el acceso de roedores o insectos.
c) Estará construido con materiales absorbentes que empapen cualquier derrame de líquidos.
d) Estará construido con material deslizante para facilitar su limpieza.

4. ¿Cuál de los siguientes no es una característica de los equipos y otros útiles de trabajo en una cocina?

a) Materiales inocuos.
b) Materiales porosos.
c) Materiales lisos.
d) Materiales fáciles de limpiar.

5. ¿Qué afirmación es falsa sobre la ubicación de las cámaras?

a) Estarán en un lugar protegido de los factores ambientales que pueden influirle.
b) Tendrán termómetro interno y externo con lectura interna.
c) Los higrómetros darán una lectura de forma permanente.
d) Estarán fabricadas en material resistente a los golpes y fácil de limpiar y desinfectar.

6. Los utensilios de cocina listos para su uso, ¿están en un circuito limpio o sucio?

a) Sucio.
b) Limpio.
c) Pueden estar en ambos.
d) No están en ninguno.

7. ¿En qué organización y distribución adecuada de las zonas de trabajo de la unidad de cocina central el avance en la marcha hace un giro de 180° con cambio de sentido?

a) Lineal.
b) Cíclica.
c) En L.
d) En U.

8. Respecto a la ventilación de la cocina hospitalaria centralizada todo será cierto, excepto que:

a) Podrá ser natural.
b) Podrá ser artificial.
c) Tendrá siempre un sistema de renovación de aires.
d) Los flujos de aire irán desde las "zonas sucias" a las "zonas limpias".

9. ¿Cuál de estos utensilios sirve para la elaboración de pescado?

a) Turbotera con rejilla.
b) Lubinera.
c) Besuguera.
d) Todas las anteriores tienen esa utilidad.

10. ¿Qué ventajas tiene el acero inoxidable?

a) Gran resistencia.
b) Fácil limpieza.
c) Buen conductor del calor.
d) Las respuestas a) y b) son correctas.

11. ¿Para qué se utiliza la marmita?

a) Para elaborar asados.
b) Para elaborar fondos.
c) Para cocciones al vacío.
d) Todas las respuestas son correctas.

12. ¿Qué capacidad media tiene un cazo alto con mango?

a) De 2 a 6 litros.
b) De 10 a 15 litros.
c) 50 litros como máximo.
d) Tiene capacidad mínima de 20 litros.

13. ¿Cuál de los siguientes utensilios de cocina se utilizan para asar alimentos?

a) Marmita.
b) Cazo.
c) Rondón.
d) Rustidera.

14. ¿Cuál de los siguientes moldes no es redondo?

a) Pudding.
b) Magdalenas.
c) Brioches.
d) Bizcocho.

15. ¿Qué característica tiene el molde de pan de miga?

a) La masa fermenta dentro.
b) No tiene tapa.
c) Es de plástico.
d) Todas las respuestas son correctas.

16. La *sautese* es utilizada para:

a) Saltear, rehogar y estofar géneros.
b) Confeccionar salsas y cremas.
c) Asar grandes piezas de carne.
d) Presentar pescados.

17. ¿Para qué se utiliza la cazuela de barro?

a) Se utiliza mucho para elaborar asados en horno.
b) Para hacer la sopa castellana.

c) Para hacer marmitako.

d) Todas son correctas.

18. ¿Para qué se utiliza el baño María?

a) Se usa para mantener calientes ciertas elaboraciones.

b) Para asar.

c) Para elaborar salsas, hervidos, purés, cremas.

d) Se utiliza para la cocción de pequeñas cantidades de producto.

19. ¿Para qué se utiliza un tamiz?

a) Para batir.

b) Para homogeneizar el grosor de ciertos alimentos como la harina.

c) Para decorar o rellenar con masa o crema.

d) Para rebañar las mezclas o masas.

20. ¿Qué característica debe cumplir cualquier generador de calor respecto a su ubicación?

a) Dejará espacio alrededor para la difusión de la energía que se pierda.

b) La maquinaria ha de estar debidamente aislada para evitar toda pérdida de energía.

c) Toda maquinaria irá pegada a la pared.

d) Son correctas las respuestas a) y c).

21. ¿Cómo se puede evitar que el gas salga una vez que los fogones están apagados y no hay llama?

a) Solo se garantiza cortando el suministro.

b) Con una válvula de seguridad.

c) Con un generador de frío que compense el calor.

d) No se puede evitar.

22. ¿Qué afirmación es cierta?

a) En la placa de inducción el calor pasa de la resistencia eléctrica al cristal cerámico y de este al recipiente.

b) En las placas vitrocerámicas se utiliza un mecanismo de campo magnético.

c) La placa de inducción permanece fría al retirar el recipiente.

d) El sistema de inducción necesita utensilios no metálicos.

23. ¿Qué función tiene la campana extractora en cocina?

a) Absorber los vapores y gases desprendidos en la cocción.

b) Reducir la temperatura desprendida durante la cocción.

c) Mover el aire interno de la cocina para evitar que se concentren vapores.

d) Emitir aire frío.

24. ¿Qué elementos suelen ser desmontables en las cocinas de gas?

a) Rejilla-soporte de recipientes y placa recogedora de grasa.

b) Quemador y bandeja.

c) Todos los anteriores.

d) Ninguno de los anteriores.

25. ¿Cómo se definen los utensilios de cocina?

a) Herramientas utilizadas para la manipulación de los alimentos.

b) Herramientas utilizada para la elaboración de platos.

c) Elementos utilizados para protegerse de los riesgos derivados del trabajo.

d) Las respuestas a) y b) son correctas.

26. ¿Qué sistema de seguridad tienen las placas de inducción?

a) Solo transmiten calor cuando entran en contacto con el recipiente.

b) Avisan sonoramente cuando se acerca la mano.

c) Marcan la temperatura del alimento que se está calentando.

d) Transmiten de manera continua el calor, y solo se puede regular por el propio trabajador.

27. ¿Qué inconveniente tiene el uso de productos corrosivos en los fogones eléctricos?

a) Pueden producir quemaduras o lesiones.

b) Pueden atacar al mecanismo del equipo.

c) Pueden producir accidentes cuando se conectan.

d) Todas las respuestas anteriores son correctas.

28. ¿Qué equipos se utilizan en cocinas industriales?

a) Generadores de calor.

b) Generadores de frío.

c) Las respuestas a) y b) son correctas.

d) Las respuestas a) y b) son falsas.

29. ¿Cuál de estos procesos no necesitan máquinas generadoras de calor?

a) Elaboración de platos.

b) Mantenimiento de las temperaturas de los alimentos.

c) Cocina en línea caliente.

d) Ninguna respuesta de las anteriores es correcta.

30. ¿En qué caso es útil un generador de frío?

a) Conservación de género perecedero.
b) Conservación de alimentos congelados.
c) Mantenimiento de comidas preparadas.
d) Todas las respuestas son correctas.

31. ¿Qué función tiene el abatidor de temperatura?

a) Aumentar la temperatura.
b) Conservar el alimento.
c) Bajar la temperatura del alimento.
d) Cocer alimentos a presión.

32. ¿Cuál de estos elementos alcanza una temperatura más baja?

a) Cámara de refrigeración.
b) Cámara de congelación.
c) Abatidor de temperatura.
d) Antecámara.

33. ¿Cómo se realiza el control de temperatura en el interior del alimento?

a) Mediante sondas termométricas.
b) Mediante agujas sondas.
c) Midiendo la temperatura exterior con un termómetro y calculando 10 º menos.
d) Son ciertas las respuestas a) y b).

34. ¿Qué son las mesas refrigeradas?

a) Son mesas de trabajo de acero inoxidable y en su parte inferior tiene instalado un sistema frigorífico.
b) Son mesas de trabajo cuya única característica es que están dentro de una cámara frigorífica.
c) Son mesas para mantener calientes las elaboraciones hasta el momento del servicio.
d) Ninguna respuesta es correcta.

35. ¿Cuál de estas características para las cámaras frigoríficas es correcta?

a) Las superficies serán impermeables a las condensaciones y a la humedad, y de fácil limpieza.
b) Las puertas cerrarán con dispositivos herméticos y se abrirán por dentro y por fuera.
c) Todos los accesorios interiores y estantes serán desmontables y fáciles de limpiar.
d) Todas las respuestas son correctas.

36. ¿Cómo se hace el helado?

a) Por batido y enfriamiento.
b) Por congelación y posterior mezcla.
c) Por fusión y batido.
d) Por congelación.

37. ¿Qué es una salamandra?

a) Un horno.
b) Una placa.
c) Una gratinadora.
d) Una tostadora.

38. ¿Qué precaución se ha de tomar en el momento de limpiar una freidora?

a) Que esté desconectada.
b) Que el aceite no esté todavía caliente.
c) Vaciar la cubeta.
d) Todas las respuestas son ciertas.

39. ¿Qué son las bandejas gastronorm?

a) Son recipientes de dimensiones estandarizadas.
b) Son bandejas que se pueden introducir en los carros de regeneración.
c) Ambas respuestas son correctas.
d) Ambas respuestas son falsas.

40. ¿Qué es espalmar?

a) Echar caldo hirviendo sobre pan, con el fin de hacer sopa.
b) Obtener fruta con azúcar cristalizada.
c) Recubrir un molde por el interior.
d) Adelgazar un género mediante golpes suaves.

41. ¿Qué es acanalar?

a) Dar forma de pelota de rugby a los tubérculos.
b) Cortar en dados.
c) Dar forma de cestitas para rellenar.
d) Decorar una verdura tallando su piel en tiras.

42. ¿Cómo se denomina la acción de incorporar leche a una masa o salsa?

a) Aderezar.
b) Ablactar.

c) Enlechar.
d) Albardar.

43. ¿Qué es albardar?

a) Recubrir con una lámina fina de tocino determinadas carnes y aves con poca grasa, para que resulten más jugosas y no se sequen al cocinarlas.
b) Hacer canales o estrías a las naranjas.
c) Aliñar o condimentar.
d) Cortar en rodajas una verdura.

44. ¿Qué es bridar una pieza de carne?

a) Atar con un hilo para que no se deforme durante la cocción.
b) Cortar en filetes finos.
c) Asar al horno de leña.
d) Ninguna respuesta es correcta.

45. ¿Qué es empanar?

a) Recubrir un alimento con harina antes de freírlo.
b) Recubrir un alimento con pan rallado antes de freírlo.
c) Meter un alimento entre dos porciones de pan antes de comerlo.
d) Servir un alimento en el plato.

46. ¿Cómo se denomina la acción de cocinar un género a fuego lento en una pequeña cantidad de materia grasa?

a) Refreír.
b) Rehogar.
c) Gratinar.
d) Empanar.

47. ¿Cómo se denomina la acción de recubrir completamente un preparado con una salsa lo suficientemente espesa?

a) Napar.
b) Salsear.
c) Espesar.
d) Encamisar.

48. ¿Qué es mechar?

a) Cortar la carne asada en filetes muy finos para servir con salsa.
b) Cocer la carne en un utensilio con una mecha de alcohol.

c) Introducir en la carne cruda tiras de panceta, zanahorias, trufas, etc.

d) Cortar las verduras para menestra.

49. Risolar en cocina, se refiere a:

a) Poner en salmuera un género crudo para su conservación.

b) Dorar un género a fuego vivo, con grasa, que resultará totalmente cocinado.

c) Añadir condimentos a un género para darle olor o sabor.

d) Regar un preparado que se está cocinando, con un líquido.

50. Acaramelar es:

a) Sazonar.

b) Dar brillo con jalea (zumo de frutas con azúcar) gelatina o grasa a un preparado.

c) Hacer pequeños surcos en la piel de algunas frutas o verduras con el fin de embellecerlas.

d) Bañar o cubrir con caramelo un preparado.

51. Poner jugo de limón o vinagre al agua para cocinar algunos platos es:

a) Albardar.

b) Acidular.

c) Acaramelar.

d) Sazonar.

52. Culinariamente, emborrachar un alimento significa:

a) Empapar un postre con almíbar, vino o licor.

b) Marearlo en una sartén hasta que esté hecho.

c) Hervirlo en alcohol.

d) Todas las respuestas son correctas.

53. Sumergir en agua hirviendo un género, manteniéndolo poco tiempo, se corresponde con la definición de:

a) Empanar.

b) Emborrachar.

c) Cocer.

d) Escaldar.

54. Una guarnición de tomate picado gruesamente sin piel ni pepitas y rehogado es:

a) Una concasse.

b) Una cocotera.

c) Una chiffonada.

d) Todas son correctas.

55. Glasear es:

a) Coagular por medio de temperaturas de "menos cero" una mezcla de repostería llamada helado.

b) Tostar la superficie de un género en un horno fuerte, salamandra o gratinador.

c) Cubrir un preparado de pastelería con azúcar fondant, mermelada, azúcar glass.

d) Presionar con el rodillo, dándole movimiento de rotación de atrás hacia delante, sobre una pasta, para adelgazarla.

56. ¿Cuál de las siguientes afirmaciones es cierta, en relación con el corte en juliana?

a) No existe dicho corte en los trabajos de cocina.

b) Es un corte en láminas redondas y de gran espesor.

c) Forma de cortar en tiras de 3 a 5 centímetros de largo por 1 a 3 milímetros de grueso.

d) Ninguna de las respuestas es correcta.

57. Macerar significa:

a) Añadir a un preparado un elemento de ligazón para espesarlo. Mezclar diversos ingredientes formando una única masa o género.

b) Espolvorear con azúcar glass, también llamado azúcar lustra, un preparado dulce.

c) Poner a remojar en vino, licor o aguardiente, etc., alimentos muy diversos (frutas, carnes), con el fin de que adquieran parte de su sabor.

d) Poner géneros en compañía de vino, hortalizas y hierbas aromáticas, para ablandarlos aromatizarlos y conservarlos.

58. Dejar envejecer una carne para que se ablande, desde un punto de vista culinario, se denomina:

a) Macerar.

b) Sazonar.

c) Mortificar.

d) Pochar.

59. Rebozar consiste en:

a) Cubrir un género de una ligera capa de harina y otra posteriormente de huevo batido, antes de freírlo.

b) Quitar la cáscara superficial de ciertos alimentos.

c) Desmenuzar un género por medio de la máquina ralladora o rallador manual.

d) Ninguna de las anteriores respuestas es correcta.

Solución al test n.º 3

1. c) Rejillas de malla adecuadas para evitar el paso de insectos.

2. a) Deberán ser redondeados.

3. a) Deberá estar provisto de desagües con los dispositivos adecuados (sifones, rejillas, etc.).

4. b) Materiales porosos.

5. b) Tendrán termómetro interno y externo con lectura interna.

6. b) Limpio.

7. d) En U.

8. d) Los flujos de aire irán desde las "zonas sucias" a las "zonas limpias".

9. d) Todas las anteriores tienen esa utilidad.

10. d) Las respuestas a) y b) son correctas.

11. b) Para elaborar fondos.

12. a) De 2 a 6 litros.

13. d) Rustidera.

14. a) Pudding.

15. a) La masa fermenta dentro.

16. a) Saltear, rehogar y estofar géneros.

17. d) Todas son correctas.

18. a) Se usa para mantener calientes ciertas elaboraciones.

19. b) Para homogeneizar el grosor de ciertos alimentos como la harina.

20. b) La maquinaria ha de estar debidamente aislada para evitar toda pérdida de energía.

21. b) Con una válvula de seguridad.

22. c) La placa de inducción permanece fría al retirar el recipiente.

23. a) Absorber los vapores y gases desprendidos en la cocción.

24. c) Todos los anteriores.

25. d) Las respuestas a) y b) son correctas.

26. a) Solo transmiten calor cuando entran en contacto con el recipiente.

27. d) Todas las respuestas anteriores son correctas.

28. c) Las respuestas a) y b) son correctas.

29. d) Ninguna respuesta de las anteriores es correcta.

30. d) Todas las respuestas son correctas.

31. c) Bajar la temperatura del alimento.

32. b) Cámara de congelación.

33. d) Son ciertas las respuestas a) y b).

34. a) Son mesas de trabajo de acero inoxidable y en su parte inferior tiene instalado un sistema frigorífico.

35. d) Todas las respuestas son correctas.

36. a) Por batido y enfriamiento.

37. c) Una gratinadora.

38. d) Todas las respuestas son ciertas.

39. c) Ambas respuestas son correctas.

40. d) Adelgazar un género mediante golpes suaves.

41. d) Decorar una verdura tallando su piel en tiras.

42. b) Ablactar.

43. a) Recubrir con una lámina fina de tocino determinadas carnes y aves con poca grasa, para que resulten más jugosas y no se sequen al cocinarlas.

44. a) Atar con un hilo para que no se deforme durante la cocción.

45. b) Recubrir un alimento con pan rallado antes de freírlo.

46. b) Rehogar.

47. a) Napar.

48. c) Introducir en la carne cruda tiras de panceta, zanahorias, trufas, etc.

49. b) Dorar un género a fuego vivo, con grasa, que resultará totalmente cocinado.

50. d) Bañar o cubrir con caramelo un preparado.

51. b) Acidular.

52. a) Empapar un postre con almíbar, vino o licor.

53. d) Escaldar.

54. a) Una concasse.

55. c) Cubrir un preparado de pastelería con azúcar fondant, mermelada, azúcar glass.

56. c) Forma de cortar en tiras de 3 a 5 centímetros de largo por 1 a 3 milímetros de grueso.

57. c) Poner a remojar en vino, licor o aguardiente, etc., alimentos muy diversos (frutas, carnes), con el fin de que adquieran parte de su sabor.

58. c) Mortificar.

59. a) Cubrir un género de una ligera capa de harina y otra posteriormente de huevo batido, antes de freírlo.

Manipulación de alimentos. Higiene necesaria en su elaboración. Higiene de los locales y útiles de trabajo. Hábitos higiénicos del manipulador. Higiene personal. Limpieza de despensas y cámaras frigoríficas

1. ¿Qué alimentos tienen mayor riesgo de contaminación por Salmonella?

a) Verduras frescas.
b) Frutas con piel gruesa.
c) Huevos crudos y aves mal cocinadas.
d) Productos lácteos pasteurizados.

2. ¿Qué condiciones favorecen el desarrollo de microorganismos en el alimento?

a) Composición del alimento.
b) Contenido en agua.
c) Temperatura.
d) Todas estas condiciones influyen.

3. ¿Cuáles de los siguientes son parásitos?

a) Salmonella, Clostridium y Vibrio.
b) Hepatitis, Norwalk y Virus de la encelopatía espongiforme bovina.
c) Triquina, Anisakis y protozoos.
d) Todas las respuestas son correctas.

4. ¿Cómo se destruye el Clostridium botulinum?

a) Por congelación.
b) A 65 ºC en el centro del producto.
c) A 120 ºC durante 20 minutos.
d) No se destruye con la temperatura.

5. ¿De dónde proceden las micotoxinas?

a) Alimentos.
b) Hongos.
c) Agua.
d) Vías respiratorias altas.

6. ¿Qué alimento puede portar el parásito causante de la triquinosis?

a) Fruta.
b) Pescado.
c) Carne.
d) Verdura.

7. ¿Qué problemas causa el virus Norwalk?

a) Hemorragia.
b) Parálisis.
c) Gastroenteritis.
d) Muerte.

8. ¿Cuál/es de las siguientes son bacterias?

a) Clostridium.
b) Brucella.
c) Escherichia coli.
d) Todas las anteriores.

9. ¿Qué cantidad mínima se ha de recoger en la muestra del plato testigo?

a) Una ración individual de como mínimo de 100 g.
b) Dos raciones de 50 g cada una.
c) Una ración individual de como mínimo de 250 g.
d) Todas son correctas.

10. ¿Cuál es el procedimiento adecuado para la recogida de muestras testigo en una empresa de comidas preparadas?

a) Las muestras deben ser recogidas en envases estériles cerrados, correctamente etiquetados y conservadas entre 4-6 ºC hasta su análisis.
b) La recogida de muestras testigo solo se hace cuando un alimento presenta alteraciones visibles.
c) Las muestras pueden almacenarse sin refrigeración hasta su análisis, siempre que se etiqueten correctamente.
d) No es necesario registrar datos sobre la muestra recogida, ya que la inspección se centra en el análisis microbiológico.

11. ¿Cuál es el propósito de las comidas testigo en establecimientos de comidas preparadas?

a) Servir como muestras de control para estudios epidemiológicos en caso de intoxicación alimentaria.
b) Ofrecer una opción adicional de menú en establecimientos de restauración colectiva.
c) Ser utilizadas para la evaluación del sabor y calidad por parte de las autoridades sanitarias.
d) Garantizar la rotación del menú en hospitales y residencias de mayores.

12. ¿Cuál de las siguientes afirmaciones sobre el análisis microbiológico de los alimentos es correcta?

a) La toma de muestras debe realizarse de forma ocasional para evitar contaminación cruzada.
b) Es obligatorio elegir un método de análisis aprobado por organismos nacionales e internacionales de reconocido prestigio.
c) La interpretación de resultados solo considera la presencia o ausencia de microorganismos, sin analizar el grado de contaminación.
d) La inspección no debe incluir datos sobre prácticas de higiene ni manipulación del producto.

13. ¿Qué es la lejía?

a) Un desinfectante, derivado del cloro.
b) Un aldehído.
c) Un esterilizante.
d) Un antiséptico.

14. ¿Qué función tienen los auxiliares de presentación en los detergentes?

a) Disminuir la tensión superficial del agua.
b) Aumentar la alcalinidad.
c) Aportar perfume y suavidad.
d) Determinar el aspecto del producto acabado.

15. ¿Qué propiedades debe tener un detergente?

a) Poder humectante.
b) Poder dispersante.
c) Poder de suspensión.
d) Todas.

16. ¿Qué combinación no es posible en la composición de un detergente?

a) Tensioactivos aniónicos con tensioactivos no iónicos.
b) Tensioactivos catiónicos con tensioactivos anfotéricos.

c) Tensioactivos no iónicos con coadyuvantes.
d) Tensioactivos aniónicos con tensioactivos catiónicos.

17. ¿En qué fase del proceso de limpieza se aplica detergente disuelto en agua, y se deja actuar durante un tiempo, para que se desprenda la capa de suciedad?

a) Lavado.
b) Prelavado.
c) Enjuague.
d) Desinfección.

18. ¿De qué factores depende la frecuencia en la limpieza?

a) Frecuencia de uso.
b) Estado previo de la limpieza.
c) Tipo de alimentos que se manipulen.
d) Todas las respuestas son correctas.

19. ¿Cómo influye el uso de productos eficaces en la limpieza?

a) Aumentando la acción mecánica.
b) Mejorando la acción química.
c) Aumentando el tiempo.
d) Disminuyendo la temperatura.

20. ¿Cuál de estos tensioactivos no tiene carga es solución acuosa?

a) Aniónicos.
b) Catiónicos.
c) No iónicos.
d) Las respuestas a) y b) son correctas.

21. ¿Qué características tiene la lejía como desinfectante?

a) Es corrosiva para algunos metales.
b) Es inestable.
c) Puede liberar gases asfixiantes en contacto con algunos productos.
d) Todas las respuestas son correctas.

22. ¿Qué significan las indicaciones de peligro (H) en la etiqueta de un producto de limpieza?

a) Recomendaciones de uso.
b) Riesgos de seguridad.
c) Consejos específicos.
d) Composición.

23. ¿Cómo se denominan sustancias y preparados que en contacto con tejidos vivos pueden ejercer acción destructora de los mismos?

a) Irritantes.
b) Nocivos.
c) Corrosivos.
d) Inflamables.

24. ¿Qué precauciones debe tomar con los envases de productos de limpieza?

a) Verificar el buen estado de recipientes y envases para evitar fugas.
b) Se mantendrán cerrados mientras no se usen.
c) Elegir recipientes adecuados para utilizar pequeñas cantidades de producto.
d) Las respuestas a) y b) son correctas.

25. Según el reglamento CLP, ¿qué indicaciones llevará la etiqueta?

a) Frases R y S.
b) Consejos de prudencia e indicaciones de peligro.
c) Pictogramas que sustituyen a las antiguas frases R.
d) Todas las respuestas son correctas.

26. ¿Qué tipos de peligro establece el Reglamento CLP?

a) Físicos, para la salud y para el medio ambiente.
b) Físicos, químicos y biológicos.
c) Agudos y crónicos.
d) Leves, graves y muy graves.

27. ¿Qué son sustancias pirofóricas?

a) Sustancias o mezclas que, por medio de una acción química, pueden dañar gravemente, o incluso destruir, los metales.
b) Sustancias o mezclas sólidas o líquidas, que pueden calentarse espontáneamente en contacto con el aire sin aporte de energía.
c) Sustancias o mezclas sólidas o líquidas que, por interacción con el agua, tienden a volverse espontáneamente inflamables o a desprender gases inflamables en cantidades peligrosas.
d) Sustancias o mezclas líquidas o sólidas que, aun en pequeñas cantidades, pueden inflamarse al cabo de 5 minutos de entrar en contacto con el aire.

28. ¿Cuál de los siguientes son peligros para la salud?

a) Sensibilización respiratoria.
b) Carcinogenicida.
c) Peligro por aspiración.
d) Todas las respuestas son correctas.

29. ¿Qué tipo de indicación es: H360F: Puede perjudicar a la fertilidad?

a) Consejo de prudencia.
b) Indicación de peligro.
c) Consejo de seguridad.
d) Indicación de protección.

30. ¿Cuál de los siguientes peligros no se contemplan en el Reglamento (CE) n.º 1272/2008, también denominado Reglamento CLP?

a) Peligro para el medio ambiente.
b) Peligro para la salud.
c) Peligro indeterminado.
d) Peligro físico.

31. La lejía es un desinfectante que tiene como componente activo:

a) Alcohol etílico.
b) Agua.
c) Hipoclorito sódico.
d) Ácido peracético.

32. En el almacén de limpieza, el Ayudante de cocina se ha encontrado una botella transparente llena de lo que parece un desengrasante que no tiene ninguna etiqueta ni identificación, ¿qué debe hacer?

a) Utilizarla para limpiar y gastarla lo antes posible.
b) La olerá y le pondrá con rotulador el producto que cree que es.
c) Probará con poca cantidad para limpiar y ver si es el producto que necesita.
d) Lo comunicará al encargado de la cocina para su retirada.

33. ¿Cuál de estas sustancias es un detergente?

a) Jabón de vajilla.
b) Alcohol 70.
c) Lejía.
d) Complejos trialdehídicos.

34. ¿Qué propiedad del detergente se da cuando se rompe la suciedad compacta, dispersando las partículas finas que componían esa mancha?

a) Poder humectante.
b) Dispersión.
c) Emulsión.
d) Brillo.

35. ¿Cuál es la es la principal vía de entrada de sustancias tóxicas en el organismo?

a) Vía respiratoria.
b) Vía dérmica.
c) Vía digestiva
d) Vía parenteral.

36. ¿Qué indica este pictograma de peligro según reglamento CLP?

a) Gas baja presión (GZ).
b) Sustancias comburentes (CB).
c) Sustancias inflamables (IN).
d) Cancerígeno, mutágeno.

37. ¿En qué tipo de intoxicación hay que lavar abundantemente?

a) Si esta es aguda.
b) Si esta es crónica.
c) Si se produce por ingestión.
d) Sin contacta con piel u/y ojos.

38. ¿Qué frase de éstas indica "mortal en caso de ingestión"?

a) H310.
b) H330.
c) H300.
d) H200.

39. ¿Qué frase de éstas indica "puede perjudicar a la fertilidad"?

a) H360F.
b) FE330.
c) EUH014.
d) EUH059.

40. La frase "lavar con agua y jabón abundante" es un consejo de prudencia:

a) General.
b) De prevención.
c) De respuesta.
d) De almacenamiento y eliminación.

41. ¿Cuál es la principal vía de absorción de sustancias tóxicas en el organismo?

a) Vía dérmica.
b) Vía digestiva.

c) Vía respiratoria.
d) Vía parenteral.

42. Según el Reglamento CLP, ¿cuáles son los tipos de peligros que pueden representar las sustancias o mezclas químicas?

a) Peligros físicos, peligros biológicos, peligros químicos y peligros mecánicos.
b) Peligros físicos, peligros para la salud, peligros para el medio ambiente y peligros para la capa de ozono.
c) Peligros químicos, peligros radioactivos, peligros eléctricos y peligros térmicos.
d) Peligros tóxicos, peligros corrosivos, peligros inflamables y peligros biológicos.

Solución al test n.º 4

1. c) Huevos crudos y aves mal cocinadas.

2. d) Todas estas condiciones influyen.

3. c) Triquina, Anisakis y protozoos.

4. c) A 120 ºC durante 20 minutos.

5. b) Hongos.

6. c) Carne.

7. c) Gastroenteritis.

8. d) Todas las anteriores.

9. a) Una ración individual de como mínimo de 100 g.

10. a) Las muestras deben ser recogidas en envases estériles cerrados, correctamente etiquetados y conservadas entre 4-6 ºC hasta su análisis.

11. a) Servir como muestras de control para estudios epidemiológicos en caso de intoxicación alimentaria.

12. b) Es obligatorio elegir un método de análisis aprobado por organismos nacionales e internacionales de reconocido prestigio.

13. a) Un desinfectante, derivado del cloro.

14. d) Determinar el aspecto del producto acabado.

15. d) Todas.

16. d) Tensioactivos aniónicos con tensioactivos catiónicos.

17. a) Lavado.

18. d) Todas las respuestas son correctas.

19. b) Mejorando la acción química.

20. c) No iónicos.

21. d) Todas las respuestas son correctas.

22. b) Riesgos de seguridad.

23. c) Corrosivos.

24. d) Las respuestas a) y b) son correctas.

25. b) Consejos de prudencia e indicaciones de peligro.

26. a) Físicos, para la salud y para el medio ambiente.

27. d) Sustancias o mezclas líquidas o sólidas que, aun en pequeñas cantidades, pueden inflamarse al cabo de 5 minutos de entrar en contacto con el aire.

28. d) Todas las respuestas son correctas.

29. b) Indicación de peligro.

30. c) Peligro indeterminado.

31. c) Hipoclorito sódico.

32. d) Lo comunicará al encargado de la cocina para su retirada.

33. a) Jabón de vajilla.

34. b) Dispersión.

35. a) Vía respiratoria.

36. c) Sustancias inflamables.

37. d) Sin contacta con piel u/y ojos.

38. c) H300.

39. a) H360F.

40. c) De respuesta.

41. c) Vía respiratoria.

42. b) Peligros físicos, peligros para la salud, peligros para el medio ambiente y peligros para la capa de ozono.

Conocimiento de la composición nutritiva de los alimentos. Alimentación y nutrición: definición y distintas formas de clasificación de los alimentos Concepto de alimento. La pirámide de los alimentos. Conceptos básicos sobre los distintos tipos de dietas

1. De los siguientes productos, ¿cuáles no son derivados de la leche?

a) Nata y mantequilla.
b) Queso y requesón.
c) Sueros lácteos.
d) Cafeína.

2. Decir qué afirmación es correcta:

a) La canal incluye la carne y todas las vísceras del animal.
b) Los derivados cárnicos son productos alimenticios preparados total o parcialmente con carnes o despojos sometidos a operaciones específicas.
c) Los productos tales como solomillo, entrecot, bistec, chuletas, etc., se consideran derivados cárnicos.
d) Todas las respuestas anteriores son correctas.

3. El Código Alimentario Español, dentro del grupo de "pescados", incluye los siguientes:

a) Aquellos animales que viven en el agua y son comestibles.
b) Exclusivamente a los vertebrados marinos.
c) Exclusivamente a los vertebrados de agua dulce.
d) Todos excepto las ballenas, por ser mamíferos.

4. ¿Cuál de las siguientes afirmaciones es falsa?

a) El pescado tiene menos grasas saturadas y menos colesterol que algunas carnes.
b) El pescado azul tiene mayor valor calórico que el blanco.
c) El pescado fresco tiene mayor valor nutritivo que el congelado.
d) Todas son falsas.

5. ¿Cuándo se considera que un huevo es fresco?

a) Cuando se mantiene en cámaras a temperatura no superior a 4 ºC durante un tiempo inferior a 30 días.
b) Cuando está conservado por encima de 0 ºC durante una semana como máximo.
c) Sólo se considera fresco el huevo recién puesto.
d) Cuando no ha sido refrigerado ni conservado por ningún método.

6. Un huevo que ha sido incubado se dice que es un huevo:

a) Fresco.
b) Defectuoso.
c) Averiado.
d) Podrido.

7. ¿Qué tipo de alimento son las habas?

a) Frutos.
b) Legumbres.
c) Bulbos.
d) Frutas.

8. ¿Cuál de las siguientes partes del vacuno es carne de segunda categoría?

a) Babilla.
b) Aguja.
c) Morcillo.
d) Falda.

9. La cinta de lomo de cerdo, ¿de qué categoría es?

a) Extra.
b) Primera.
c) Segunda.
d) Despojos.

10. ¿Cómo se denomina el tocino entreverado que ha sido sometido a operaciones de ahumado, salazón o adobo?

a) Panceta.
b) Bacón.
c) Papada.
d) Lomo.

11. ¿Qué son los yogures?

a) Son postres elaborados con leche fermentada.
b) Son postres elaborados con leche condensada.

c) Son postres elaborados con natas.
d) Todas las opciones anteriores son válidas.

12. ¿De qué clase es la carne de pavo que no tiene golpes ni roturas?

a) A.
b) B.
c) C.
d) D.

13. ¿Qué tratamiento recibirá la leche destinada para el consumo de colectividades?

a) Ninguno, porque la leche cruda es muy nutritiva.
b) Debe recibir algún tratamiento térmico.
c) Será siempre leche especial sin tratar.
d) Todas las respuestas son correctas.

14. ¿Cómo se denomina la leche modificada por acción microbiana?

a) Leche enriquecida.
b) Leche desnatada.
c) Leche fermentada.
d) Leche adicionada de aromas.

15. Decir qué afirmación es correcta:

a) La leche esterilizada es leche natural, sometida a un proceso tecnológico tal, que asegure la destrucción de los microorganismos y la inactividad de sus formas de resistencia.
b) La leche evaporada es leche esterilizada a la que se le añade agua.
c) Leche condensada es la leche higienizada y concentrada por eliminación de agua, sin añadirle azúcares.
d) Leche en polvo es aquella que se congela y posteriormente se tritura.

16. Según su composición podemos decir que hay natas de los siguientes tipos:

a) Batidas o montadas.
b) De vaca, oveja o cabra.
c) Doble nata, delgada o ligera.
d) Todas son correctas.

17. ¿Qué es la caseína?

a) Líquido formado por parte de los componentes de la leche.
b) Es el principal componente proteico de la leche.
c) Producto obtenido precipitando las proteínas en medio ácido, por el calor.
d) Ninguna es correcta.

18. ¿Qué es un lechal?

a) El cordero que se sacrifica entre los 4 y 6 meses de vida.
b) El cordero que tiene entre 15 días y 2 meses y medio cuando es sacrificado.
c) Un cordero nacido en invierno y sacrificado en primavera.
d) Cordero que ha sido sobrealimentado.

19. ¿Cómo se denomina al pollo castrado y bien cebado?

a) Gallina.
b) Pichón.
c) Capón.
d) Lechón.

20. Si un huevo tiene la clara de color verdoso, ¿qué le ocurre?

a) Se desechará.
b) Está defectuoso.
c) Es un huevo de oca.
d) Está en perfectas condiciones.

21. ¿Qué tipo de alimento son los guisantes?

a) Verduras.
b) Hortalizas.
c) Legumbres frescas.
d) Legumbres secas.

22. ¿Cuáles de las siguientes hortalizas son bulbos?

a) Berenjena, guindilla, pimiento.
b) Ajo, cebolla y puerro.
c) Ajo, guisante y lombarda.
d) Berenjena, cebolleta y berro.

23. ¿Qué tipo de alimento es la patata?

a) Un bulbo.
b) Una legumbre.
c) Un fruto.
d) Un tubérculo.

24. ¿Qué grupo de alimentos es el más rico en lípidos?

a) Aceites y grasas.
b) Verduras y hortalizas.

c) Carnes.
d) Pescados.

25. Según el Código Alimentario Español, ¿en qué grupo de alimentos se incluye al tomate?

a) Verduras.
b) Hortalizas.
c) Frutas carnosas.
d) Frutos oleaginosos.

26. ¿Qué es un producto sucedáneo?

a) Todo producto que tiene un sabor distinto al esperado.
b) Todo producto que sustituye un alimento por otro, sin que el consumidor lo note.
c) Todo producto que, sin fines engañosos o fraudulentos, pretenda sustituir en todo o en parte a un alimento.
d) Producto esencial en la dieta.

27. ¿A qué tipo de tratamiento habrá sido sometida una leche concentrada?

a) Eliminación de agua.
b) Eliminación de grasa.
c) Adición de nutrientes.
d) Adición de estimulantes.

28. ¿Está permitida la adición de glucosa a la nata?

a) No.
b) Sí, en una proporción inferior al 10 % en peso.
c) Sí, en una proporción superior al 10 % en peso.
d) No está permitido adicionar glucosa, pero sí sacarosa.

29. ¿Cómo se denomina al cerdo lactante, sacrificado a partir de los 15 días desde su nacimiento?

a) Lechón.
b) Tostón.
c) Verraco.
d) Lechal.

30. ¿Cuáles de estas carnes de vacuno son de primera?

a) Morcillo, aleta y lomo.
b) Pescuezo, falda y rabo.

c) Lomo aguja y aleta.
d) Redondo, contra y rabillo de cadera.

31. ¿Qué peso tienen los huevos de tamaño L?

a) 43 – 53 g.
b) 53 – 63 g.
c) 63 – 73 g.
d) 73 – 83 g.

32. ¿Qué tipo de manipulación no es imprescindible para obtener un pescado desecado?

a) Reducción del contenido en agua.
b) Eviscerado.
c) Fraccionamiento.
d) Todas las anteriores son imprescindibles.

33. ¿Cómo se obtiene el aceite puro de oliva?

a) Se extrae por procedimientos mecánicos, en frío, y se somete a sedimentación y filtración.
b) Se mezcla aceite de oliva virgen y aceite de oliva refinado.
c) Se refina el aceite de oliva virgen.
d) Se trata el orujo de aceituna con un disolvente autorizado.

34. La denominación genérica de leche se aplica a:

a) La leche de oveja.
b) La leche de vaca.
c) La leche de cabra.
d) La leche de burra.

35. La leche higienizada:

a) Es la procedente de explotaciones ganaderas.
b) Es la leche certificada.
c) Es la leche natural sometida a un proceso tecnológico autorizado.
d) Es aquella cuya composición ha sido modificada.

36. Las leches concentradas:

a) Poseen las mismas características de composición establecidas para la leche higienizada.
b) Son privadas de grasa.
c) Son modificadas por la acción microbiana.
d) Son las modificadas mediante la adición de principios inmediatos.

37. Son derivados de la leche:

a) La nata y la mantequilla.
b) Los quesos, los sueros lácticos y el requesón.
c) La caseína.
d) Todas las anteriores.

38. La doble nata contiene:

a) Un 18 % en peso de grasa.
b) Un 50 % en peso de grasa.
c) Un 30 % en peso de grasa.
d) Un mínimo de un 70 % en peso de grasa.

39. La mantequilla puede ser:

a) De oveja, de cabra y de vaca.
b) Salada.
c) De suero.
d) Todas las anteriores.

40. Los quesos se clasifican de acuerdo con el procedimiento de elaboración en:

a) Fresco, afinado, madurado o fermentado.
b) De pasta blanda, prensada o fundido.
c) Doble graso, extra graso, graso y magro.
d) Crema de queso, fermentado y magro.

41. La denominación genérica de carne se aplica a:

a) Bóvidos, óvidos, équidos y cápridos.
b) Équidos y camélidos.
c) Animales de corral, caza de pelo y pluma y mamíferos marinos.
d) Todos los anteriores.

42. El cuerpo de los animales, desprovisto de vísceras, excepto riñones, se denomina:

a) Magro.
b) Canal.
c) Clase.
d) Categoría.

43. Cuando el animal adulto ha sido capado para su engorde se denomina:

a) Novillo.
b) Buey.

c) Vaca.
d) Añojo.

44. ¿Cuál de los siguientes principios inmediatos es inorgánico?

a) Glúcidos.
b) Proteínas.
c) Agua.
d) Lípidos.

45. ¿Cuál de las siguientes afirmaciones sobre el agua es falsa?

a) La cantidad de agua en los seres vivos oscila entre el 2 % (tejidos óseos) y el 8 % (células cerebrales).
b) El agua actúa como disolvente a través de enlaces de hidrógeno con alcoholes, aldehídos o cetonas, provocando su dispersión o disolución.
c) El agua es el medio en el que se realizan la mayoría de las reacciones bioquímicas de los seres vivos.
d) El agua da volumen a las células, turgencia a las plantas, actúa como esqueleto hidrostático en algunos invertebrados y explica deformaciones que sufre el citoplasma celular.

46. ¿Cuál de las siguientes funciones no es propia del agua?

a) Energética.
b) Función de transporte.
c) Función termorreguladora.
d) Función mecánica amortiguadora.

47. ¿A qué grupo pertenecen las sales minerales?

a) Al grupo de los principios inmediatos orgánicos.
b) Al grupo de las grasas.
c) Al grupo de las proteínas.
d) Al grupo de los principios inorgánicos.

48. ¿Cuál de las siguientes funciones no es propia de los minerales?

a) Son materiales de construcción de tejidos y órganos.
b) Intervienen en la excitabilidad nerviosa y en la actividad muscular.
c) Proporcionan energía inmediata.
d) Participan en diferentes procesos metabólicos.

49. ¿Cuál es la principal función del calcio?

a) Interviene en la síntesis proteica y de colágeno.
b) Es necesario para la formación y mantenimiento de huesos y dientes.

c) Es necesario para la síntesis de vitamina B$_{12}$, producción de eritrocitos y formación de mielina.
d) Se relaciona con el metabolismo de la glucosa.

50. ¿En qué alimentos encontramos hierro?

a) En las carnes.
b) En los pescados.
c) En los mariscos.
d) Todas las respuestas son correctas.

51. ¿Cuáles de los siguientes principios inmediatos no son orgánicos?

a) Vitaminas.
b) Sales minerales.
c) Glúcidos.
d) Proteínas.

52. ¿Cuántas kcal aporta 1 gramo de glúcidos?

a) 5 kcal.
b) 2 kcal.
c) 4 kcal.
d) 9 kcal.

53. ¿Qué porcentaje recomiendan los expertos a partir de los glúcidos?

a) Los expertos recomiendan un aporte de entre el 50 y el 60 % del total de la dieta.
b) Los expertos recomiendan un aporte de entre el 60 y el 80 % del total de la dieta.
c) Los expertos recomiendan un aporte de entre el 20 y el 30 % del total de la dieta.
d) Los expertos recomiendan un aporte de entre el 10 y el 20 % del total de la dieta.

54. ¿Cuántos monosacáridos contiene un disacárido como la lactosa?

a) 1.
b) 2.
c) 3.
d) 4.

55. ¿Qué monosacáridos contiene la maltosa?

a) Glucosa + fructosa.
b) Glucosa + glucosa.
c) Glucosa + galactosa.
d) Fructosa + fructosa.

56. ¿Cuál de las siguientes afirmaciones es falsa?

a) La glucosa es un principio inmediato orgánico.
b) Los polisacáridos son dulces.
c) 1 gramos de glucosa aporta 4 kcal.
d) Los disacáridos están formados por la unión de 2 monosacáridos.

57. ¿En qué alimentos encontramos maltosa?

a) En la remolacha y en la caña de azúcar.
b) En algunos vegetales, como la cebada.
c) En la leche.
d) En verduras y frutas.

58. ¿Cuál de los siguientes glúcidos tiene función estructural?

a) Almidón.
b) Glucógeno.
c) Sacarosa.
d) Celulosa.

59. ¿Cuáles de las siguientes fibras son insolubles?

a) Pectinas.
b) Gomas.
c) Celulosa.
d) Mucílagos.

60. ¿Qué función tiene la fibra?

a) Energética, aporta por cada gramo 9 kcal.
b) Es necesaria para la formación de huesos.
c) Mantiene el equilibrio hídrico.
d) Acelera el tránsito intestinal.

61. ¿Qué cantidad de fibra al día es recomendable para un adulto?

a) De 20 a 35 gramos.
b) De 10 a 15 gramos.
c) De 50 a 55 gramos.
d) De 2 a 5 gramos.

62. ¿Cuál de las siguientes afirmaciones es falsa, si hablamos del grupo de las grasas?

a) También reciben el nombre de lípidos.
b) Constituyen un grupo de sustancias muy diversas.

c) Tienen en común ser solubles en agua e insolubles en disolventes orgánicos como la gasolina, benceno, cloroformo, etc.

d) Su principal función es de reserva energética, en concreto los triglicéridos (contienen 3 ácidos grasos unidos a un glicerol).

63. Indica cuál de las siguientes funciones es propia de las grasas:

a) Reserva energética.
b) Síntesis de estructuras como las membranas celulares.
c) Aislantes térmicos.
d) Todas las respuestas son correctas.

64. ¿Cuál de los siguientes ácidos grasos aumenta el riesgo de enfermedades cardiovasculares si se encuentran en exceso?

a) Los ácidos grasos monoinsaturados.
b) Los ácidos grasos poliinsaturados omega 3.
c) Los ácidos grasos poliinsaturados omega 6.
d) Los ácidos grasos saturados.

65. ¿Qué porcentaje de grasas se recomienda en una alimentación equilibrada?

a) Los expertos recomiendan que entre el 10 y el 15 % del total energético proceda de las grasas.
b) Los expertos recomiendan que entre el 20 y el 40 % del total energético proceda de las grasas.
c) Los expertos recomiendan que entre el 30 y el 35 % del total energético proceda de las grasas.
d) Los expertos recomiendan que entre el 3 y el 5 % del total energético proceda de las grasas.

66. ¿Qué moléculas forman las proteínas?

a) Aminoácidos.
b) Monosacáridos.
c) Ácidos grasos.
d) Fibra.

67. ¿Cuántos aminoácidos esenciales hay?

a) 1.
b) 3.
c) 6.
d) 8.

68. ¿Cuál de los siguientes alimentos tiene las proteínas de mayor valor biológico?

a) Carnes rojas.
b) Lechuga.

c) Almendras.
d) Lentejas.

69. ¿Qué ingesta diaria de proteínas se considera adecuada para un adulto sano?

a) Se considera que la ingesta diaria debe ser de 0,8 gramos por kilogramo de peso corporal.
b) Se considera que la ingesta diaria debe ser de 1,5 gramos por kilogramo de peso corporal.
c) Se considera que la ingesta diaria debe ser de 1,8 gramos por kilogramo de peso corporal.
d) Se considera que la ingesta diaria debe ser de 0,25 gramos por kilogramo de peso corporal.

70. ¿En qué alimentos encontramos vitamina B12?

a) Carnes y pescados.
b) Lentejas.
c) Espinacas.
d) Patatas.

71. ¿Cuál de las siguientes vitaminas son liposolubles?

a) Vitamina C.
b) Tiamina.
c) Retinol.
d) Ácido fólico.

72. ¿Qué vitamina interviene en el proceso de coagulación de la sangre?

a) A.
b) B_2.
c) K.
d) C.

73. Los nucleótidos que forman los ácidos nucleicos, ¿qué componentes tienen?

a) Glúcidos (ribosa y desoxirribosa).
b) Ácidos grasos.
c) Aminoácidos.
d) Polisacáridos.

74. Pertenece al grupo de los alimentos energéticos:

a) Carne.
b) Yogur.
c) Verduras.
d) Ninguno de los anteriores.

75. Está en el grupo de los alimentos plásticos:

a) La leche y sus derivados.
b) Huevos.
c) Carne y pescado.
d) Todos.

76. Pertenecen al grupo de los alimentos energéticos:

a) Aceites.
b) Azúcares.
c) Cereales y legumbres.
d) Todos.

77. ¿Qué es la alimentación?

a) Un acto o un conjunto de actos voluntarios, que implican la elección de alimentos y la voluntad de prepararlos e ingerirlos.
b) La ingesta de los alimentos.
c) El proceso involuntario que sucede tras la ingesta de los alimentos.
d) Todas las respuestas definen este concepto.

78. La composición cuantitativa de las dietas hace referencia a:

a) Recomendaciones higiénicas y nutricionales.
b) Indicaciones terapéuticas.
c) Cantidades y proporciones.
d) Tipos de alimentos incluidos.

79. ¿Qué es una dieta basal?

a) Es una dieta rica en fibra y pobre en oxalatos.
b) Es una dieta sin restricción de nutrientes o alimentos específicos, destinada a personas sanas.
c) Es una dieta que varía en función de la enfermedad que padece el paciente.
d) Es una dieta de transición entre la alimentación parenteral y el inicio de la alimentación oral.

80. ¿Para qué sirve la dietoterapia?

a) Es la adaptación de la alimentación a las diferentes alteraciones metabólicas y/o digestivas producidas por una patología, siempre a través del uso balanceado de los diferentes grupos de alimentos.
b) Es el proceso voluntario que tiene como objetivo el obtener del entorno alimentos con los que poder aportar a nuestro organismo los nutrientes que precisa para la vida.

c) Engloba el conjunto de procesos mediante los cuales el organismo utiliza, transforma e incorpora en sus propias estructuras una serie de sustancias que proceden de los alimentos con el objetivo de obtener energía, construir y reparar las estructuras orgánicas, y regular los diferentes procesos metabólicos.

d) Es la disciplina que estudia los regímenes alimenticios en la salud o en la enfermedad (dietoterapia), de acuerdo con los conocimientos sobre fisiología de la nutrición en el primer caso y sobre la fisiopatología del trastorno en cuestión en el segundo.

81. ¿Cuál de las siguientes respuestas es falsa?

a) La nutrición de un enfermo frecuentemente se ve alterada por la existencia de anorexia (falta de apetito).

b) La nutrición de un enfermo frecuentemente se ve alterada por alteraciones en las funciones digestivas, metabólicas, de absorción o excreción, o bien, alteraciones en la normal utilización de los nutrientes y su metabolismo.

c) Las enfermedades no interfieren en las funciones de la nutrición ni complican la evolución favorable del enfermo.

d) Para que la recuperación de un enfermo sea más temprana es necesaria una asociación simultánea de la prescripción terapéutica y dietética.

82. ¿Cuál es el objetivo de la dieta terapéutica?

a) Ser el único tratamiento de la enfermedad como en el caso de la diabetes tipo 2.

b) Formar parte del tratamiento junto a los fármacos como en el caso de la diabetes tipo 1.

c) Prevenir la aparición de síntomas como el dolor que se presenta en enfermedades.

d) Todas las respuestas son correctas.

83. ¿Cuál de las siguientes respuestas es verdadera?

a) La elaboración de una dieta terapéutica requiere tener en cuenta la función digestiva del enfermo.

b) Cuando un enfermo no tiene la capacidad de ingerir los alimentos convencionales con normalidad se debe recurrir obligatoriamente a una alimentación enteral por sonda o bien a través de una vía endovenosa.

c) Todos los enfermos necesitan la misma dieta o régimen adaptado.

d) Las respuestas a) y b) son verdaderas.

84. ¿Qué factores determinan la nutrición de un enfermo?

a) La existencia de anorexia (falta de apetito).

b) El aporte insuficiente de nutrientes específicos y calorías.

c) Las alteraciones en las funciones digestivas, metabólicas, de absorción o excreción, o bien, alteraciones en la normal utilización de los nutrientes y su metabolismo.

d) Todas las respuestas son correctas.

85. ¿Qué nutrientes se modifican en la dieta hipocalórica?

a) El Na (sodio).
b) El K (potasio).
c) La lactosa.
d) La energía.

86. ¿Cómo se llama la dieta terapéutica en la que se disminuye el sodio?

a) Hipocalórica.
b) Hiposódica.
c) Baja en grasas.
d) Hipoproteica.

87. ¿Qué es una dieta cualitativa?

a) Dieta en la que es imprescindible hacer un cálculo detallado del valor energético de la dieta y de su contenido en glúcidos, proteínas y grasas.
b) Dieta en la que no es imprescindible hacer un cálculo detallado del valor energético de la dieta y de su contenido en glúcidos, proteínas y grasas.
c) Dieta en la que disminuimos o aumentamos el aporte de energía.
d) Dieta en la que eliminamos los alimentos con lactosa.

88. ¿Qué es una dieta completa?

a) Es una dieta que proporciona al paciente la cantidad que precisa de energía y nutrientes para cubrir sus necesidades.
b) Es una dieta en la que es imprescindible hacer un cálculo detallado del valor energético de la dieta y de su contenido en glúcidos, proteínas y grasas.
c) Es una dieta en la que no es necesaria la cuantificación de los principios inmediatos y la energía en la elaboración de una dieta terapéutica.
d) Es una dieta deficitaria en energía o ciertos nutrientes si se siguen durante demasiado tiempo.

89. ¿Cuál de las siguientes respuestas es falsa?

a) Las dietas cualitativas son utilizadas en caso de diabetes, obesidad, etc.
b) Las dietas incompletas son deficitarias en energía o ciertos nutrientes si se siguen durante demasiado tiempo.
c) Como ejemplo de dieta completa está la dieta hipocalórica estricta.
d) Las respuestas a) y c) son falsas.

90. ¿Qué alimentos se encuentran indicados en la dieta absoluta?

a) Leche.
b) Tortilla francesa.

c) Yogur.
d) Ninguna respuesta es correcta.

91. ¿Cómo se llama la dieta en la que el enfermo no puede o no debe ingerir ningún alimento ni bebida por la boca?

a) Dieta blanda.
b) Dieta triturada.
c) Dieta absoluta.
d) Dieta semilíquida.

92. ¿Qué alimento no corresponde a una dieta líquida?

a) Caldos de carne o vegetales.
b) Zumo de fruta sin grumos.
c) Infusiones.
d) Bistec de ternera.

93. ¿Qué es una dieta líquida?

a) Dieta en la que el enfermo no puede o no debe ingerir ningún alimento ni bebida por la boca.
b) Dieta compuesta por alimentos de textura líquida a temperatura ambiente, que pueden ser bebidos o ingeridos a través de una caña.
c) Dieta en la que se permiten alimentos líquidos y de naturaleza bastante fluida como el yogur.
d) Dieta rica en fibra que actúa como laxante y está indicada en caso de estreñimiento.

94. ¿Cómo se llama la dieta líquida en la que se permite únicamente la ingesta de agua?

a) Dieta hídrica.
b) Dieta absoluta.
c) Dieta dura.
d) Dieta blanda.

95. ¿Qué alimentos se encuentran indicados en la dieta líquida?

a) Vegetales crudos.
b) Cereales integrales.
c) Caldo vegetal.
d) Alimentos fritos, rebozados y empanados.

96. ¿Qué tipo de dieta es la dieta de fácil masticación?

a) Dieta líquida.
b) Dieta blanda.

c) Dieta semilíquida.
d) Dieta basal.

97. ¿Qué tipo de dieta es la dieta pastosa?

a) Dieta líquida.
b) Dieta semilíquida.
c) Dieta blanda.
d) Dieta basal.

98. ¿Qué es la disfagia?

a) Son alteraciones en el proceso de deglución (por ejemplo, los enfermos de Alzheimer en sus fases más avanzadas).
b) Son alteraciones en el intestino que provocan estreñimiento.
c) Son alteraciones del sueño.
d) Son alteraciones del estómago que provocan flatulencias.

99. ¿Qué alimentos se recomiendan cuando hay dolor al tragar?

a) Alimentos muy fríos.
b) Alimentos muy calientes.
c) El helado.
d) Las respuestas a) y c) son correctas.

100. ¿Qué solución hay para hidratar a las personas con problemas para tragar?

a) Agua y caldos.
b) Zumos y sopas.
c) El uso de espesantes para el agua.
d) Bebidas refrescantes frías.

101. ¿Cuál de las siguientes respuestas es falsa?

a) En la preparación de purés no es esencial la higiene, ya que son alimentos que no se deterioran con facilidad.
b) Se deben cocinar todos los alimentos crudos que incluya el puré a excepción de las frutas, sin olvidar lavar muy bien la batidora antes de usarla.
c) Si se aprovechan alimentos sobrantes, es necesario guardarlos en el frigorífico, un máximo de 3 días, y antes de servirlos calentar hasta que hiervan.
d) Para alargar su durabilidad porque se ha cocinado mucha cantidad, se pueden congelar.

102. ¿Para qué se utilizan las gelatinas?

a) Para espesar zumos de frutas o agua.
b) Para dar sabor a las sopas.

c) Para hacer más líquidos los purés y cremas.

d) Para dar color a las ensaladas.

103. ¿Cuál de los siguientes alimentos no es propio de la dieta blanda?

a) Pan de molde.

b) Pollo hervido con agua o caldos suaves.

c) Jamón cocido.

d) Pollo rebozado crujiente.

104. ¿Qué dieta será necesaria en caso de estreñimiento?

a) Dieta rica en fibra.

b) Dieta astringente.

c) Dieta sin residuos.

d) Dieta hiposódica.

105. ¿Qué es el estreñimiento?

a) Trastorno relacionado del aparato digestivo en el que se genera una retención de las materias fecales, que no se pueden expulsar.

b) Trastorno que ocurre cuando la evacuación de las heces resulta escasa, infrecuente o dificultosa.

c) Trastorno en que las personas que lo padecen sufren dolor en la evacuación, dolor de espalda y de cabeza, fatiga, sensación de hinchazón abdominal (gases y flatulencias), y heces duras y escasas.

d) Todas las respuestas son correctas.

106. ¿Cuántas deposiciones se consideran adecuadas diariamente?

a) Se considera normal desde una deposición cada dos días hasta 10 deposiciones por día.

b) Se considera normal desde una deposición cada dos días hasta 2-3 deposiciones por día.

c) Se considera normal desde una deposición cada dos días hasta menos de 1 deposición por día.

d) Ninguna respuesta es correcta.

107. ¿Cuál no es un motivo de estreñimiento?

a) Falta de fibra a través de los alimentos.

b) Ingesta insuficiente de líquido.

c) La práctica de ejercicio físico regular.

d) Inmovilización por enfermedades.

108. ¿Cuál de los siguientes alimentos no es fuente de fibra?

a) Frutos secos.
b) Verduras.
c) Carnes.
d) Frutas.

109. ¿En qué situaciones se prescribe la dieta sin residuo?

a) Cuando se ha de realizar una colonoscopia.
b) Cuando se ha de realizar un enema opaco.
c) Cuando hay estreñimiento.
d) Las respuestas a) y b) son correctas.

110. ¿Qué efecto tiene la fibra en el organismo?

a) El consumo de fibra contribuye a acelerar el tránsito intestinal y a mejorar la textura de las heces, facilitando su expulsión.
b) El consumo de fibra aumenta el riesgo de diverticulosis.
c) El consumo de fibra aumenta el riesgo de estreñimiento.
d) El consumo de fibra provoca problemas para la salud.

Solución al test n.º 5

1. d) Cafeína.

2. b) Los derivados cárnicos son productos alimenticios preparados total o parcialmente con carnes o despojos sometidos a operaciones específicas.

3. a) Aquellos animales que viven en el agua y son comestibles.

4. c) El pescado fresco tiene mayor valor nutritivo que el congelado.

5. d) Cuando no ha sido refrigerado ni conservado por ningún método.

6. c) Averiado.

7. b) Legumbres.

8. c) Morcillo.

9. a) Extra.

10. b) Bacón.

11. a) Son postres elaborados con leche fermentada.

12. a) A.

13. b) Debe recibir algún tratamiento térmico.

14. c) Leche fermentada.

15. a) La leche esterilizada es leche natural, sometida a un proceso tecnológico tal, que asegure la destrucción de los microorganismos y la inactividad de sus formas de resistencia.

16. c) Doble nata, delgada o ligera.

17. b) Es el principal componente proteico de la leche.

18. b) El cordero que tiene entre 15 días y 2 meses y medio cuando es sacrificado.

19. c) Capón.

20. a) Se desechará.

21. c) Legumbres frescas.

22. b) Ajo, cebolla y puerro.

23. d) Un tubérculo.

24. a) Aceites y grasas.

25. c) Frutas carnosas.

26. c) Todo producto que, sin fines engañosos o fraudulentos, pretenda sustituir en todo o en parte a un alimento.

27. a) Eliminación de agua.

28. b) Sí, en una proporción inferior al 10 % en peso.

29. a) Lechón.

30. d) Redondo, contra y rabillo de cadera.

31. c) 63 – 73 g.

32. c) Fraccionamiento.

33. b) Se mezcla aceite de oliva virgen y aceite de oliva refinado.

34. b) La leche de vaca.

35. c) Es la leche natural sometida a un proceso tecnológico autorizado.

36. a) Poseen las mismas características de composición establecidas para la leche higienizada.

37. d) Todas las anteriores.

38. b) Un 50 % en peso de grasa.

39. d) Todas las anteriores.

40. a) Fresco, afinado, madurado o fermentado.

41. d) Todos los anteriores.

42. b) Canal.

43. b) Buey.

44. c) Agua.

45. a) La cantidad de agua en los seres vivos oscila entre el 2 % (tejidos óseos) y el 8 % (células cerebrales).

46. a) Energética.

47. d) Al grupo de los principios inorgánicos.

48. c) Proporcionan energía inmediata.

49. b) Es necesario para la formación y mantenimiento de huesos y dientes.

50. d) Todas las respuestas son correctas.

51. b) Sales minerales.

52. c) 4 kcal.

53. a) Los expertos recomiendan un aporte de entre el 50 y el 60 % del total de la dieta.

54. b) 2.

55. b) Glucosa + glucosa.

56. b) Los polisacáridos son dulces.

57. b) En algunos vegetales, como la cebada.

58. d) Celulosa.

59. c) Celulosa.

60. d) Acelera el tránsito intestinal.

61. a) De 20 a 35 gramos.

62. c) Tienen en común ser solubles en agua e insolubles en disolventes orgánicos como la gasolina, benceno, cloroformo, etc.

63. d) Todas las respuestas son correctas.

64. d) Los ácidos grasos saturados.

65. c) Los expertos recomiendan que entre el 30 y el 35 % del total energético proceda de las grasas.

66. a) Aminoácidos.

67. d) 8.

68. a) Carnes rojas.

69. a) Se considera que la ingesta diaria debe ser de 0,8 gramos por kilogramo de peso corporal.

70. a) Carnes y pescados.

71. c) Retinol.

72. c) K.

73. a) Glúcidos (ribosa y desoxirribosa).

74. d) Ninguno de los anteriores.

75. d) Todos.

76. d) Todos.

77. a) Un acto o un conjunto de actos voluntarios, que implican la elección de alimentos y la voluntad de prepararlos e ingerirlos.

78. c) Cantidades y proporciones.

79. b) Es una dieta sin restricción de nutrientes o alimentos específicos, destinada a personas sanas.

80. a) Es la adaptación de la alimentación a las diferentes alteraciones metabólicas y/o digestivas producidas por una patología, siempre a través del uso balanceado de los diferentes grupos de alimentos.

81. c) Las enfermedades no interfieren en las funciones de la nutrición ni complican la evolución favorable del enfermo.

82. d) Todas las respuestas son correctas.

83. d) Las respuestas a) y b) son verdaderas.

84. d) Todas las respuestas son correctas.

85. d) La energía.

86. b) Hiposódica.

87. b) Dieta en la que no es imprescindible hacer un cálculo detallado del valor energético de la dieta y de su contenido en glúcidos, proteínas y grasas.

88. a) Es una dieta que proporciona al paciente la cantidad que precisa de energía y nutrientes para cubrir sus necesidades.

89. d) Las respuestas a) y c) son falsas.

90. d) Ninguna respuesta es correcta.

91. c) Dieta absoluta.

92. d) Bistec de ternera.

93. b) Dieta compuesta por alimentos de textura líquida a temperatura ambiente, que pueden ser bebidos o ingeridos a través de una caña.

94. a) Dieta hídrica.

95. c) Caldo vegetal.

96. b) Dieta blanda.

97. b) Dieta semilíquida.

98. a) Son alteraciones en el proceso de deglución (por ejemplo, los enfermos de Alzheimer en sus fases más avanzadas).

99. d) Las respuestas a) y c) son correctas.

100. c) El uso de espesantes para el agua.

101. a) En la preparación de purés no es esencial la higiene, ya que son alimentos que no se deterioran con facilidad.

102. a) Para espesar zumos de frutas o agua.

103. d) Pollo rebozado crujiente.

104. a) Dieta rica en fibra.

105. d) Todas las respuestas son correctas.

106. b) Se considera normal desde una deposición cada dos días hasta 2-3 deposiciones por día.

107. c) La práctica de ejercicio físico regular.

108. c) Carnes.

109. d) Las respuestas a) y b) son correctas.

110. a) El consumo de fibra contribuye a acelerar el tránsito intestinal y a mejorar la textura de las heces, facilitando su expulsión.

Conservación de géneros crudos, semielaborados y elaborados. Métodos de envasado y conservación. Fases y puntos clave durante el desarrollo de las técnicas de envasado y conservación

1. ¿De qué manera alargan la vida útil de los alimentos, los métodos de conservación?

a) Impidiendo que los microorganismos se multipliquen en el alimento.
b) Impidiendo que se produzcan reacciones químicas que deterioren los alimentos.
c) Reduciendo el número de microorganismos que hay en un alimento.
d) Todas son correctas.

2. ¿Cuál de los siguientes alimentos no es una conserva?

a) Embutidos.
b) Tallarines.
c) Mojama.
d) Yogur.

3. ¿Cuál de las siguientes afirmaciones acerca de la congelación no es cierta?

a) Es un método de conservación que se basa en la inhibición del crecimiento bacteriano.
b) La más correcta es la congelación rápida, ya que la lenta puede deteriorar los alimentos.
c) Se trata de mantener el alimento a una temperatura superior a −18 ºC.
d) La ultracongelación equivale a congelación rápida.

4. ¿Cuál es la función de un abatidor de temperatura?

a) Reducir rápidamente la temperatura de cualquier producto.
b) Aumentar rápidamente la temperatura de un producto hasta 70 ºC en el centro.
c) Conservar los alimentos.
d) Descongelar los alimentos.

5. ¿Cuál de las siguientes afirmaciones sobre la pasteurización es correcta?

a) Es un tratamiento térmico que destruye los microorganismos patógenos, es decir, aquellos que pueden perjudicar la salud del consumidor.
b) Se utiliza cuando un tratamiento de esterilización alteraría las características organolépticas del alimento.
c) Como ofrece menos garantía que la esterilización, va acompañado de otros métodos de conservación como frío o envases tipo brick.
d) Todas las afirmaciones anteriores son correctas.

6. ¿Cuál es la temperatura máxima de conservación de un alimento congelado?

a) −18 °C.
b) +18 °C.
c) 0 °C.
d) 5 °C.

7. Los boquerones en vinagre son un tipo de conserva de pescado. ¿En qué se basa?

a) En la deshidratación.
b) En la acidificación.
c) En la liofilización.
d) No están conservados.

8. ¿Qué es el encurtido?

a) Un tipo de pepinillo.
b) Un método de conservación que utiliza la temperatura.
c) Un método de conservación que utiliza vinagre.
d) Una forma de preparar pescado.

9. ¿Qué es la salmuera?

a) Un tipo de pescado.
b) Una especia.
c) Sal disuelta en agua.
d) Un método de conservación por frío.

10. ¿Qué alimentos se pueden salar para conservarlos?

a) Pescados.
b) Carnes.
c) Hortalizas.
d) Todos los anteriores.

11. ¿Para qué se utiliza el escabeche?

a) Para enriquecer el sabor.
b) Para conservar.
c) Para disminuir la temperatura del producto.
d) Las opciones a) y b) son correctas.

12. ¿Qué tipo de conservación se usa para los zumos de fruta?

a) Esterilización.
b) Deshidratación.
c) Pasteurización.
d) Congelación.

13. ¿Cómo se debe regenerar un producto refrigerado?

a) Calentando hasta que el centro alcance los 70 ºC.
b) Bajo el grifo.
c) Calentando ligeramente.
d) Cociendo media hora.

14. ¿Qué método de conservación utiliza el vinagre como ingrediente conservador?

a) Adobo.
b) Encurtido.
c) Salazón.
d) Las opciones a) y b) son correctas.

15. ¿Cuál de las siguientes afirmaciones no es correcta?

a) No se deben introducir latas de conserva una vez abiertas en el refrigerador.
b) Los géneros se deben meter en refrigerador en las cajas en que los sirvió el proveedor.
c) No se deben introducir géneros calientes en el refrigerador.
d) Los géneros se deben envolver antes de meter en la nevera.

16. ¿Qué tipo de conserva es el jamón?

a) Es un producto conservado por deshidratación.
b) Es un producto conservado por refrigeración.
c) Es un producto conservado por salazón.
d) No es un producto conservado.

17. ¿En qué consiste la desecación por atomización?

a) El producto líquido se pulveriza sobre unas placas y se somete a corrientes de aire caliente.
b) El producto pasa de sólido a gas directamente sin pasar por la fase líquida.

c) El producto se expone al sol o a corrientes de aire hasta que se seca.
d) Ninguna es correcta.

18. ¿Qué es confitar?

a) Método de conservación de frutas, que consiste en cocerla con azúcar para aumentar su concentración e impedir el crecimiento bacteriano.
b) Cocinar el alimento con su propia grasa o grasa añadida, si es necesario, de manera que quede cubierto completamente para protegerlo de los microorganismos.
c) Someter a los alimentos de origen vegetal a la acción del vinagre, con o sin sal, azúcares u otros condimentos.
d) Ninguna es correcta.

19. ¿Qué efecto tiene el frío sobre los alimentos?

a) Mata a los microorganismos, alargando la vida útil del alimento.
b) Solidifica el agua, impidiendo que esté disponible para los microorganismos.
c) Acidifica el medio, modificando su sabor.
d) Las respuestas a y b son correctas.

20. ¿En qué consiste la liofilización?

a) Eliminación del agua por sublimación.
b) Adición de agua.
c) Pulverización del alimento por fraccionamiento.
d) Ninguna respuesta es correcta.

21. ¿Con qué tipo de alimento se prepara la compota?

a) Con hortalizas.
b) Con carne.
c) Con aceites.
d) Con fruta.

22. ¿Qué son los productos de tercera gama?

a) Productos congelados no cocinados.
b) Productos limpios precocinados y envasados.
c) Productos totalmente preparados, cocinados, envasados al vacío y refrigerados.
d) Alimentos crudos.

23. ¿Qué vehículos se utilizarán para el transporte de leche?

a) Vehículos isotermos de fácil limpieza.
b) Cualquier vehículo si la distancia de desplazamientos es superior a 200 kilómetros.

c) Camiones congeladores.
d) Vehículos similares a los utilizados para el transporte de fruta y verdura.

24. ¿Cómo podrá evitar la desecación de los productos frescos durante su almacenamiento?

a) Bajando la temperatura de almacenamiento.
b) Subiendo la temperatura de almacenamiento.
c) Protegiéndolo con papel de polietileno.
d) Aumentando la humedad de la cámara.

25. ¿En qué fase se multiplican los microorganismos?

a) Fase lago-fase inicial.
b) Fase estacionaria.
c) Fase de crecimiento exponencial.
d) Fase de muerte.

26. ¿Cómo se puede impedir la multiplicación de microorganismos en los alimentos?

a) Disminuyendo de la temperatura.
b) Eliminando el agua.
c) Acidificando el medio.
d) Todas las respuestas son correctas.

27. ¿Para cuál de los siguientes productos se utiliza la pasteurización como método de conservación?

a) Anchoas.
b) Jamón.
c) Verduras.
d) Zumos.

28. ¿Para qué se utiliza el autoclave con agitación?

a) Higienizar alimentos.
b) Esterilizar líquidos.
c) Pasteurizar natas.
d) Todas son correctas.

29. ¿Qué tipo de congelación de alimentos produce cristales de hielo que dañan la estructura del producto?

a) Congelación artificial.
b) Congelación rápida.

c) Congelación lenta.
d) Congelación natural.

30. ¿Qué alimento es uno de los más idóneos para que se ultracongele fresco, ya que además de la ganancia nutricional se evita ciertas parasitosis, como la del anisakis?

a) Verdura.
b) Fruta.
c) Pescado.
d) Legumbres.

31. ¿Qué sistema de congelación mediante aire forzado es aquel donde el aire fluye perpendicular hacia la superficie del producto?

a) Congeladores de lecho fluido.
b) Congeladores de banda espiral.
c) Congeladores de circulación dividida de aire.
d) Congeladores de choque.

32. ¿Qué sistema de congelación reduce la oxidación que produciría el contacto con el aire?

a) Congeladores por contacto directo.
b) Congeladores de circulación dividida de aire.
c) Congeladores de choque.
d) Congeladores de lecho fluido.

33. La esterilización por calor se usa principalmente para:

a) Carnes rojas y blancas.
b) Frutas y verduras.
c) Conservas.
d) Legumbres.

34. La esterilización a temperaturas superiores a 100 ºC produce una disminución de las propiedades nutritivas de los alimentos, ocasionando sobre las grasas un/una:

a) Coagulación, y aparición de compuestos tóxicos.
b) Oxidación, y aparición de compuestos tóxicos.
c) Enranciamiento, y aparición de compuestos tóxicos.
d) Caramelización, y aparición de compuestos tóxicos.

35. El principal equipo empleado para esterilización es:

a) El horno convencional.
b) El autoclave.

c) La estufa.
d) El Poupinel.

36. Respecto al empleo de radiaciones como medio de conservación de los alimentos, todo lo que se dice es falso, excepto que:

a) No desinfecta.
b) Retrasa la maduración de frutas y hortalizas.
c) No destruye las bacterias existentes en la carne fresca.
d) No elimina los insectos.

37. ¿Qué sistema de deshidratación de alimentos es aquel donde se genera calor o corrientes de aire sobre el alimento?

a) Desecación natural.
b) Deshidratación artificial.
c) Atomización.
d) Deshidratación de sólidos.

38. ¿Cómo se llama el método para reducir la cantidad de agua de un alimento, en el que se produce el paso de sólido a gas sin pasar por líquido?

a) Sublimación.
b) Liofilización.
c) Ahumado.
d) Uperización.

39. El ahumado en caliente se emplea para:

a) Salchichas.
b) Jamón.
c) Salmón.
d) Queso.

40. ¿Cuáles de los siguientes elementos deberán figurar en la lista de ingredientes de la etiqueta?

a) Los aditivos.
b) Los coadyuvantes tecnológicos.
c) Las sustancias utilizadas en las dosis estrictamente necesarias como disolventes o soportes para aditivos, enzimas y aromas.
d) Todos los anteriores.

41. ¿Qué grado alcohólico tendrá una bebida para que haya obligación de indicarlo en el envase?

a) 0,2 %.
b) 1,2 %.

c) 1,5 %.
d) 2 %.

42. ¿En qué unidades se expresará la cantidad neta de un producto líquido?

a) Unidades de masa.
b) Unidades de peso.
c) Unidades de volumen.
d) Tanto por ciento.

43. ¿Cómo indicará la etiqueta la duración de un producto?

a) Tiempo máximo de duración.
b) Día de fabricación.
c) Fecha de consumo preferente o de consumo obligado.
d) Fecha de duración mínima o fecha de caducidad.

44. ¿Dónde se establece la lista de ingredientes en los que se indicará en la etiqueta mediante una referencia clara al nombre de dicho ingrediente?

a) Anexo V del RD 1334/1999.
b) Anexo II del RD 1334/1999.
c) Artículo I del RD 1334/1999.
d) Ninguna respuesta es correcta.

45. Las carnes en canales y medias canales, tal y como se presentan en los mataderos, ¿qué tipo de productos son?

a) De 1.ª gama.
b) De 2.ª gama.
c) De 3.ª gama.
d) De 4.ª gama.

46. ¿Qué efecto conservador tiene el envasado al vacío?

a) Antioxidante.
b) Antibacteriano.
c) Oxidante.
d) Las respuestas a) y b) son correctas.

47. Respecto al transporte de alimentos, ¿qué está prohibido?

a) Transportar alimentos no aptos para el consumo junto a los que sí lo son.
b) Transportar alimentos que no estén correctamente etiquetados y precintados.
c) Transportar productos alimenticios junto a cualquier sustancia tóxica.
d) Todas las respuestas son correctas.

48. ¿Cómo podrá evitar la desecación de los productos frescos durante su almacenamiento?

a) Bajando la temperatura de almacenamiento.
b) Subiendo la temperatura de almacenamiento.
c) Protegiéndolo con papel de polietileno.
d) Aumentando la humedad de la cámara.

49. ¿Cómo se denomina la fase de los microorganismos en la que estos se están adaptando al medio, por lo que su número permanece más o menos constante?

a) Fase estacionaria.
b) Fase de crecimiento exponencial.
c) Fase lago o inicial.
d) Fase de muerte.

50. ¿Para qué producto no se emplea generalmente la salmuera seca?

a) Bacalao.
b) Anchoa.
c) Beicon.
d) Jamón serrano.

Solución al test n.º 6

1. d) Todas las anteriores.

2. b) Tallarines.

3. c) Se trata de mantener el alimento a una temperatura superior a −18 ºC.

4. a) Reducir rápidamente la temperatura de cualquier producto.

5. d) Todas las afirmaciones anteriores son correctas.

6. a) −18 ºC.

7. b) En la acidificación.

8. c) Un método de conservación que utiliza vinagre.

9. c) Sal disuelta en agua.

10. d) Todos los anteriores.

11. d) Las opciones a) y b) son correctas.

12. c) Pasteurización.

13. a) Calentando hasta que el centro alcance los 70 ºC.

14. d) Las opciones a) y b) son correctas.

15. b) Los géneros se deben meter en refrigerador en las cajas en que los sirvió el proveedor.

16. c) Es un producto conservado por salazón.

17. a) El producto líquido se pulveriza sobre unas placas y se somete a corrientes de aire caliente.

18. b) Cocinar el alimento con su propia grasa o grasa añadida, si es necesario, de manera que quede cubierto completamente para protegerlo de los microorganismos.

19. b) Solidifica el agua, impidiendo que esté disponible para los microorganismos .

20. a) Eliminación del agua por sublimación.

21. d) Con fruta.

22. a) Productos congelados no cocinados.

23. a) Vehículos isotermos de fácil limpieza.

24. c) Protegiéndolo con papel de polietileno.

25. c) Fase de crecimiento exponencial.

26. d) Todas las respuestas son correctas.

27. d) Zumos.

28. b) Esterilizar líquidos.

29. c) Congelación lenta.

30. c) Pescado.

31. d) Congeladores de choque.

32. a) Congeladores por contacto directo.

33. c) Conservas.

34. b) Oxidación, y aparición de compuestos tóxicos.

35. b) El autoclave.

36. b) Retrasa la maduración de frutas y hortalizas.

37. b) Deshidratación artificial.

38. b) Liofilización.

39. a) Salchichas.

40. a) Los aditivos.

41. b) 1,2 %.

42. c) Unidades de volumen.

43. d) Fecha de duración mínima o fecha de caducidad.

44. a) Anexo V del RD 1334/1999.

45. a) De 1.ª gama.

46. a) Antioxidante.

47. d) Todas las respuestas son correctas.

48. c) Protegiéndolo con papel de polietileno.

49. c) Fase lago o inicial.

50. c) Beicon.

El sistema de análisis de peligros y puntos de control críticos (APPCC) en la industria alimentaria. Principios y Prerrequisitos. Responsabilidades del Operario de Cocina dentro del sistema APPCC, como manipulador de alimentos

1. El sistema de autocontrol en seguridad alimentaria basado en los principios del (APPCC) tiene como objetivo:

a) Establecer un plan de emergencia para el caso de incendio.
b) Identificar, valorar y controlar los peligros sanitarios e higiénicos asociados al conjunto y a cada una de las fases de la cadena alimentaria.
c) Analizar las pautas de comportamiento de los trabajadores.
d) Ninguna de las anteriores respuestas es la correcta.

2. El sistema de APPCC está basado en:

a) Dos principios.
b) Tres principios.
c) Seis principios.
d) Siete principios.

3. La verificación del sistema de APPCC debe realizarse:

a) Periódicamente, con el fin de asegurar que los puntos de control crítico están bajo control.
b) Cuando existan dudas de la seguridad del producto.
c) Cuando se hagan modificaciones en el Plan APPCC.
d) Todas las respuestas son correctas.

4. Es, entre otras, función del coordinador del equipo de implantación del sistema de APPCC:

a) La organización de las reuniones.
b) La elaboración de menús.
c) El registro de las decisiones del equipo.
d) Las opciones a) y c) son correctas.

5. El establecimiento de un sistema de registro o documentación de los planes relativos a los sistemas de APPCC, permite:

a) Mostrar las incidencias ocurridas, la toma de decisiones y comprobar si el sistema está funcionado con eficacia.
b) Comprobar la salubridad de los alimentos.
c) Determinar quién realiza la vigilancia del sistema.
d) No es uno de los principios en los que se basa el sistema de APPCC.

6. ¿Qué se entiende por "trazabilidad"?

a) La posibilidad de encontrar y seguir el rastro, a través de todas las etapas de la producción, transformación y distribución de un alimento.
b) La información contenida en la etiqueta de un producto alimenticio.
c) Las fases de la producción de un alimento hasta que está listo para su venta y consumo.
d) La posibilidad de encontrar el rastro de un alimento a partir del momento en que se comercializa.

7. Cuando se describe la vida del producto y los procedimientos utilizados, ¿de qué tipo de trazabilidad hablamos?

a) Trazabilidad hacia atrás.
b) Trazabilidad de proceso.
c) Trazabilidad hacia delante.
d) Todas las respuestas son correctas.

8. ¿Cómo se denomina en el sistema de trazabilidad al eslabón intermedio que describe la vida del producto y los procedimientos utilizados?

a) Trazabilidad hacia atrás.
b) Trazabilidad de proceso.
c) Trazabilidad hacia delante.
d) Trazabilidad operativa.

9. La información sobre los productos que se han sometido a trazabilidad será clara para:

a) Los clientes.
b) La Administración.
c) La empresa alimentaria y los clientes.
d) La Administración y los clientes.

10. ¿Cuál es el principio 1 del sistema APPCC?

a) Identificar los Puntos de Control Críticos (PCC) del proceso.
b) Establecer un sistema eficaz de registro de datos que documente el APPCC.

c) Realizar un análisis de peligros.

d) Establecer un sistema de vigilancia para asegurar el control de los PCC mediante observaciones o pruebas programadas.

11. ¿En cuántos principios está basado el sistema APPCC?

a) En 5.

b) En 7.

c) En 11.

d) En 18.

12. ¿Quién será el responsable de aprobar el Plan APPCC y todas las revisiones que se realicen en el mismo, y hacer que se cumpla en el hospital, sin delegación a terceros?

a) El Jefe de Servicio de Seguridad e Higiene en el Trabajo.

b) El Gerente del Hospital.

c) El Jefe de Servicio de Medicina Preventiva.

d) El Jefe de Servicio de Hostelería.

13. ¿Qué método se utiliza para la higienización de los contenedores de distribución de comidas?

a) Manuales.

b) Mecánicos.

d) Físicos.

d) Ninguno.

14. ¿Qué características tendrán las cámaras de refrigeración?

a) Tendrán capacidad suficiente.

b) Estarán dotadas de dispositivos de control o medición de la temperatura.

c) Tendrán la potencia frigorífica suficiente para garantizar las temperaturas reglamentarias de conservación.

d) Todas las respuestas son correctas.

15. ¿Qué es la transmisión indirecta?

a) Los manipuladores pueden contaminar los alimentos a través de las manos después de haber manipulado alimentos crudos, basuras y objetos ajenos a la actividad de cocina, o por haberse lavado las manos con trapos o toallas de tela, o a través de la ropa de trabajo si no está limpia.

b) Los manipuladores pueden transferir a los alimentos ciertos microorganismos de los que pueden ser portadores, a través de las secreciones de la boca y la nariz, piel y heridas, o a través de las manos si no se lavan adecuadamente después de haber hecho uso del WC.

c) Los manipuladores pueden contaminar los alimentos a través de las manos después de haber manipulado alimentos cocidos, basuras y objetos ajenos a la actividad de cocina, o por haberse lavado las manos con trapos o toallas de tela, o a través de la ropa de trabajo si no está limpia.

d) Los manipuladores pueden transferir a los alimentos ciertos microorganismos de los que pueden ser portadores, a través de las secreciones de la boca y la nariz, piel y heridas, o a través de las manos si se lavan adecuadamente después de haber hecho uso del WC.

16. Para evitar una posible contaminación de los alimentos, se establecen una serie de medidas preventivas dirigidas al propio personal de manipulación, entre las que se encuentran:

a) En los locales de manipulación deben instalarse lavamanos, de fácil acceso, de accionamiento no manual, dotados de agua fría y caliente y útiles higiénicos para el lavado y secado de manos.

b) Están aconsejadas las toallas de tela de varios usos y las pastillas de jabón.

c) Los manipuladores de alimentos deben usar ropa adecuada en correctas condiciones de limpieza (a ser posible, debe cambiarse diariamente), de colores claros, cómoda, ligera, amplia y que facilite los movimientos del manipulador.

d) Los manipuladores deben llevar prenda de cabeza para evitar que se toquen los cabellos o estos puedan caer sobre los alimentos.

17. La periodicidad de los tratamientos de desinsectación y desratización:

a) Será semanal.

b) Será mensual.

c) Será anual.

d) Dependerá del tipo de industria, para lo cual debe desarrollarse un programa sistemático de vigilancia, detección y erradicación de estas plagas de forma similar al programa de limpieza y desinfección.

18. El sistema APPCC es un sistema de autocontrol para garantizar:

a) La calidad higiénico-preventiva de los alimentos.

b) La calidad higiénico-técnica de los alimentos.

c) La calidad higiénico-sanitaria de los alimentos.

d) Ninguna de las anteriores.

19. El sistema APPCC se basa en principios que permiten elaborar y mantener un Plan APPCC. ¿De cuántos principios se trata?

a) De cinco.

b) De siete.

c) De seis.

d) De ocho.

20. ¿Cuál de los siguientes no es un Principio para mantener un Plan APPCC?

a) Realizar un análisis de peligros.

b) Establecer los límites críticos que deberán alcanzarse para asegurar que el PCC está bajo control.

c) Establecer las acciones correctoras a realizar cuando la vigilancia detecte que un PCC está fuera de control.

d) Establecer un sistema para registrar que el Plan APPCC está funcionando correctamente.

21. ¿A qué principio corresponde: "Etapa en la cual se establecen parámetros, reglas, normas y tolerancias indicativos, denominados también límites críticos, los cuales se requieren para asegurar que los Puntos Críticos (PCC) están bajo control"?

a) Principio 1. Realizar un análisis de peligros.

b) Principio 4. Establecer un sistema de vigilancia para asegurar el control de los PCC mediante observaciones o pruebas programadas.

c) Principio 6. Establecer un sistema para verificar que el Plan APPCC está funcionando correctamente.

d) Principio 3. Establecer los límites críticos que deberán alcanzarse para asegurar que el PCC está bajo control.

22. Señala la respuesta incorrecta. Algunos de los criterios con más frecuencia utilizados como límites críticos son:

a) Tiempo y temperatura.

b) Humedad y reactividad del agua (Aw).

c) Cloro residual disponible y viscosidad.

d) Datos sensoriales y Ph o acidez titulable.

23. Las técnicas en la vigilancia de los APPCC son:

a) La observación y evaluación sensorial.

b) La medición de parámetros físicos y controles químicos.

c) Los análisis microbiológicos.

d) Todas las anteriores son técnicas en la vigilancia de los APPCC.

24. Con el fin de hacer frente a las desviaciones detectadas al no satisfacerse los criterios de control o límites críticos, se deben formular:

a) Medidas correctivas específicas para cada PCC del sistema de APPCC.

b) Actividades correctivas específicas para cada PCC del sistema de APPCC.

c) Evaluaciones correctivas específicas para cada PCC del sistema de APPCC.

d) Ninguna de las anteriores.

25. Las acciones correctivas incluyen:

a) Tres actividades: identificar los productos que se salieron de control; corregir las causas de la pérdida de control y mantener registros de las acciones correctivas y el destino de los productos desviados.

b) Dos actividades: usar los resultados de vigilancia para ajustar el proceso y mantenerlo bajo control; identificar los productos que se salieron de control.

c) Cuatro actividades: usar los resultados del vigilancia para ajustar el proceso y mantenerlo bajo control; identificar los productos que se salieron de control; corregir las causas de la pérdida de control y mantener registros de las acciones correctivas y el destino de los productos desviados.

d) Cinco actividades: usar los resultados del vigilancia para ajustar el proceso y mantenerlo bajo control; identificar los productos que se salieron de control; corregir las causas de la pérdida de control y mantener registros de las acciones correctivas y el destino de los productos desviados, vigilar que se cumpla el plan.

Solución al test n.º 7

1. b) Identificar, valorar y controlar los peligros sanitarios e higiénicos asociados al conjunto y a cada una de las fases de la cadena alimentaria.

2. d) Siete principios.

3. d) Todas las respuestas son correctas.

4. d) Las opciones a) y c) son correctas.

5. a) Mostrar las incidencias ocurridas, la toma de decisiones y comprobar si el sistema está funcionado con eficacia.

6. a) La posibilidad de encontrar y seguir el rastro, a través de todas las etapas de la producción, transformación y distribución de un alimento.

7. b) Trazabilidad de proceso.

8. b) Trazabilidad de proceso.

9. d) La Administración y los clientes.

10. c) Realizar un análisis de peligros.

11. b) En 7.

12. b) El Gerente del Hospital.

13. b) Mecánicos.

14. d) Todas las respuestas son correctas.

15. a) Los manipuladores pueden contaminar los alimentos a través de las manos después de haber manipulado alimentos crudos, basuras y objetos ajenos a la actividad de cocina, o por haberse lavado las manos con trapos o toallas de tela, o a través de la ropa de trabajo si no está limpia.

16. b) Están aconsejadas las toallas de tela de varios usos y las pastillas de jabón.

17. d) Dependerá del tipo de industria, para lo cual debe desarrollarse un programa sistemático de vigilancia, detección y erradicación de estas plagas de forma similar al programa de limpieza y desinfección.

18. c) La calidad higiénico-sanitaria de los alimentos.

19. b) De siete.

20. d) Establecer un sistema para registrar que el Plan APPCC está funcionando correctamente.

21. d) Principio 3. Establecer los límites críticos que deberán alcanzarse para asegurar que el PCC está bajo control.

22. b) Humedad y reactividad del agua (Aw).

23. d) Todas las anteriores son técnicas en la vigilancia de los APPCC.

24. a) Medidas correctivas específicas para cada PCC del sistema de APPCC.

25. c) Cuatro actividades: usar los resultados del vigilancia para ajustar el proceso y mantenerlo bajo control; identificar los productos que se salieron de control; corregir las causas de la pérdida de control y mantener registros de las acciones correctivas y el destino de los productos desviados.

TEST N.º 8

Sopas y purés: ingredientes y preparación

1. ¿Qué diferencia hay entre el fondo blanco y el fondo oscuro?

a) El fondo oscuro lleva carne que se dora previamente.
b) El fondo claro lleva carne que se dora previamente.
c) El fondo oscuro lleva hueso y el claro solo carne.
d) El fondo claro lleva carne y el oscuro hueso.

2. ¿Cómo se denomina la mezcla cocinada de mantequilla y harina a partes iguales?

a) Roux.
b) Tapioca.
c) Mantequilla manié.
d) Ninguna respuesta es correcta.

3. ¿Cuál de estos ingredientes sirven para espesar?

a) Albúmina.
b) Almidón.
c) Grasa.
d) Todas las respuestas son correctas.

4. ¿Qué tipo de fondo es el que se obtiene por cocción de carne y huesos de ternera o ave normalmente, junto con hortalizas para condimentar, utilizándose para mojar carne guisada o arroz, así como para elaborar sopas, salsas, o cremas?

a) Fondo negro.
b) Fondo blanco.
c) Fondo gris.
d) Fumet.

5. ¿Cómo se denomina el caldo más o menos concentrado, y clarificado, que se elabora con carne o ave normalmente, aunque también se puede utilizar pescado?

a) Consomé.
b) Fumet.

c) Fondo.
d) Farce.

6. Un consomé simplemente concentrado es un consomé:

a) Glacé.
b) Ordinario.
c) Doble.
d) Gelée.

7. ¿Qué afirmación acerca de las gelatinas es falsa?

a) Son preparados incoloros, transparentes y casi sólidos a temperatura ambiente.
b) Se usan para abrillantar, dar cuerpo o decorar.
c) Pueden conservarse congeladas.
d) Al añadir zumos de fruta o infusiones la gelatina adquiere determinado color.

8. ¿Qué ligazón proteico de estos está presente principalmente en la clara de huevo y en la sangre?

a) Almidón.
b) Albúmina.
c) Colesterol graso.
d) Ácido hialurónico.

9. ¿Con qué otro nombre es conocida la crema de mariscos?

a) Bisqué.
b) Suprema.
c) Darne.
d) Sopa.

10. El componente básico de la sopa denominada boullabaisse es:

a) La carne.
b) El pescado.
c) La verdura.
d) La pasta.

11. Aceite, ajo, jamón, pimentón, huevo, pan y caldo de carne o consomé son los ingredientes de:

a) La sopa al cuarto de hora.
b) La sopa de ajo.
c) La sopa castellana.
d) La sopa Boullabaisse.

12. ¿Cómo se sirve un consomé caliente?

a) Solo.
b) Aromatizado o con guarnición.
c) Frío.
d) Son correctas las respuestas a y b.

13. ¿Qué guarnición lleva el consomé Aurora?

a) Tomate, huevo, arroz y jamón.
b) Tomate, tapioca y pollo.
c) Royal de langosta en dados y trufa.
d) Tapioca y coliflor.

14. ¿Cómo se denomina el consomé de caza con tiras de perdiz?

a) Consomé Vermicelli.
b) Consomé Dubarry.
c) Consomé Printanier.
d) Consomé Wedel.

15. ¿Qué es el royal?

a) Una sopa.
b) Un flan de huevo aromatizado.
c) Un relleno de verdura.
d) Un postre.

16. ¿Cuál de los siguientes es el consomé a la madrileña?

a) Consomé de ave con guarnición de tomate y fideos finos.
b) Consomé de ternera con carne de ternera.
c) Consomé de ave con riñones de ave y royal.
d) Consomé de ternera con juliana de creps a las finas hierbas.

17. ¿Cuál de las siguientes es una sopa de pescado?

a) Sopa castellana.
b) Sopa al cuarto de hora
c) Sopa pavesa catalana.
d) Sopa paisana.

18. ¿Qué tipo de pescado lleva la sopa boullabaisse?

a) Pescado de roca.
b) Pescado de carne blanda.

c) Pescado blanco.
d) Cualquier pescado.

19. ¿Qué ingrediente no lleva la sopa de cebolla gratinada?

a) Pan tostado.
b) Queso rallado.
c) Zanahoria.
d) Cebolla en juliana.

20. ¿Qué es falso sobre la elaboración de la sopa de cebolla gratinada?

a) Se utiliza pan tostado.
b) La cebolla en juliana se dora a fuego lento con mantequilla.
c) Cuando está preparada se cubre con queso rallado y se gratina.
d) Deberá resultar un preparado bastante caldoso.

21. ¿Qué diferencia hay entre la sopa pavesa catalana y la sopa de cebolla?

a) La sopa pavesa catalana lleva jamón serrano en daditos.
b) La sopa pavesa catalana lleva puerro.
c) La sopa de cebolla tiene una composición completamente diferente que la pavesa catalana.
d) La sopa pavesa catalana lleva guisantes y la de cebolla no.

22. ¿Cuál de las siguientes es una sopa de ajo?

a) Sopa pavesa catalana.
b) Sopa paisana.
c) Sopa castellana.
d) Todas las sopas llevan ajo.

23. ¿Qué peculiaridad tiene la sopa castellana en León?

a) Se sustituye el ajo por cebolla.
b) Se sustituye el jamón o chorizo por trucha, limpia y troceada.
c) Se le añade chorizo.
d) No tiene ninguna peculiaridad. Se elabora de la misma manera que en el resto de provincias.

24. ¿Cómo se cortan habitualmente las hortalizas para la sopa?

a) En Juliana.
b) En Mirepoix.
c) Torneadas.
d) Son correctas las respuestas a y b.

25. ¿Cuál de estas verduras no lleva la sopa juliana?

a) Repollo.
b) Coliflor.
c) Puerro.
d) Nabo.

26. ¿Cómo se denomina el producto previamente cocinado y después triturado por medios mecánicos o manuales?

a) Sopa.
b) Crema.
c) Puré.
d) Fondo.

27. ¿Cómo se cocina la patata para la elaboración de puré?

a) Cocida.
b) Asada.
c) Cruda.
d) Puede ser tanto la respuesta a) como la b).

28. Patatas, yema de huevo, mantequilla, sal, pimienta blanca, y nuez moscada. ¿Cuál es la denominación?

a) Parmentier.
b) Duquesa.
c) Delfín.
d) Marquesa.

29. ¿Cómo se clasifican las cremas?

a) Por el tipo de ligazón.
b) Por la temperatura de servicio.
c) Por sus elementos de composición.
d) Todas las respuestas son correctas.

30. ¿De qué tipo es la vichissoise?

a) Puré.
b) Crema blanca de hortalizas.
c) Crema basada en un fondo oscuro.
d) Crema de legumbre.

31. ¿Cuál de las siguientes elaboraciones no se sirve fría?

a) Gazpacho.
b) Ajoblanco.

c) Condé.
d) Ninguna de ellas se sirve fría.

32. ¿Cómo se denomina la crema de judías blancas y patatas guarnecidas con picatostes de pan frito?

a) Alexandra.
b) Argentuil.
c) Bretona.
d) Condé.

33. ¿Qué lleva la crema Alexandra?

a) Patatas, guarnecidas con juliana de ave y lechuga.
b) Espárragos blancos y patatas.
c) Judías blancas y patatas, guarnecidas con picatostes de pan frito.
d) Judías pintas.

34. ¿En qué consiste la guarnición Celestina?

a) Verduras cortadas en juliana.
b) Fideos de cabello.
c) Crepes con finas hierbas cortadas en rombos o en juliana.
d) Tiras de pollo.

35. ¿Cuál de las siguientes guarniciones puede acompañar una crema?

a) Vernicelli.
b) Chantilly.
c) Brunoise.
d) Todas las anteriores.

36. ¿Qué son los picatostes?

a) Pan en tiras asadas.
b) Pan tostado.
c) Pan en daditos frito.
d) Pan natural.

37. ¿Cómo se denomina el flan de huevo, caldo y leche sin endulzar que se corta en cubitos o con cortapastas?

a) Picatoste.
b) Royale.
c) Conté.
d) Brunoise.

38. ¿Cuál de los siguientes alimentos no se utiliza en la elaboración de puré?

a) Patata.
b) Lentejas.
c) Ñoquis.
d) Castañas.

39. La sopa al cuarto de hora, es una sopa de:

a) Verduras.
b) Pescados.
c) Arroz.
d) Fideos.

40. ¿Qué ingrediente no lleva una sopa castellana?

a) Ajo.
b) Jamón.
c) Zanahoria.
d) Huevo.

41. Una crema esau es:

a) Puré de guisantes, mantequilla, crema de nata.
b) Puré de patata, puerro, crema de leche.
c) Puré de lentejas, arroz, mantequilla, crema de leche.
d) Puré de zanahorias, arroz, mantequilla, crema de leche.

42. Cuando elaboramos una velouté utilizaremos como ingrediente principal:

a) Caldo de ave o fumet.
b) Patata.
c) Leche.
d) Tomate.

43. En cocina, cómo se denomina la operación culinaria tendente a mejorar el punto de sazonamiento de los alimentos:

a) Reconstruir.
b) Rectificar.
c) Condimentar.
d) Degustar.

44. Si queremos elaborar un puré bretona, utilizaremos:

a) Guisantes cocidos con cerdo.
b) Judías blancas con un poco de tomate.

c) Puerro, cebolla y patata.
d) Lentejas con arroz.

45. ¿Qué afirmación corresponde con los fondos?

a) Hay varios tipos: blanco, oscuro y fumet.
b) Se utilizan como base para enriquecer otros platos.
c) Las respuestas a) y b) son correctas.
d) Ninguna es correcta.

46. Señala a qué elaboración se hace referencia cuando se refuerzan y clarifican fondos y se pueden servir tanto fríos como calientes:

a) Sopas guarnecidas claras.
b) Veloutés.
c) Consomé.
d) Fritos.

47. ¿Qué es una farsa?

a) Preparado para rellenar carnes, pastas o pasteles.
b) Parte ventral del cerdo.
c) Salsas básicas.
d) Derivado de la harina.

Solución al test n.º 8

1. a) El fondo oscuro lleva carne que se dora previamente.

2. a) Roux.

3. d) Todas las respuestas son correctas.

4. b) Fondo blanco.

5. a) Consomé.

6. c) Doble.

7. c) Pueden conservarse congeladas.

8. b) Albúmina.

9. a) Bisqué.

10. b) El pescado.

11. c) La sopa castellana.

12. d) Son correctas las respuestas a y b.

13. b) Tomate, tapioca y pollo.

14. d) Consomé Wedel.

15. b) Un flan de huevo aromatizado.

16. a) Consomé de ave con guarnición de tomate y fideos finos.

17. b) Sopa al cuarto de hora.

18. a) Pescado de roca.

19. c) Zanahoria.

20. d) Deberá resultar un preparado bastante caldoso.

21. a) La sopa pavesa catalana lleva jamón serrano en daditos.

22. c) Sopa castellana.

23. b) Se sustituye el jamón o chorizo por trucha, limpia y troceada.

24. d) Son correctas las respuestas a y b.

25. b) Coliflor.

26. c) Puré.

27. d) Puede ser tanto la respuesta a) como la b).

28. b) Duquesa.

29. d) Todas las respuestas son correctas.

30. b) Crema blanca de hortalizas.

31. c) Condé.

32. c) Bretona.

33. a) Patatas, guarnecidas con juliana de ave y lechuga.

34. c) Crepes con finas hierbas cortadas en rombos o en juliana.

35. b) Chantilly.

36. c) Pan en daditos frito.

37. b) Royale.

38. c) Ñoquis.

39. b) Pescados.

40. c) Zanahoria.

41. c) Puré de lentejas, arroz, mantequilla, crema de leche.

42. a) Caldo de ave o fumet.

43. c) Condimentar.

44. b) Judías blancas con un poco de tomate.

45. c) Las respuestas a) y b) son correctas.

46. c) Consomé.

47. a) Preparado para rellenar carnes, pastas o pasteles.

Huevos: mantenimiento y manipulación.
Tortillas: ingredientes y preparación

1. ¿Qué son las chalazas?

a) Embrión del huevo.
b) Cordones densos ligeramente elásticos de clara.
c) Cámara de aire de gran tamaño en huevos que no están frescos.
d) Resto de sangre en la clara del huevo.

2. ¿Qué peso mínimo tienen los huevos tamaño XL?

a) 93 gr.
b) 73 gr.
c) 63 gr.
d) 53 gr.

3. ¿Cuál es el primer número del código de los huevos ecológicos?

a) 0.
b) 1.
c) 2.
d) 3.

4. ¿Cómo se elaboran los huevos a «la poêle»?

a) Fritos.
b) Cocidos.
c) Al horno.
d) Hirviendo en vinagre.

5. ¿Qué características tiene el huevo en las elaboraciones?

a) Aglutinante.
b) Emulsionante.

c) Espesante.
d) Todas las respuestas son correctas.

6. ¿Cómo se deben conservar los huevos?

a) En refrigeración.
b) En congelación.
c) A temperatura ambiente.
d) En un lugar bien iluminado.

7. ¿Qué significa que un huevo se vaya al fondo en salmuera?

a) Muy fresco.
b) Poco fresco.
c) Pasado.
d) No indica nada.

8. Si mirando al trasluz un huevo está completamente oscuro, ¿qué indica?

a) Huevo fresco.
b) Huevo muy fresco.
c) Huevo pasado.
d) Huevo podrido.

9. Los huevos frescos vistos al ovoscopio aparecerán:

a) Perfectamente claros y sin sombra alguna.
b) La cámara de aire será de tamaño pequeño, de no más de 7 milímetros de altura.
c) La yema aparecerá sombreada en el centro sin un desplazamiento sensible hacia los lados.x
d) Todas las anteriores.

10. La denominación específica de huevo, hace referencia:

a) Única y exclusivamente a los huevos de aves domésticas.
b) Única y exclusivamente a los huevos de aves y reptiles.
c) Única y exclusivamente a los huevos de gallina.
d) Única y exclusivamente a los huevos de aves domésticas o no.

11. En los huevos abuñuelados:

a) Se pone mantequilla en una sartén, a fuego medio-bajo (100 ºC) y, cuando ésta se haya derretido, se incorporan los huevos.
b) Se pondrá una cantidad de aceite que cubra sobradamente la altura del huevo, oscilando la temperatura alrededor de los 180 ºC.

c) El aceite de la sartén no sobrepasa los 120 ºC y no debe cubrirlos.

d) Se pone en un platillo especial una nuez de mantequilla, se coloca el plato sobre la plancha caliente y cuando la mantequilla se derrite se ponen dos piezas de huevos.

12. Los huevos en cocote:

a) Son huevos que se introducen en un pequeño recipiente de cerámica.

b) Son también llamados huevos al plato.

c) Son huevos a la plancha.

d) Son huevos hilados.

13. ¿Cómo se conservan los huevos a la española?

a) No se conserva.

b) Se conserva en el frigorífico.

c) Se congelan.

d) Todas son correctas.

14. Los huevos que se introducen en un pequeño recipiente de cerámica o porcelana –generalmente una pieza en cada molde–, el cual se engrasa con mantequilla y a continuación se introduce en el baño maría y se cuecen en él, se denominan:

a) Huevos al plato.

b) Huevos gratinados.

c) Huevos al horno.

d) Huevos en cocote o moldeados.

15. ¿Qué otros géneros distintos de huevo se utilizan para elaborar tortilla?

a) Hortalizas.

b) Pescado.

c) Carne.

d) Se puede utilizar cualquiera de ellos: como ejemplo de los más utilizados están el bonito, el jamón, y las patatas.

16. ¿Qué característica del huevo hace adecuado su uso en pastelería junto a la harina?

a) Su capacidad espumante.

b) Su capacidad colorante.

c) Su capacidad emulsionante.

d) Su capacidad antiadherente.

17. ¿Qué diferencia a los huevos blancos y los morenos?

a) El valor nutritivo.

b) El color de la cascara.

c) La consistencia.
d) El modo de elaboración.

18. ¿Qué porcentaje del huevo ocupa la clara?

a) 10 %.
b) 35 %.
c) 58 %.
d) 87 %.

19. ¿Qué parte del huevo tiene más nutrientes?

a) Yema.
b) Clara.
c) Cáscara.
d) Cámara de aire.

20. ¿A qué categoría pertenecen los huevos que no han sufrido manipulación alguna, únicamente una limpieza en seco?

a) A.
b) B.
c) C.
d) D.

21. ¿A qué categoría pertenecen los huevos conservados?

a) A.
b) B.
c) C.
d) D.

22. ¿En qué consiste la capacidad aglutinante del huevo?

a) Favorece la formación de espumas.
b) Une fragmentos o partículas de distinto origen.
c) Permite obtener dispersiones de un líquido en otro insoluble en él.
d) Proporciona consistencia o densidad a un líquido.

23. ¿Por qué el huevo proporciona consistencia o densidad a un líquido?

a) Por su capacidad espesante.
b) Por su capacidad aglutinante.
c) Por su capacidad espumante.
d) Por su capacidad colorante.

24. ¿En cuál de las siguientes elaboraciones se utilizan verduras crudas?

a) Tortilla.
b) Huevos revueltos.
c) Huevos al plato.
d) Ensalada con huevo duro.

25. ¿Cuáles son las carnes que mejor acompañan al huevo?

a) Jamón y chorizo.
b) Pollo.
c) Vacuno.
d) Caza.

26. ¿Qué parte del huevo se puede deshidratar o desecar?

a) Yema.
b) Clara.
c) Huevo entero.
d) Todas las respuestas son correctas.

27. Si se introduce un huevo en una salmuera líquida al 12 % y sale a la superficie, ¿qué significa?

a) El huevo es fresco.
b) El huevo es extrafresco.
c) El huevo está pasado.
d) Este método no aclara nada sobre la frescura del huevo.

28. ¿Cómo se puede saber al cascar un huevo si está en condiciones óptimas de frescura?

a) Cuando la clara está densa y la yema en el centro.
b) Cuando la clara está poco densa y la yema desplazada.
c) Cuando la clara está líquida y la yema desplazada.
d) Cuando yema y clara están mezcladas.

29. ¿Se pueden tener indicios por el tacto si un huevo no es fresco?

a) No.
b) Un huevo no fresco tiene cáscara no lisa y brillante.
c) Un huevo con cáscara rugosa no es fresco.
d) Son correctas las respuestas b) y c).

30. ¿Cómo se pasteuriza el huevo?

a) Se calienta el huevo líquido a 25 grados centígrados, durante dos minutos.
b) Se calienta el huevo líquido a 65 grados centígrados, durante dos horas.

c) Se calienta el huevo líquido a 65 grados centígrados, durante dos minutos.
d) El huevo no se puede pasteurizar.

31. ¿Cuál de las siguientes elaboraciones de huevo se puede servir fría?

a) Huevos revueltos.
b) Huevos al plato.
c) Huevos a la pelee.
d) Huevos escalfados.

32. ¿Para qué platos se puede utilizar el huevo como ingrediente?

a) Primero.
b) Segundo.
c) Postre.
d) Todos los anteriores.

33. ¿Cuál de estos huevos tiene la clara semilíquida?

a) Pasado por agua.
b) Española.
c) Al plato.
d) Mollets.

34. ¿Qué tipo de tortilla es la tortilla francesa?

a) Enrollada.
b) Cuadrada.
c) Redonda.
d) Todas son correctas.

35. ¿Qué tipo de tortilla es la tortilla de patatas?

a) Enrollada.
b) Cuadrada.
c) Redonda.
d) Todas son correctas.

Solución al test n.º 9

1. b) Cordones densos ligeramente elásticos de clara.

2. b) 73 gr.

3. a) 0.

4. a) Fritos.

5. d) Todas las respuestas son correctas.

6. c) A temperatura ambiente.

7. a) Muy fresco.

8. d) Huevo podrido.

9. d) Todas las anteriores.

10. c) Única y exclusivamente a los huevos de gallina.

11. b) Se pondrá una cantidad de aceite que cubra sobradamente la altura del huevo, oscilando la temperatura alrededor de los 180 ºC.

12. a) Son huevos que se introducen en un pequeño recipiente de cerámica.

13. a) No se conserva.

14. d) Huevos en cocote o moldeados.

15. d) Se puede utilizar cualquiera de ellos: como ejemplo de los más utilizados están el bonito, el jamón, y las patatas.

16. a) Su capacidad espumante.

17. b) El color de la cascara.

18. c) 58 %.

19. a) Yema.

20. a) A.

21. b) B.

22. b) Une fragmentos o partículas de distinto origen.

23. a) Por su capacidad espesante.

24. d) Ensalada con huevo duro.

25. a) Jamón y chorizo.

26. d) Todas las respuestas son correctas.

27. c) El huevo está pasado.

28. a) Cuando la clara está densa y la yema en el centro.

29. b) Un huevo no fresco tiene cáscara no lisa y brillante.

30. c) Se calienta el huevo líquido a 65 grados centígrados, durante dos minutos.

31. d) Huevos escalfados.

32. d) Todos los anteriores.

33. a) Pasado por agua.

34. a) Enrollada.

35. c) Redonda.

Arroz blanco. Pasta: ingredientes y preparación. Ensaladas más habituales

1. ¿Qué ingredientes lleva la salsa pesto?

a) Carne picada, tomate, ajo, cebolla, sal y aceite de oliva.
b) Aceite de oliva, albahaca, ajo, sal, piñones y queso parmesano.
c) Panceta, aceite de oliva, ajo, huevos, queso parmesano, sal y pimienta.
d) Tomate, ajo, cebolla, aceite de oliva, sal y guindilla.

2. ¿Qué tipo de queso es el Ricota?

a) Fresco.
b) Semicurado.
c) Curado.
d) Añejo.

3. ¿Qué salsa de las siguientes es picante?

a) Carbonara.
b) Arrabiata.
c) Pesto.
d) Boloñesa.

4. Señala cuál de las siguientes pastas es gruesa y hueca:

a) Estrellitas.
b) Fusilli.
c) Ditali.
d) Canelones.

5. ¿Qué forma tiene la pasta *fetuccine*?

a) Tiras planas.
b) Anillos.

c) Láminas cuadradas.
d) Cilindros.

6. ¿Cuál de las siguientes es una pasta corta hueca?

a) Rigatoni.
b) Anelli.
c) Ravioli.
d) Linguine.

7. ¿Qué es la polenta?

a) Pasta de patata.
b) Pasta de origen griego confeccionada con sémola o semolina de maíz.
c) Pasta de origen alemán elaborada con harina de trigo.
d) Ninguna respuesta es correcta.

8. ¿Cómo se cuece la pasta en la fideuá?

a) Con agua sin sal.
b) Con caldo sobre un sofrito en el agua.
c) Con escasa agua condimentada.
d) Con aceite abundante.

9. ¿De qué leche se obtiene el queso Pecorino?

a) Vaca.
b) Oveja.
c) Cabra.
d) Mezcla de los tres.

10. ¿De qué tipo es el queso Fontina?

a) Queso curado de leche de vaca.
b) Queso curado de leche de oveja.
c) Queso cremoso de leche de vaca.
d) Queso cremoso de leche de oveja.

11. ¿A qué pertenece la denominación de origen Calasparra?

a) Aceite de Madrid.
b) Arroz de Murcia.
c) Jamón de Galicia.
d) Queso de Cáceres.

12. ¿Cuánto mide el grano largo de arroz?

a) Más de 10 mm.
b) Más de 6 mm.
c) Entre 5 y 6 mm.
d) Menos de 5 mm.

13. ¿Cómo se obtiene el arroz glaseado?

a) A partir del arroz blanco sin pericarpio, tratado con glucosa y/o talco para usos alimenticios.
b) A partir del arroz blanco tratado con parafina líquida o con aceites, ambos aptos para el consumo humano.
c) Es sometido a tratamiento para aumentar su valor nutritivo.
d) Resultado de distintos grados de trituración de trocitos de arroz muy blanqueados.

14. ¿Cuál es el arroz típico en Japón?

a) Surinam.
b) Basmati.
c) Glutinoso.
d) Salvaje.

15. ¿Qué textura tiene el *risotto*?

a) Caldosa.
b) Cremosa.
c) Seca.
d) Aglutinado.

16. ¿Cómo se sirve el arroz *abanda*?

a) Caldoso.
b) El arroz se acompaña de alioli, y el pescado o marisco se sirve por separado.
c) El pescado se coloca sobre el arroz y se sirven al tiempo.
d) El arroz se sirve revuelto con la carne.

17. ¿Qué es el arroz «colorao»?

a) Arroz seco con marisco.
b) Arroz caldoso con judías rojas.
c) Arroz a la criolla adicionado de manteca o aceite de achiote.
d) Arroz cocido en vino tinto, y dorado al horno.

18. ¿Cómo se denomina el postre de arroz recubierto de gelatina de grosella?

a) Emperatriz.
b) Conde.

c) Duque.
d) Reina.

19. ¿Qué característica tiene el arroz con leche de Asturias?

a) Lleva canela.
b) Se perfuma con anís.
c) Va cubierto de grosella.
d) Lleva zumo de limón.

20. ¿Cuál es la pasta que se utiliza más habitualmente en la sopa?

a) Fideos.
b) Estrellitas.
c) Coditos.
d) Las respuestas a y b son correctas.

21. ¿Qué alimentos componen la salsa boloñesa?

a) Carne picada, tomate, ajo, cebolla, sal y aceite de oliva.
b) Carne picada, ajo, cebolla y nata.
c) Zanahoria, pollo y hierbas aromáticas.
d) Aceite de oliva, albahaca, cebolla y piñones.

22. ¿Qué salsa se prepara con panceta, aceite de oliva, ajo, huevos, queso parmesano, sal y pimienta?

a) Boloñesa.
b) Carbonara.
c) Pesto.
d) Arrabiata.

23. ¿Cuál de estas salsas no lleva tomate?

a) Al queso.
b) Arrabiata.
c) Pesto.
d) Boloñesa.

24. ¿Cuál de estas salsas lleva guindilla?

a) Arrabiata.
b) Pesto.
c) Carbonara.
d) Boloñesa.

25. ¿Cuáles son los ingredientes básicos de la pasta alimenticia?

a) Harina, azúcar y agua.
b) Harina y agua.
c) Azúcar, agua y huevo.
d) Harina y huevo.

26. ¿Qué diferencia a las pastas secas de las frescas?

a) Un proceso de desecación.
b) Un proceso de hidratación.
c) La cantidad de harina.
d) La cantidad de huevo.

27. ¿Cómo se denomina la pasta que ha sido enriquecida con otros ingredientes?

a) Pastas simples.
b) Pastas compuestas.
c) Pastas elaboradas.
d) Pastas frescas.

28. ¿Cuáles son las pastas alimenticias rellenas?

a) Pastas simples rellenas.
b) Pastas compuestas rellenas.
c) La característica de estas pastas es que están rellenas con un preparado.
d) Todas las respuestas son correctas.

29. ¿Qué características tiene la pasta de canelones?

a) Son láminas planas rectangulares, de entre 15-20 cm de diámetro.
b) Son láminas planas de 1-2 cm de lado.
c) Son láminas planas cuadradas, de entre 8-10 cm de lado.
d) Son láminas circulares plegadas sobre sí mismas.

30. ¿Qué son los fusilli?

a) Tiras largas y planas de pasta fresca.
b) Variedad ondulada de espaguetis.
c) Un tipo de salsa que acompaña a los macarrones.
d) El relleno de los ravioli.

31. ¿Qué forma tienen los ñoquis?

a) Plana.
b) Alargada.

c) De concha.
d) De espiral.

32. ¿Cuál de las siguientes pastas no son rellenas?

a) Raviolli.
b) Tortelini.
c) Ditali.
d) Canelones.

33. ¿Qué son los fetuccine?

a) Tallarines.
b) Espagueti.
c) Lazos.
d) Caracolas.

34. ¿Cuál es la cantidad de pasta (ración) aconsejada para un joven de 18 años?

a) 50 gr.
b) 60 gr.
c) 70 gr.
d) 80 gr.

35. ¿Qué aporta el huevo como ingrediente en la pasta?

a) Consistencia a la masa.
b) Hidratos de carbono.
c) Dureza.
d) Todas las respuestas son correctas.

36. ¿Qué aporta la verdura como ingrediente en la pasta?

a) Color.
b) Sabor.
c) Vitaminas y minerales.
d) Todas las respuestas son correctas.

37. ¿De cuál de estos elementos carece la pasta?

a) Gluten.
b) Lisina.
c) Hidratos de carbono.
d) Todas las respuestas son correctas.

38. ¿Cómo se cuecen las pastas?

a) En abundante agua sin sal.
b) Con una cucharada de aceite para que no se peguen, especialmente si se va a servir inmediatamente.
c) Sin remover durante la cocción.
d) Durante un tiempo prolongado, superior a media hora.

39. ¿Cuál de estas pastas necesita mayor tiempo de cocción?

a) Macarrones.
b) Espaguetis.
c) Tallarines.
d) Vermicelle.

40. ¿Cuándo está la pasta "al dente"?

a) Cuando se deshace en la boca.
b) Cuando está dura en el borde.
c) Cuando aún mantiene entereza en el núcleo de la masa.
d) Cuando está al gusto del cliente.

41. ¿Dónde se almacena la pasta seca?

a) En refrigeración.
b) En lugar seco y ventilado.
c) Junto a la pasta fresca.
d) En cualquier lugar. No tiene requisitos específicos de almacenamiento.

42. ¿Cómo se mantiene la pasta fresca cocida hasta el momento de su utilización para la elaboración final?

a) En lugar seco y ventilado.
b) En frigorífico.
c) En mesa caliente.
d) En agua.

43. ¿Cómo se preparan las pastas enlatadas para su consumo?

a) Se mantiene a 90-100 grados durante 10 minutos.
b) Se cuecen.
c) Se sirven frías.
d) Ninguna respuesta es correcta.

44. ¿Cómo se preparan las pastas congeladas para su servicio?

a) Se sirven sin preparación alguna.
b) Será necesario una descongelación previa para proceder a la cocción total.

c) Será necesario una descongelación previa para a continuación proceder a la cocción total.

d) Ninguna respuesta es correcta.

45. ¿Como se obtiene el arroz glaseado o perlado?

a) Se obtiene a partir del arroz blanco sin pericarpio, tratado con glucosa y/o talco para usos alimenticios.

b) Se obtiene a partir del arroz blanco tratado con parafina líquida o con aceites.

c) Arroz elaborado que ha sido sometido a tratamiento para aumentar su valor nutritivo, añadiéndole vitaminas, sustancias minerales, aminoácidos.

d) Todas son correctas.

46. ¿Cuál de estos granos de arroz se considera defectuoso?

a) Verde.
b) Yesoso.
c) Cobrizo.
d) Todos los anteriores.

47. Un arroz que mide 5,5 mm de largo, ¿qué tipo de grano tiene?

a) Largo.
b) Medio.
c) Corto.
d) Redondo.

48. ¿Qué arroz se ha obtenido a partir del arroz blanco tratado con parafina líquida o con aceites?

a) Arroz glaseado.
b) Arroz perlado.
c) Arroz matizado.
d) Sémola.

49. ¿Qué es el arroz basmati?

a) Una variedad europea.
b) Un arroz aromático.
c) Un arroz tratado.
d) Un arroz tostado.

50. ¿Cuál de estos arroces tienen denominación de origen en España?

a) Calasparra.
b) Basmati.

c) Salvaje.
d) Surinam.

51. ¿Cuál es el aporte energético del arroz?

a) 372 kcal cada 100 gramos.
b) 100 kcal cada 100 gramos.
c) 500 kcal cada 100 gramos.
d) 1000 kcal cada 100 gramos.

52. ¿Cuál de estos componentes le falta al arroz?

a) Fósforo.
b) Magnesio.
c) Purina.
d) Pirimidina.

53. ¿Cuánto líquido absorbe el arroz durante la cocción?

a) 1/2.
b) 1/5.
c) 2/3.
d) Depende del tipo de arroz.

54. ¿Qué grano soporta cocción más prolongada?

a) Largo.
b) Medio.
c) Redondo.
d) Todas por igual.

55. ¿Qué pauta se seguirá para obtener un buen resultado en el arroz pilaw?

a) Empleo de arroz resistente.
b) Dosificación correcta del líquido: 2 partes de agua en volumen por una de arroz.
c) Remover sólo al principio de la cocción.
d) Todas las respuestas son correctas.

56. ¿Qué textura tiene el risotto?

a) Cremoso.
b) Seco.
c) Entero.
d) Son correctas las respuestas b y c.

57. ¿Qué es el arroz al caldero?

a) Especialidad de arroz con carne.
b) Arroz caldoso con verduras.
c) Especialidad marinera típica del Mar Menor.
d) Es un arroz blanco.

58. ¿Qué nombre recibe el arroz a la criolla adicionada de manteca o aceite de achiote?

a) Arroz «colorao».
b) Arroz a la criolla.
c) Arroz a la griega.
d) Arroz al estilo de Madrás.

59. ¿Con qué se acompaña el arroz a la cubana?

a) Huevo frito, pimientos y tomate.
b) Huevo frito, tomate y plátano.
c) Marisco.
d) Carne asada.

60. ¿Cuál de los siguientes es un postre?

a) Arroz con leche.
b) Arroz conde.
c) Arroz emperatriz.
d) Todas las respuestas son correctas.

Solución al test n.º 10

1. b) Aceite de oliva, albahaca, ajo, sal, piñones y queso parmesano.

2. a) Fresco.

3. b) Arrabiata.

4. c) Ditali.

5. a) Tiras planas.

6. a) Rigatoni.

7. b) Pasta de origen griego confeccionada con sémola o semolina de maíz.

8. b) Con caldo sobre un sofrito en el agua.

9. b) Oveja.

10. c) Queso cremoso de leche de vaca.

11. b) Arroz de Murcia.

12. b) Más de 6 mm.

13. a) A partir del arroz blanco sin pericarpio, tratado con glucosa y/o talco para usos alimenticios.

14. c) Glutinoso.

15. b) Cremosa.

16. b) El arroz se acompaña de alioli, y el pescado o marisco se sirve por separado.

17. c) Arroz a la criolla adicionado de manteca o aceite de achiote.

18. a) Emperatriz.

19. b) Se perfuma con anís.

20. d) Las respuestas a y b son correctas.

21. a) Carne picada, tomate, ajo, cebolla, sal y aceite de oliva.

22. b) Carbonara.

23. a) Al queso.

24. a) Arrabiata.

25. b) Harina y agua.

26. a) Un proceso de desecación.

27. b) Pastas compuestas.

28. d) Todas las respuestas son correctas.

29. c) Son láminas planas cuadradas, de entre 8-10 cm de lado.

30. b) Variedad ondulada de espaguetis.

31. c) De concha.

32. c) Ditali.

33. a) Tallarines.

34. d) 80 gr.

35. a) Consistencia a la masa.

36. d) Todas las respuestas son correctas.

37. b) Lisina.

38. b) Con una cucharada de aceite para que no se peguen, especialmente si se va a servir inmediatamente.

39. a) Macarrones.

40. c) Cuando aún mantiene entereza en el núcleo de la masa.

41. b) En lugar seco y ventilado.

42. b) En frigorífico.

43. a) Se mantiene a 90-100 grados durante 10 minutos.

44. b) Será necesario una descongelación previa para proceder a la cocción total.

45. a) Se obtiene a partir del arroz blanco sin pericarpio, tratado con glucosa y/o talco para usos alimenticios.

46. d) Todos los anteriores.

47. b) Medio.

48. c) Arroz matizado.

49. b) Un arroz aromático.

50. a) Calasparra.

51. a) 372 Kcal cada 100 gramos.

52. c) Purina.

53. d) Depende del tipo de arroz.

54. a) Largo.

55. d) Todas las respuestas son correctas.

56. a) Cremoso.

57. c) Especialidad marinera típica del Mar Menor.

58. a) Arroz «colorao».

59. b) Huevo frito, tomate y plátano.

60. d) Todas las respuestas son correctas.

Cocidos y estofados de legumbres, patatas y verduras. Generalidades para su preparación

1. Las patatas Gineke son:

a) De piel amarilla y carne blanca; de gran tamaño; muy buenas para freír.
b) De origen holandés y, por tanto, de piel roja y carne amarilla; es de media estación o tardía.
c) De color amarillo, tanto la piel como la carne; de media estación; de alta calidad.
d) De aspecto muy redondo y gran tamaño; es de calidad media, y de piel y carne blancas.

2. ¿Cómo se elaboran las patatas risolas o risoladas?

a) Se cortan y se fríen.
b) Se doran en el horno.
c) Se asan enteras (con piel) en el horno.
d) Es un puré que se gratina.

3. Las patatas denominadas "puente nuevo" tienen forma:

a) Rectangular.
b) Plana.
c) Cuadrada.
d) Torneada.

4. ¿Con que nombre se conoce las patatas torneadas en forma de barril con una altura de 5 ó 6 cm y un diámetro de 3 ó 4 cm?

a) Parisién.
b) Fondantes.
c) Makario.
d) Chips.

5. ¿Qué característica define la calidad de una legumbre?

a) Facilidad de cocción.
b) Hollejo grueso.
c) Poca desecación.
d) Todas las respuestas son correctas.

6. ¿Cuánto tiempo se dejarán las legumbres en remojo?

a) 2 horas.
b) 24 horas.
c) 48 horas.
d) No necesitan remojo.

7. ¿Cuál de estas judías son blancas?

a) Judías de Tolosa.
b) Judías del Barco.
c) Judías pintas de León.
d) Caparrón.

8. ¿Qué tipo de garbanzos encontramos en España?

a) Deshi.
b) Gulabi.
c) Kabuli.
d) Todas las respuestas son correctas.

9. ¿Cuál es el garbanzo más pequeño?

a) Blanco lechoso.
b) Pedrosillano.
c) Chamad.
d) Castellano.

10. ¿Qué variedad de patata es de origen holandés y tiene la piel roja y carne amarilla?

a) Gineke.
b) Duquesa.
c) Knnebec.
d) Arran.

11. ¿Qué forma tienen las patatas *persillé*?

a) Cuadrado.
b) Rodaja.

c) Barril.
d) Dado.

12. ¿Qué corte de patata se realiza en tiras de 3 mm de ancho y unos 4-5 cm de largo?

a) Bastón.
b) Batalla.
c) Fondantes.
d) Lionesas.

13. Patatas salteadas a las que se les ha añadido abundante cebolla frita-sudada:

a) Maitre d'hotel- a la crema.
b) Makario.
c) Lionesas.
d) Fondantes.

14. ¿Qué tipo de patatas se utiliza para las papas arrugadas?

a) Patata negra de Lanzarote.
b) Patata roja.
c) Patata blanca.
d) Cualquier patata nueva.

15. ¿Cómo se denominan las patatas parmentier a las que se añade ajo picado, finas hierbas y chalotes?

a) Bretona.
b) Bordelesa.
c) Alsaciana.
d) Duquesa.

16. ¿Cuál es el elemento de ligazón en la purrusalda vizcaína?

a) Legumbre.
b) Arroz.
c) Patata.
d) Sofrito.

17. ¿Cuál de estos potajes son ligados por un majado?

a) Minestrone piamontesa.
b) Lentejas lionesa.
c) Pote gallego.
d) Marmitako de Guetaria.

18. ¿Qué verdura suele llevar el potaje de vigilia?

a) Berro.
b) Espinaca.
c) Col.
d) Pimiento.

19. ¿Cuál de estos ingredientes no lleva el Marmitako de Guetaria?

a) Patatas.
b) Pimiento.
c) Chorizo.
d) Bonito.

20. ¿Cómo se denominan los frutos semillas no maduros de las plantas leguminosas?

a) Legumbres frescas.
b) Legumbres secas.
c) Hortalizas.
d) Vainas.

21. ¿Qué función tiene el remojo?

a) Que las verduras recuperen la humedad perdida.
b) Que las legumbres frescas recuperen la humedad perdida.
c) Que las legumbres secas recuperen la humedad perdida.
d) Todas las respuestas son correctas.

22. ¿Cómo son las judías de Tolosa?

a) Son blancas y de mayor tamaño que cualquier otra, ligeramente aplastadas y más redondas, su zona de cultivo es Segovia.
b) De color rojo muy intenso, pequeño tamaño y algo redondeado.
c) Blancas, de tamaño grande, alargadas, procedentes de Asturias; tienen fama las de la Granja y las del Cura.
d) Procedentes de Ávila, son redondeadas, de tamaño medio, blancas.

23. ¿Cuál de las siguientes lentejas es más pequeña?

a) Rubia castellana.
b) Rubia de Armuña.
c) Pardina.
d) Verdina.

24. ¿Cuál de los siguientes no es un tipo de garbanzo?

a) Amarillo lechoso.
b) Chamad.
c) Pedrosillano.
d) Castellano.

25. Las patatas Arran Banner son:

a) De piel amarilla y carne blanca; de gran tamaño; muy buenas para freír.
b) De origen holandés y, por tanto, de piel roja y carne amarilla; es de media estación o tardía.
c) De color amarillo, tanto la piel como la carne; de media estación; de alta calidad.
d) De aspecto muy redondo y gran tamaño; es de calidad media, y de piel y carne blancas.

26. ¿Cómo se elaboran las patatas amandinas?

a) Se fríen igual que una croqueta.
b) Se doran en el horno.
c) Se asan enteras (con piel) en el horno.
d) Es un puré que se gratina.

27. ¿Qué tipo de patatas fritas se utilizan como guarnición de carne?

a) Bastón.
b) Suflé.
c) Puente nuevo.
d) Cualquiera de las anteriores.

28. ¿Qué patatas pueden utilizarse como guarnición?

a) Cocidas con piel.
b) Asadas sin piel.
c) Al vapor.
d) Todas las respuestas son correctas.

29. ¿Qué tipo de guarnición son las patatas a lo pobre?

a) Patatas salteadas.
b) Patatas fritas.
c) Patatas hervidas.
d) Patatas asadas.

30. ¿Qué ingrediente lleva el puré parmentier, además de la patata?

a) Leche.
b) Huevo.

c) Cebolla.
d) Harina.

31. ¿Cómo se prepara una patata rellena?

a) En rodajas finas.
b) Entera o por la mitad.
c) En bastones.
d) Cualquier corte excepto en patata chip.

32. ¿Cómo se denomina el puré en el que a la patata cocida y tamizada se le aña-de mantequilla y yema de huevo, antes de meter en el horno?

a) Duquesa.
b) Princesa.
c) Parmesano.
d) Parmentier.

33. ¿Qué es la macedonia?

a) Mezcla de frutas.
b) Pulpa de frutas.
c) Trozos de una fruta en azúcar.
d) Todas las respuestas son correctas.

34. ¿Cual de las siguientes frutas es principalmente oleaginosa?

a) Aguacate.
b) Melocotón.
c) Castaña.
d) Tomate.

35. La composición de las frutas difiere en gran medida en función del tipo de fruto y de su grado de maduración. ¿Qué características nutricionales destacan?

a) La energía que aporta la fruta depende casi exclusivamente de su contenido de lípidos.
b) El aguacate y coco son frutas poco calóricas porque no contienen glúcidos.
c) Son alimentos ricos en azúcares simples (fructosa, glucosa, sacarosa, etc.).
d) Todas contienen polisacáridos, por eso no son dulces.

36. ¿Qué vitaminas destacan en las frutas?

a) Vitamina C.
b) Pro-vitamina A.

c) Vitaminas del grupo B (B_5 y B_8).
d) Todas las respuestas son correctas.

37. ¿Cuál de las siguientes afirmaciones sobre las frutas es falsa?

a) La composición de las frutas difiere en gran medida en función del tipo de fruto y de su grado de maduración.
b) Los frutos procedentes de una sola flor se dividen entre aquellos en los que en su formación han entrado órganos o elementos ajenos al propio ovario.
c) Contienen xilosa, arabinosa, manosa y maltosa.
d) Son pobres en ácidos orgánicos y fitoquímicos.

38. ¿Cuál de las siguientes afirmaciones es verdadera?

a) El término frutas engloba a un conjunto de plantas cultivadas generalmente en huertas o regadíos, que se consumen como alimento, ya sea de forma cruda o preparada culinariamente.
b) Las verduras son las habas y los guisantes.
c) Las verduras son hortalizas de color verde.
d) La alcachofa forma parte de las pepónides.

39. ¿Qué es la alcachofa?

a) Bulbo.
b) Pepónide.
c) Inflorescencia.
d) Tallo joven.

40. ¿Cuál de las siguientes afirmaciones sobre las hortalizas es falsa?

a) Todas se caracterizan por su elevado aporte de agua, que puede llegar hasta un 95 % del peso total.
b) Su aporte calórico es elevado por el exceso de glúcidos, grasas y proteínas.
c) Los glúcidos que contienen son complejos (en forma de almidón), por esa razón carecen de sabor dulce.
d) Destacan por su contenido en celulosa, algunas hemicelulosas y la lignina.

41. ¿Cuál de las siguientes vitaminas no abunda en las hortalizas?

a) B_1.
b) C.
c) Ácido fólico.
d) A.

42. ¿Cómo se limpian las judías verdes?

a) Se tronchan y se enjuagan con limón.
b) Se eliminan las fibras y se lavan con agua.

c) Se pelan y se lavan con agua clorada.
d) Ninguna es correcta.

43. ¿Cuál de estas verduras se pela?

a) Zanahoria.
b) Pimiento.
c) Champiñón.
d) Espinaca.

44. ¿Cómo se pelan los tomates?

a) Con cuchillo.
b) Con máquina.
c) Por escaldado.
d) Por fritura.

45. ¿A qué se debe el ennegrecimiento de las verduras?

a) A la oxidación.
b) A las grasas.
c) A la luz.
d) Todas las respuestas son falsas.

46. ¿Cómo se puede evitar que las verduras se ennegrezcan?

a) Pelando.
b) Con zumo de limón.
c) Por escaldado.
d) Con aceite.

47. ¿Cómo se lava la lechuga?

a) Entera.
b) Las hojas enteras.
c) Las hojas troceadas.
d) No se lava.

48. ¿Qué parte de la judía verde es comestible?

a) La vaina.
b) La semilla.
c) El tallo.
d) Son correctas a y b.

49. ¿Cómo se come el tomate?

a) Con piel.
b) Pelado.
b) Tras cocción.
d) Todas las respuestas son correctas.

50. ¿Cómo se pelan los espárragos?

a) A lo largo y hacia la raíz.
b) A lo largo y hacia el extremo del tallo.
c) Alrededor con un giro.
d) No se pela.

51. ¿Qué parte de la acelga no es comestible?

a) Hoja.
b) Tallo.
c) Raíz.
d) Todas estas partes son comestibles.

52. ¿Por qué no se pueden almacenar las hortalizas durante largos periodos?

a) Porque ocupan mucho espacio.
b) Por el bajo consumo.
c) Porque son productos perecederos.
d) Es falso. Las hortalizas se almacenan por periodos muy largos.

53. ¿Cómo se mantienen las patatas una vez peladas?

a) En agua.
b) En agua con zumo de limón.
c) En seco.
d) En refrigeración.

54. ¿Cómo se define la verdura?

a) Cualquier planta herbácea hortícola que se puede usar como alimento, ya sea crudo o cocinado.
b) Hortalizas en las que la parte comestible está constituida por sus partes verdes.
c) Frutos comestibles procedentes de planta arbustiva.
d) Producto elaborado.

55. ¿De qué tipo es la borraja?

a) Col.
b) Bulbo.

c) Hojas y tallos tiernos.
d) Frutos.

56. ¿Qué tipo de hortaliza es la calabaza?

a) Pepónide.
b) Inflorescencia.
c) Bulbo.
d) Fruto.

57. ¿En qué se diferencian las frutas carnosas de las secas?

a) En el contenido en agua.
b) En la ternura de su carne.
c) En la presencia o ausencia de cáscara.
d) Todas las respuestas son correctas.

58. ¿Cuál de estos derivados se elabora con fruta y azúcar?

a) Mermelada.
b) Compota.
c) Confitura.
d) Todas las respuestas son correctas.

59. ¿Qué cambio/s sufre la fruta durante el proceso de maduración?

a) Se endulza.
b) Se ablanda y cambia de color.
c) Modifica su valor nutritivo.
d) Todas las respuestas son correctas.

60. ¿Qué cambio de color se da en la maduración de la verdura?

a) El verde se hace más intenso.
b) Aparecen los rojos y amarillos.
c) Los verdes se aclaran.
d) Aparecen los blancos.

61. ¿De qué estación es la patata nueva?

a) Primavera.
b) Verano.
c) Otoño.
d) Invierno.

62. ¿Cuál de estas hortalizas se da en verano?

a) Guisante.
b) Tomate.
c) Acelga.
d) Cardo.

63. ¿Qué complemento llevan las patatas Lionesas?

a) Ajos y perejil.
b) Cebolla frita, sudada.
c) Puerros y crema de leche.
d) Sólo perejil picado.

64. Las finas hierbas están compuestas por:

a) Cebollino, perifollo, estragón y perejil.
b) Cebollino, laurel, perejil e hierbabuena.
c) Cebollino, estragón, eneldo y cilantro.
d) Mejorana.

65. ¿Qué es un grelo?

a) Una hierba aromática.
b) La flor de la berza.
c) Hoja de Nabiza.
d) Un tipo de col.

66. ¿Cuál de los siguientes alimentos no puedes utilizarlo en los menús de verano por no ser temporada?

a) Alcachofa.
b) Calabacín.
c) Cebolla.
d) Ajo.

67. Cuando hablamos de un preparado a la florentina, ¿qué ingrediente no puede faltar?

a) Zanahorias.
b) Guisantes.
c) Espinacas.
d) Flores naturales.

68. Hablamos de blanqueado cuando:

a) El alimento se cuece en agua o caldo a partir de agua fría.
b) El alimento se cocina en la plancha.
c) La cocción se realiza en poca agua a punto de hervir.
d) La cocción es por inmersión en agua hirviendo por poco tiempo.

Solución al test n.º 11

1. b) De origen holandés y, por tanto, de piel roja y carne amarilla; es de media estación o tardía.

2. b) Se doran en el horno.

3. a) Rectangular.

4. b) Fondantes.

5. a) Facilidad de cocción.

6. b) 24 horas.

7. b) Judías del Barco.

8. c) Kabuli.

9. b) Pedrosillano.

10. a) Gineke.

11. c) Barril.

12. a) Bastón.

13. c) Lionesas.

14. a) Patata negra de Lanzarote.

15. b) Bordelesa.

16. c) Patata.

17. a) Minestrone piamontesa.

18. b) Espinaca.

19. c) Chorizo.

20. a) Legumbres frescas.

21. c) Que las legumbres secas recuperen la humedad perdida.

22. b) De color rojo muy intenso, pequeño tamaño y algo redondeadas.

23. d) Verdina.

24. a) Amarillo lechoso.

25. d) De aspecto muy redondo y gran tamaño; es de calidad media, y de piel y carne blancas.

26. a) Se fríen igual que una croqueta.

27. d) Cualquiera de las anteriores.

28. d) Todas las respuestas son correctas.

29. a) Patatas salteadas.

30. a) Leche.

31. b) Entera o por la mitad.

32. a) Duquesa.

33. a) Mezcla de frutas.

34. a) Aguacate.

35. c) Son alimentos ricos en azúcares simples (fructosa, glucosa, sacarosa, etc.).

36. d) Todas las respuestas son correctas.

37. d) Son pobres en ácidos orgánicos y fitoquímicos.

38. a) El término frutas engloba a un conjunto de plantas cultivadas generalmente en huertas o regadíos, que se consumen como alimento, ya sea de forma cruda o preparada culinariamente.

39. c) Inflorescencia.

40. b) Su aporte calórico es elevado por el exceso de glúcidos, grasas y proteínas.

41. d) A.

42. b) Se eliminan las fibras y se lavan con agua.

43. a) Zanahoria.

44. c) Por escaldado.

45. a) A la oxidación.

46. b) Con zumo de limón.

47. b) Las hojas enteras.

48. d) Son correctas a y b.

49. d) Todas las respuestas son correctas.

50. a) A lo largo y hacia la raíz.

51. c) Raíz.

52. c) Porque son productos perecederos.

53. a) En agua.

54. b) Hortalizas en las que la parte comestible está constituida por sus partes verdes.

55. c) Hojas y tallos tiernos.

56. a) Pepónide.

57. a) En el contenido en agua.

58. d) Todas las respuestas son correctas.

59. d) Todas las respuestas son correctas.

60. b) Aparecen los rojos y amarillos.

61. a) Primavera.

62. b) Tomate.

63. b) Cebolla frita, sudada.

64. a) Cebollino, perifollo, estragón y perejil.

65. c) Hoja de Nabiza.

66. a) Alcachofa.

67. c) Espinacas.

68. d) La cocción es por inmersión en agua hirviendo por poco tiempo.

Las carnes: mantenimiento y conservación.
Generalidades sobre la elaboración de platos de carne

1. ¿Cuál es el macho adulto castrado de los bóvidos?

a) Toro.
b) Buey.
c) Ternero.
d) Choto.

2. ¿Cómo se denomina el porcino desde que nace hasta el destete?

a) Lechón.
b) Tostón.
c) Verraco.
d) Cerdo.

3. ¿De dónde es autóctono el cerdo ibérico?

a) De América.
b) De Asia.
c) De Suiza.
d) De España.

4. ¿Qué parte del vacuno es primera B?

a) Solomillo.
b) Babilla.
c) Aguja.
d) Costillar.

5. ¿Qué aves son de categoría A?

a) Las que presentan algunos golpes.
b) Las que tienen rotura de piel.

c) Las que no tienen golpes ni roturas.
d) Las que tienen daños externos graves.

6. ¿Qué son derivados cárnicos?

a) Productos alimenticios preparados totalmente con carne.
b) Productos alimenticios preparados totalmente con despojos.
c) Productos alimenticios preparados parcialmente con carnes y despojos.
d) Todas las respuestas son correctas.

7. ¿Qué es el chorizo?

a) Embutido de vísceras.
b) Embutido de sangre.
c) Embutido de carne.
d) Fiambre.

8. ¿Cuáles son las hembras de ave adultas dedicadas a la reproducción?

a) Gallina.
b) Pularda.
c) Perdiz.
d) Pollo.

9. ¿Cuál de las siguientes afirmaciones es verdadera?

a) Las carnes son ricas en proteínas de bajo valor biológico, ya que su contenido en aminoácidos esenciales no es bueno.
b) En el tejido conjuntivo es rico en todos los aminoácidos esenciales.
c) Las grasas de las carnes son ricas en ácidos grasos saturados y colesterol.
d) Se consideran carnes grasas las de pollo, pavo y conejo.

10. ¿Cómo se lavará la carne?

a) Bajo el chorro de agua cuando está troceada.
b) Con agua potable.
c) Solo cuando la canal está entera.
d) No se lavará la carne.

11. ¿Qué es la aleta?

a) Carne que está sobre las costillas.
b) Parte inferior de la pierna.
c) Parte situada sobre el esternón y parte de las costillas.
d) El cuello del animal.

12. ¿Cómo se denomina la parte del vacuno situada por encima de las costillas, que está más cercana al cuarto delantero?

a) Lomo alto.
b) Lomo bajo.
c) Solomillo.
d) Contra.

13. ¿Cuál es la carne con grasa de la parte ventral del cerdo?

a) Codillo.
b) Jamón.
c) Aguja.
d) Panceta.

14. ¿Cuál de los siguientes se denomina escalope?

a) Filete fino de tamaño pequeño, que se sirve salteado o breseado si se obtiene de piezas duras como redondo o contra.
b) Fracción de unos 125 gramos, que se puede obtener de distintas piezas.
c) Filete no muy grueso que se empana y fríe.
d) Porción gruesa que se obtiene del morcillo.

15. En el despiece del cerdo ibérico, ¿de dónde se saca la "presa"?

a) De la porción anterior al lomo.
b) De la porción adosada a la escápula.
c) De la parte final o posterior del lomo.
d) Del extremo superior de la falda, próximo al cabecero.

16. ¿De qué manera se cortan las patas en las aves?

a) Con un golpe de cuchillo.
b) Se da un corte alrededor de la rótula, y se troncha la pata para que se separe.
c) Se troncha directamente la pata.
d) Tirando de la pata.

17. ¿Qué órgano se deja al limpiar las aves pequeñas?

a) Riñón.
b) Corazón.
c) Higadillos.
d) Estómago.

18. ¿Cuál es carne refrigerada?

a) Aquella que además de las manipulaciones normales, sufre la acción del frio industrial hasta que el centro de la masa muscular tiene una temperatura algo superior a la de congelación.
b) Aquella que se somete a frío por debajo de -12 ºC.
c) Aquella que no alcanza los -12 ºC porque se congelaría.
d) Ninguna de las anteriores es carne refrigerada.

19. ¿Cómo se denomina el tocino que presenta cierta cantidad de fibra muscular entre la grasa?

a) Panceta.
b) Entreverado.
c) Bacon.
d) Ibérico.

20. ¿A qué se debe la diferencia de color entre las carnes blancas y rojas?

a) A la presencia de un pigmento (mioglobina) que transporta oxígeno en la sangre, y que da la tonalidad oscura en las carnes rojas.
b) A la ausencia de un pigmento (hemoglobina) que transporta oxígeno a la sangre, y que da la tonalidad en las carnes rojas.
c) A la presencia de colorantes industriales.
d) A la presencia de pigmentos vegetales que provienen de la alimentación del animal.

21. ¿Qué textura tendrá la carne?

a) La carne es un alimento sólido pero será tierno.
b) No resultará excesivamente blando.
c) No resultará ni duro, ni fibroso ni correoso.
d) Todas las respuestas son correctas.

22. ¿Cuál de estos factores influyen en la calidad de la carne?

a) Edad y género.
b) Raza, sacrificio y tratamiento.
c) Alimentación y estado sanitario.
d) Todas las respuestas son correctas.

23. ¿Qué es el rendimiento de la carne?

a) La parte no utilizable del animal.
b) La parte utilizable del animal.

c) El factor comestible.
d) La parte del lomo y las patas exclusivamente.

24. ¿A qué grupo pertenecen las palomas?

a) Columbae.
b) Ánsares.
c) Gallináceas.
d) Porcino.

25. ¿Cómo se denomina el pollo de pequeño tamaño (unos 300 gr en limpio), carne muy tierna y especial para hacer a la parrilla abierto?

a) Picantón.
b) Tomatero.
c) Coquelet.
d) Pollo de grano.

26. En los venados, ¿qué animal es más grande?

a) Macho.
b) Hembra.
c) Cervato.
d) El macho y la hembra son iguales. El cervato más pequeño.

27. ¿Cuál es el cérvido más pequeño?

a) Gamo.
b) Jabalí.
c) Corzo.
d) Ciervo.

28. ¿Cuál de estas partes pertenecen al cuarto delantero del vacuno?

a) Llana.
b) Solomillo.
c) Babilla.
d) Tapa.

29. ¿A qué se debe la pérdida de materia prima en la carne?

a) Mala manipulación.
b) Elección de piezas inadecuadas.
c) Técnicas de elaboración aplicadas.
d) Todas las respuestas son correctas.

30. ¿Cuál de las siguientes carnes tienen mayor factor comestible?

a) Bistec de buey.
b) Lomo de cerdo.
c) Gallina.
d) Pierna de cordero.

31. De las piezas de cordero, el gigot es:

a) Pierna trasera.
b) La pierna delantera del cordero unidas con la silla.
c) Lomos unidos del cordero en su parte baja.
d) Una pieza del lomo o carré deshuesado con riñón.

32. ¿Cuál es la principal utilidad culinaria de los huesos de vacuno?

a) Hacer fumet.
b) Hacer caldos.
c) Enriquecer nutricionalmente los guisos.
d) Todas las respuestas son correctas.

33. ¿Cómo se determina la calidad de la carne?

a) Por su menor contenido grasa y mayor en agua.
b) Por la mayor condimentación durante su elaboración.
c) Por su terneza.
d) Todas las respuestas son correctas.

34. ¿Cómo se define el rendimiento del producto?

a) Parte utilizable de un animal.
b) Cantidad de despojos.
c) Sabor.
d) Peso por unidad.

35. ¿Cómo se define el rendimiento res-canal?

a) Peso de la canal de una res de peso medio de 100 kg.
b) Peso de la canal dividida por el cuadrado del peso de la res.
c) Tanto por ciento aproximado que corresponde a la canal con relación al peso total de la res en vivo.
d) Tanto por ciento aproximado que corresponde a la res con relación al peso medio de la especie.

36. ¿Qué concepto define la carne despojada de materia superflua, como huesos, nervios o grasa, lista para cocinar, que contenga la canal relacionada con el peso y el precio?

a) Rendimiento.
b) Rendimiento res-canal.
c) Rendimiento canal-carne limpia.
d) Rendimiento res-carne limpia.

37. ¿Cuándo se considera una carne de tercera?

a) Cuando tiene baja calidad.
b) Cuando tiene bajo rendimiento.
c) Cuando tiene un escaso número de aplicaciones culinarias.
d) Todas las respuestas son correctas.

38. ¿Qué diferencia hay entre las carnes rojas y blancas?

a) Las carnes rojas tienen mayor contenido graso que las blancas.
b) Las carnes rojas provienen generalmente de animales jóvenes, y las blancas del adulto.
c) Las carnes rojas tienen menor contenido en hemoglobina.
d) Todas las respuestas son correctas.

39. ¿Cuál de los siguientes es un método de cocinado con elementos húmedos?

a) Asado.
b) Breseado.
c) Parrilla.
d) A la broche.

40. ¿Qué permite la jugosidad de la carne asada?

a) La coagulación de las proteínas del interior de la pieza, que permite la concentración del agua.
b) La coagulación de las proteínas de la superficie de la pieza, que impide la salida de jugos al exterior.
c) La caramelización de los azúcares que da consistencia externa a la pieza.
d) Todas las respuestas son correctas.

41. ¿Para cuál de estas piezas es adecuada la elaboración en parrilla?

a) Grandes piezas duras.
b) Carnes fileteadas.
c) Carnes tiernas troceadas.
d) Carnes duras troceadas.

42. ¿Qué técnica de cocinado aplicaría a grandes piezas de vacuno?

a) Salteado.
b) A la parrilla.
c) Breseado.
d) Estofado.

43. ¿Cuál de los siguientes es un despojo blanco?

a) Hígados.
b) Sesos.
c) Pulmones.
d) Mollejas.

44. ¿Cómo es el punto de cocción bleu?

a) Vuelta y vuelta.
b) En su punto.
c) Bien hecho.
d) Muy pasada.

45. ¿Cómo se regula la temperatura del horno para el asado de una pieza de carne?

a) A menor tamaño menor temperatura.
b) A mayor tamaño mayor temperatura.
c) A mayor tamaño menor temperatura.
d) Son correctas las respuestas a) y b).

46. ¿A qué piezas de bovino se aplica la técnica de cocinado "a la broché"?

a) Chuletas.
b) Solomillo.
c) Filete.
d) Despojos.

47. ¿Qué piezas de bovino sería adecuada para freír?

a) Piezas grandes.
b) Trozos de carnes duras.
c) Filetes empanados.
d) Todas.

48. ¿Qué característica/s tiene el estofado de carne?

a) Se aplica a carnes duras.
b) La carne va troceada.

c) Es una cocción lenta y prolongada.
d) Todas las respuestas son correctas.

49. ¿Qué es el ragú?

a) Un guiso de carne con patatas y verduras.
b) Una pieza de carne procedente del cuarto trasero.
c) Un filete grueso.
d) Una especie bovina.

50. ¿Qué tipo de cocción no es adecuada para el morcillo?

a) Breseado.
b) Asado.
c) Hervido.
d) Estofado.

51. De la carne de cerdo ¿qué pieza es adecuada para un escalfado?

a) Panceta.
b) Medallones.
c) Paletilla.
d) Codillo.

52. ¿De qué categoría es la paletilla de cerdo?

a) Extra.
b) Primera.
c) Segunda.
d) Tercera.

53. ¿Qué piezas de ganado ovino se pueden cocinar en salsa o ragú?

a) Pescuezo.
b) Chuleta.
c) Pierna.
d) Carré.

54. ¿Cuál es estas partes del ganado ovino es de primera?

a) Riñonada.
b) Cuello.
c) Paletilla.
d) Costilla.

55. Del cordero, ¿cómo se prepara la cabeza?

a) Salteada.
b) A la parrilla.
c) Al horno.
d) Hervida.

56. ¿Qué característica tiene el pollo coquelet?

a) Gran tamaño.
b) Carne tierna.
c) Usado para reproducción.
d) Todas las respuestas son correctas.

57. ¿Cómo se prepara una pintada?

a) Albardada.
b) Breseada.
c) Estofada.
d) Todas las respuestas son correctas.

58. ¿Cuál es el ave cuyo plumaje es rojizo con rayas transversales pardas, en el pecho se observan manchas de color castaño más oscuro, y pesa unos 400 gramos?

a) Pularda.
b) Perdiz.
c) Codorniz.
d) Faisán.

59. ¿Cómo elaboraría un ave zancuda?

a) Hervida.
b) Asado o breseado.
c) Frita.
d) En ragú.

60. ¿A qué puede deberse la correosidad de una carne de caza?

a) A que es un animal joven.
b) A que el animal ha sufrido un enfriamiento demasiado rápido.
c) A que la carne no procede de un coto controlado.
d) Al método de caza.

61. ¿De qué parte del animal se obtienen los callos?

a) Estómago.
b) Hígado.
c) Piel.
d) Pulmones.

62. La glándula del crecimiento situada en la parte anterior de la tráquea de los animales jóvenes, ¿qué alimento proporciona?

a) Criadillas.
b) Molleja.
c) Redaño.
d) Hígado.

63. ¿Cómo se preparan los sesos de cordero?

a) Se desangran, se limpian de venas y escaldan en caldo con hortalizas.
b) Se le quita la grasa y la membrana que lo recubre.
c) Se lavan y cortan en rodajas directamente.
d) No es una parte comestible.

64. ¿De qué está hecho el paté de pato?

a) Es una elaboración a base de hígado exclusivamente.
b) Carne de pato.
c) Hígado y otras vísceras con tocino y otros ingredientes.
d) Riñones con tocino y carne.

65. ¿Por qué está prohibido el foie gras en algunos países?

a) Por la cantidad de toxinas que contiene.
b) Por la alimentación forzada del animal para su obtención.
c) Por la cantidad de grasa que contiene.
d) Porque requiere el sacrificio de muchos cerdos para su obtención.

66. ¿Qué son los despojos?

a) Órganos del animal no comestibles.
b) Órganos del animal aptos para la alimentación humana.
c) Musculatura interna del animal.
d) Desperdicio de la carne.

67. ¿Qué método de cocción es más adecuado para las orejas y patas de cerdo?

a) Breseado, por su alto contenido en grasa.
b) Escalfado, por su alto contenido en colágeno.

c) Salteado a fuego vivo.

d) Todas las respuestas son correctas.

68. ¿De qué categoría son las chuletas de riñonada de cerdo?

a) Extra.

b) Primera.

c) Segunda.

d) Tercera.

69. ¿Qué característica tiene la pularda?

a) De carne fina para elaborar asada, se adapta a todas las preparaciones del pollo.

b) Es muy fina pero un poco seca por lo cual debe ser albardada.

c) Se prepara asado y relleno, el pavo acepta todas las técnicas de cocción, bien sea entero o troceado.

d) El hígado se puede emplear como el de la oca.

70. La caza de pluma debe eviscerarse de inmediato. ¿Cuál es el motivo?

a) Aumenta el peso del ave, y por tanto el coste.

b) Si permanecen las vísceras dejarán de ser comestibles.

c) Evitar que confiera sabor desagradable a la carne.

d) En realidad no es necesario hacerlo de inmediato.

71. ¿Cómo se clasifica el faisán?

a) Gallinácea.

b) Columbiforme.

c) Zancuda.

d) Ánsar.

72. ¿De qué parte se obtienen los callos?

a) De las patas.

b) Del cuello.

c) Del estómago.

d) Del hígado.

73. ¿Cómo se denomina la membrana grasa, lisa en forma de redecilla, que envuelve el estómago, intestino, hígado, etc., del cordero lechal?

a) Redaño.

b) Criadillas.

c) Mollejas.

d) Riñones.

Solución al test n.º 12

1. b) Buey.

2. a) Lechón.

3. d) De España.

4. c) Aguja.

5. c) Las que no tienen golpes ni roturas.

6. d) Todas las respuestas son correctas.

7. c) Embutido de carne.

8. a) Gallina.

9. c) Las grasas de las carnes son ricas en ácidos grasos saturados y colesterol.

10. b) Con agua potable.

11. c) Parte situada sobre el esternón y parte de las costillas.

12. a) Lomo alto.

13. d) Panceta.

14. c) Filete no muy grueso que se empana y fríe.

15. b) De la porción adosada a la escápula.

16. b) Se da un corte alrededor de la rótula, y se troncha la pata para que se separe.

17. c) Higadillos.

18. a) Aquella que además de las manipulaciones normales, sufre la acción del frio industrial hasta que el centro de la masa muscular tiene una temperatura algo superior a la de congelación.

19. b) Entreverado.

20. a) A la presencia de un pigmento (mioglobina) que transporta oxígeno en la sangre, y que da la tonalidad oscura en las carnes rojas.

21. d) Todas las respuestas son correctas.

22. d) Todas las respuestas son correctas.

23. b) La parte utilizable del animal.

24. a) Columbae.

25. c) Coquelet.

26. a) Macho.

27. c) Corzo.

28. a) Llana.

29. d) Todas las respuestas son correctas.

30. b) Lomo de cerdo.

31. a) Pierna trasera.

32. b) Hacer caldos.

33. c) Por su terneza.

34. a) Parte utilizable de un animal.

35. c) Tanto por ciento aproximado que corresponde a la canal con relación al peso total de la res en vivo.

36. c) Rendimiento canal-carne limpia.

37. d) Todas las respuestas son correctas.

38. a) Las carnes rojas tienen mayor contenido graso que las blancas.

39. b) Breseado.

40. b) La coagulación de las proteínas de la superficie de la pieza, que impide la salida de jugos al exterior.

41. b) Carnes fileteadas.

42. c) Breseado.

43. b) Sesos.

44. a) Vuelta y vuelta.

45. c) A mayor tamaño menor temperatura.

46. b) Solomillo.

47. c) Filetes empanados.

48. d) Todas las respuestas son correctas.

49. a) Un guiso de carne con patatas y verduras.

50. b) Asado.

51. d) Codillo.

52. c) Segunda.

53. a) Pescuezo.

54. a) Riñonada.

55. c) Al horno.

56. b) Carne tierna.

57. d) Todas las respuestas son correctas.

58. b) Perdiz.

59. b) Asado o breseado.

60. b) A que el animal ha sufrido un enfriamiento demasiado rápido.

61. a) Estómago.

62. b) Molleja.

63. a) Se desangran, se limpian de venas y escaldan en caldo con hortalizas.

64. c) Hígado y otras vísceras con tocino y otros ingredientes.

65. b) Por la alimentación forzada del animal para su obtención.

66. b) Órganos del animal aptos para la alimentación humana.

67. b) Escalfado, por su alto contenido en colágeno.

68. b) Primera.

69. a) De carne fina para elaborar asada, se adapta a todas las preparaciones del pollo.

70. c) Evitar que confiera sabor desagradable a la carne.

71. a) Gallinácea.

72. c) Del estómago.

73. a) Redaño.

Los pescados: mantenimiento y conservación. Generalidades sobre la elaboración de platos de pescado

1. ¿Qué tipo de pescado es la merluza?

a) Azul.
b) Blanco.
c) Salado.
d) Semigraso.

2. ¿Qué característica presentará el pescado fresco?

a) Agallas de color rojizo vivo y limpio.
b) Ojos opacos.
c) Carne blanda que se separa fácilmente de la espina.
d) Todas las respuestas enumeran características de frescura.

3. ¿Qué característica nutricional tiene el arenque?

a) Su contenido en ácidos grasos poliinsaturados como los omega 6.
b) Su contenido en ácidos grasos poliinsaturados como los omega 3 (docosahexanoi-co o DHA y eicosapentanoico o EPA).
c) Su contenido en ácidos grasos saturados.
d) Su contenido en ácidos grasos monoinsaturados.

4. ¿Qué vitaminas no son características del atún?

a) Vitamina A.
b) Vitamina D.
c) Vitamina E.
d) Vitamina K.

5. ¿Dónde haría la incisión en el pescado para eviscerar?

a) En la parte inferior.
b) En la parte superior.

c) En la parte dorsal.
d) En la parte posterior.

6. ¿Qué es el medallón?

a) Un corte de pescado.
b) Un corte de verdura.
c) Un corte de carne.
d) Un corte de aves.

7. ¿Cómo se logra que los moluscos suelten la arena de su interior?

a) Con agua caliente.
b) Cubriendo de sal.
c) Con agua fría y sal.
d) Manualmente.

8. ¿Cuándo se considera que un pescado es fresco?

a) Cuando ha sufrido operaciones de conservación tras su captura.
b) Cuando ha sido conservado a bordo de los pesqueros en salmuera refrigerada.
c) Cuando ha sido congelado.
d) En todos estos casos.

9. ¿Cuál de estos signos indica pescado no fresco?

a) Carne flácida.
b) Ojos brillantes.
c) Color y olor normal.
d) Todas las respuestas son correctas.

10. ¿Qué es cierto sobre el mantenimiento del pescado fresco?

a) Los recipientes tendrán orificios en la base para la salida del agua resultante del hielo al derretirse.
b) Se mantendrá por debajo de los 0 ºC.
c) Se apilarán todas las cajas.
d) Todas las respuestas son correctas.

11. ¿Cómo se conserva el pescado salado?

a) Por acción prolongada de la sal común en forma sólida.
b) Por acción de sal en forma de salmuera.
c) Por acción del humo.
d) Son correctas las respuestas a) y b).

12. ¿Qué tareas previas al ahumado del pescado se deben realizar?

a) Eviscerado.
b) Acción de salmuera.
c) Desecación.
d) Todas las anteriores.

13. ¿Qué afirmación es cierta?

a) El pescado tiene un contenido proteico similar a la carne.
b) Las proteínas del pescado tienen menor valor biológico que las de la carne.
c) En pescado y marisco hay una cantidad relevante de hidratos de carbono.
d) Todas las respuestas anteriores son ciertas.

14. ¿Qué es el omega 3?

a) Ácido graso que no aporta el pescado.
b) Sustancia con efectos beneficiosos para la salud actuando como preventivo de las enfermedades cardiovasculares y sus factores de riesgo asociado.
c) Una vitamina.
d) Todas las respuestas son correctas.

15. ¿Cuál de los siguientes es un molusco?

a) Caracol.
b) Sepia.
c) Langosta.
d) Cachalote.

16. En el pescado fresco, que aspecto presentará la espina central?

a) Transparente y del tono de la carne.
b) Rojo intenso.
c) Blanco.
d) Opaco y oscuro.

17. ¿Cuál es la temporada óptima para el consumo del atún?

a) De julio a septiembre.
b) De julio a febrero.
c) De marzo a junio.
d) De marzo a mayo.

18. ¿Cuál de los siguientes pescados se puede encontrar durante todo el año?

a) Mero.
b) Lubina.

c) Gallo.
d) Congrio.

19. ¿Qué pescado se denomina zapatilla?

a) Lubina.
b) Dorada.
c) Jurel.
d) Palometa.

20. ¿En qué época se puede encontrar y consumir la carpa?

a) Primavera.
b) Verano.
c) Otoño e invierno.
d) Durante todo el año.

21. ¿Cuál es la temporada óptima para el consumo de la vieira?

a) De noviembre a marzo.
b) De junio a febrero.
c) De marzo a junio.
d) De enero a julio.

22. ¿En qué consiste el desbarbado del pescado?

a) Raspar para retirar las escamas.
b) Separación de la cabeza.
c) Cortar las aletas hacia la cabeza.
d) Extraer los órganos internos.

23. ¿Cómo se denominan los los filetes de pescados planos, que se enrollan sobre sí mismos?

a) Medallón.
b) Poupieta.
c) Rodaja.
d) Trancha.

24. ¿Cuántas conchas o valvas tiene un molusco?

a) Ninguna.
b) Una.
c) Dos.
d) Cualquiera de las opciones anteriores es posible, dependiendo del tipo de molusco.

25. Si al recepcionar el pescado se reciben crustáceos con las extremidades rotas, ¿qué se hará?

a) Rechazarlo.
b) Retirar todas las extremidades para que no se note.
c) Cocerlo cuanto antes.
d) Se pueden conservar y consumir sin problema, no se tomarán acciones diferentes al resto del marisco.

26. ¿Qué afirmación es cierta sobre los caracoles?

a) Son moluscos bivalvos.
b) Se someten a ayuno antes de ser cocinados para que no queden residuos en su aparato digestivo.
c) No son moluscos.
d) No se venden vivos.

27. ¿Qué consecuencias tiene un exceso de tiempo de cocción del pescado?

a) Se reseca.
b) La merma del producto.
c) La pérdida de calidad.
d) Todas las respuestas son correctas.

28. ¿Qué especie de pescado de los que se indican, tiene mayor porcentaje de merma?

a) Besugo.
b) Anchoa.
c) Salmonete.
d) Lubina.

29. ¿Qué especie de marisco tiene mayor porcentaje de merma?

a) Cigala.
b) Langosta.
c) Calamar.
d) Langostino.

30. ¿Qué factor aumenta el aprovechamiento del pescado?

a) Mala manipulación.
b) Técnicas adecuadas.
c) Cocción excesiva.
d) Todas las respuestas son ciertas.

31. ¿Cuál es la ración estándar de pescado, limpia de piel y espinas?

a) 50-100 gr.
b) 100-150 gr.
c) 150-200 gr.
d) 200-250 gr.

32. ¿Cuánto pesa de media una pieza de pescado de ración?

a) 50-100 gr.
b) 100-150 gr.
c) 150-200 gr.
d) 200-250 gr.

33. ¿Cómo se denominan las dos hojas de un pescado sin espina?

a) Suprema.
b) Trancha.
c) Medallón.
d) Rodaja.

34. ¿De dónde se extrae el medallón de pescado?

a) Del lomo de los pescados planos.
b) Del lomo de los pescados cilíndricos.
c) De la región dorsal.
d) De la cola.

35. ¿Cómo son las rodajas de pescado?

a) Sin piel.
b) Con piel, carne y espinas.
c) Sin espinas.
d) Sin piel ni espinas.

36. ¿Cómo se denomina la pasta confeccionada con pescado sin piel ni espina y enriquecida con nata e incluso picadillo, que se emplea como guarnición o como plato?

a) Darné.
b) Popietas.
c) Quenefa.
d) Trancha.

37. ¿Qué pesa más de media?

a) Una rodaja de pescado.
b) Un medallón.

c) Una suprema.
d) Una popieta.

38. ¿Cómo se elaboran las popietas?

a) Cubiertas con salsa.
b) Rellenos de una farsa o un picadillo trufado.
c) Desecados.
d) Ninguna respuesta es correcta.

39. ¿Cómo se hierve el pescado?

a) En agua, caldo corto, o fumet.
b) En abundante agua, partiendo de frío.
c) Por tiempo prolongado.
d) Todas las respuestas son correctas.

40. ¿En qué líquido se hierve el pescado al natural?

a) En agua sola.
b) En aceite.
c) En agua con limón y sal.
d) En fumet concentrado.

41. ¿Cómo se preparan las piezas para bufé?

a) El pescado debe colocarse en un recipiente de forma y tamaño apropiados, sobre el que se dispone, envuelto en estameña, en ocasiones bridado.
b) Se incorpora en frío al fumet, zumo de limón, sal, puerro, laurel, clavo, pimienta, etc.
c) A fuego sin tapar y no demasiado fuerte, con el fin de facilitar la penetración paulatina del calor, evitando que la piel se desgarre y rompa.
d) Todas las respuestas son correctas.

42. ¿Cuánto tiempo aproximado se necesita para hervir un salmón de 3 kg aproximados de peso?

a) 10 minutos.
b) 30 minutos.
c) 60 minutos.
d) 90 minutos.

43. ¿De qué manera se elabora el pescado poché?

a) Escalfado.
b) Hervido en agua y limón.

c) Frito.
d) Asado.

44. ¿Cómo se denomina un pescado en salsa?

a) Con el nombre del pescado y a continuación "en salsa".
b) Con el pescado y nombre de la salsa.
c) Sólo con el nombre del pescado.
d) Con nombres propios que no tienen que ver con el pescado ni los ingredientes la salsa.

45. ¿Cómo se elabora el pescado frito?

a) Con poca grasa.
b) Rebozado.
c) Empanado.
d) Todas las respuestas son válidas.

46. ¿Cómo se elabora el pescado a la meniére?

a) Se sazona de sal y pimienta, se pasa por harina y se fríe en aceite.
b) Se sazona con ajo molido, se pasa por leche y huevo, y se fríe en mantequilla.
c) Se sazona con sal, se pasa por huevo y harina, y se fríe en aceite.
d) Se sazona de sal y pimienta, se pasa por leche, huevo y harina, y se fríe con mantequilla clarificada.

47. ¿Cómo se fríe el pescado a la gran fritura?

a) En abundante aceite.
b) Con poco aceite.
c) Con mantequilla.
d) Con abundante agua.

48. ¿Cómo se determina la calidad de un pescado braseado?

a) Por su aspecto dorado.
b) Pr la humedad del pescado.
c) Por la guarnición que presenta.
d) Por su aspecto dorado, la humedad del pescado y la guarnición que presenta.

49. ¿Qué cocción necesita el pescado a la sal?

a) 175 a 200 ºC durante 15 a 18 minutos por kg.
b) 150 a 180 ºC durante 30 minutos por kg.
c) 175 a 200 ºC durante 30 minutos por kg.
d) 90 ºC durante 1 hora.

50. ¿Cómo se ahúma el pescado?

a) En frío.
b) En caliente.
c) En frío o en caliente.
d) A la sal.

51. ¿Cómo se ahúma el pescado en frío?

a) A la llama directa de madera.
b) Exponiéndolo al humo de madera.
c) Con una corriente de aire caliente.
d) Ninguna respuesta es correcta.

52. ¿Cuál de las siguientes no es una clase de marinado?

a) Cocida.
b) Cruda.
c) Momentánea.
d) Instantánea.

53. ¿Cuáles de los siguientes se incluyen entre los mariscos?

a) Crustáceos.
b) Moluscos.
c) Cefalópodos.
d) Todos los anteriores.

54. ¿Cómo se comercializan los mariscos?

a) Vivos.
b) Congelados.
c) Cocidos.
d) Todas las respuestas son correctas.

55. ¿Cómo se consume el marisco?

a) Cocido.
b) Crudo.
c) Vivo.
d) Todas las opciones son correctas.

56. ¿Qué afirmación es falsa sobre la anguila?

a) Es un pez ciclóstomo que vive en el río.
b) Se reproduce en el mar.

c) Tiene forma de serpiente con piel viscosa.
d) La anguila es la fase larvaria de la angula.

57. ¿Qué pescado es el arenque?

a) Una sardina.
b) Un pescado desecado.
c) Un pescado de cuerpo alargado, con una curvatura oval, y una mandíbula inferior sobresaliente.
d) Las respuestas a) y b) son correctas.

58. ¿Qué es la mojama?

a) Atún seco en salazón.
b) Sardina asada y desecada.
c) Migas de bacalao desaladas.
d) Una especie de pescado de rio.

59. ¿Con qué pescado se prepara la Esqueixada?

a) Besugo.
b) Bacalao.
c) Bonito.
d) Merluza.

60. ¿Qué color tiene el cabracho?

a) Rojo cobrizo.
b) Azul verdoso.
c) Plateado.
d) Blanco rayado.

61. ¿Qué característica tiene el congrio?

a) Es un pez plano.
b) Pesa entre 5 y 10 kg.
c) Tiene una aleta dorsal corta con dos maxilares de la misma longitud.
d) Piel grisácea y sin escamas.

62. ¿Qué otro nombre recibe el Jurel?

a) Chicharro.
b) Palometa.
c) Mero.
d) Esturión.

63. ¿Cuál es un pez de aguas estancadas?

a) Mero
b) Lubina.
c) Perca.
d) Rape.

64. Pez con una gran cabeza aplastada y con una boca con dientes muy agudos:

a) Rape.
b) Pez de San Pedro.
c) Japuta.
d) Salmonete.

65. ¿Qué característica tiene el salmonete de roca?

a) Es de mayor calidad que el de fango.
b) Poseen unas bandas amarillas longitudinales a lo largo de todo el cuerpo.
c) Tienen dos barbas que salen de su mandíbula inferior.
d) Todas las respuestas son correctas.

66. ¿Qué operaciones de preelaboración son necesarias en el rape?

a) Retirada de la cabeza y posteriormente de la piel y aletas.
b) Retirada de la cabeza y aletas, pero no de la piel.
c) Retirada de cabeza y piel, pero dejando las aletas.
d) Retirada de piel y aletas, dejando la cabeza.

67. ¿Para qué elaboración se utilizan las "orejas de rape"?

a) Caldos.
b) Guisos marineros.
c) No se utilizan.
d) Las respuestas a) y b) son correctas.

68. ¿Cómo se obtienen las tranchas?

a) Se realiza un corte vertical con piel y en la espina central.
b) Se realiza un corte vertical sin piel ni espina central.
c) Se realiza un corte longitudinal con piel y espina.
d) Se realiza un corte transversal de la porción central del lomo.

69. ¿Qué peculiaridad tiene la preelaboración del rodaballo?

a) La piel no se retira.
b) Se debe retirar con un paño la capa pegajosa y resbaladiza.

c) Practicar una incisión en la parte ventral, de 2 a 3 cm, desde el orificio anal, y retirar las vísceras. No es conveniente abrir más, ya que estropearía la presentación final.

d) Todas las respuestas son correctas.

70. ¿Qué característica tiene el rape?

a) Se comercializa en fresco, sin cabeza por su gran peso relativo.

b) Se comercializa en rodajas congeladas.

c) La parte más apreciada es la cabeza.

d) Ninguna respuesta es correcta.

Solución al test n.º 13

1. b) Blanco.

2. a) Agallas de color rojizo vivo y limpio.

3. b) Su contenido en ácidos grasos poliinsaturados como los omega 3 (docosahexanoico o DHA y eicosapentanoico o EPA).

4. d) Vitamina K.

5. a) En la parte inferior.

6. a) Un corte de pescado.

7. c) Con agua fría y sal.

8. b) Cuando ha sido conservado a bordo de los pesqueros en salmuera refrigerada.

9. a) Carne flácida.

10. a) Los recipientes tendrán orificios en la base para la salida del agua resultante del hielo al derretirse.

11. d) Son correctas las respuestas a) y b).

12. d) Todas las anteriores.

13. a) El pescado tiene un contenido proteico similar a la carne.

14. b) Sustancia con efectos beneficiosos para la salud actuando como preventivo de las enfermedades cardiovasculares y sus factores de riesgo asociado.

15. a) Caracol.

16. a) Transparente y del tono de la carne.

17. c) De marzo a junio.

18. a) Mero.

19. b) Dorada.

20. d) Durante todo el año.

21. a) De noviembre a marzo.

22. c) Cortar las aletas hacia la cabeza.

23. b) Poupieta.

24. d) Cualquiera de las opciones anteriores es posible, dependiendo del tipo de molusco.

25. a) Rechazarlo.

26. b) Se someten a ayuno antes de ser cocinados para que no queden residuos en su aparato digestivo.

27. d) Todas las respuestas son correctas.

28. a) Besugo.

29. c) Calamar.

30. b) Técnicas adecuadas.

31. c) 150-200 gr.

32. d) 200-250 gr.

33. a) Suprema.

34. b) Del lomo de los pescados cilíndricos.

35. b) Con piel, carne y espinas.

36. c) Quenefa.

37. a) Una rodaja de pescado.

38. b) Rellenos de una farsa o un picadillo trufado.

39. a) En agua, caldo corto, o fumet.

40. c) En agua con limón y sal.

41. d) Todas las respuestas son correctas.

42. b) 30 minutos.

43. a) Escalfado.

44. b) Con el pescado y nombre de la salsa.

45. d) Todas las respuestas son válidas.

46. d) Se sazona de sal y pimienta, se pasa por leche, huevo y harina, y se fríe con mantequilla clarificada.

47. a) En abundante aceite.

48. d) Por su aspecto dorado, la humedad del pescado y la guarnición que presenta.

49. a) 175 a 200 ºC durante 15 a 18 minutos por kg.

50. c) En frío o en caliente.

51. b) Exponiéndolo al humo de madera.

52. c) Momentánea.

53. d) Todos los anteriores.

54. d) Todas las respuestas son correctas.

55. d) Todas las opciones son correctas.

56. d) La anguila es la fase larvaria de la angula.

57. c) Un pescado de cuerpo alargado, con una curvatura oval, y una mandíbula inferior sobresaliente.

58. a) Atún seco en salazón.

59. b) Bacalao.

60. a) Rojo cobrizo.

61. d) Piel grisácea y sin escamas.

62. a) Chicharro.

63. c) Perca.

64. a) Rape.

65. d) Todas las respuestas son correctas.

66. a) Retirada de la cabeza y posteriormente de la piel y aletas.

67. d) Las respuestas a) y b) son correctas.

68. a) Se realiza un corte vertical con piel y en la espina central.

69. b) Se debe retirar con un paño la capa pegajosa y resbaladiza.

70. a) Se comercializa en fresco, sin cabeza por su gran peso relativo.

Manipulación y conservación de lácteos y postres

1. En la leche de vaca, la materia grasa corresponde a un:

a) Mínimo del 20 % de su peso.
b) Mínimo del 10 % de su peso.
c) Mínimo del 7 % de su peso.
d) Mínimo del 3 % de su peso.

2. En los quesos fundidos para extender, el porcentaje de extracto seco no será inferior al:

a) 10 %.
b) 20 %.
c) 30 %.
d) 40 %.

3. ¿Qué es el suero del queso?

a) Es el líquido residual de la elaboración de queso.
b) Es el líquido resultante del batido que separa la materia grasa de la nata.
c) Es el líquido que se obtiene a partir del suero de queso sometido a manipulaciones de desecación.
d) Es el producto obtenido precipitando por el calor, en medio ácido, las proteínas que existen en el suero del queso para formar una masa blanda.

4. El requesón:

a) Es el líquido residual de la elaboración de queso.
b) Es el líquido resultante del batido que separa la materia grasa de la nata.
c) Es el líquido que se obtiene a partir del suero de queso sometido a manipulaciones de desecación.
d) Es el producto obtenido precipitando por el calor, en medio ácido, las proteínas que existen en el suero del queso para formar una masa blanda.

5. Según su composición podemos decir que hay natas de los siguientes tipos:

a) Batidas o montadas.
b) De vaca, oveja o cabra.
c) Doble nata, delgada o ligera.
d) Todas son correctas.

6. ¿Qué es la caseína?

a) Líquido formado por parte de los componentes de la leche.
b) Es el principal componente proteico de la leche.
c) Producto obtenido precipitando las proteínas en medio ácido, por el calor.
d) Ninguna es correcta.

7. Son derivados de la leche:

a) La nata y la mantequilla.
b) Los quesos, los sueros lácticos y el requesón.
c) La caseína.
d) Todas las anteriores.

8. La doble nata contiene:

a) Un 18 % en peso de grasa.
b) Un 50 % en peso de grasa.
c) Un 30 % en peso de grasa.
d) Un mínimo de un 70 % en peso de grasa.

9. La mantequilla puede ser:

a) De oveja, de cabra y de vaca.
b) Salada.
c) De suero.
d) Todas las anteriores.

10. Los quesos se clasifican atendiendo a su maduración en:

a) Queso fresco, blanco pasterizado, madurado, madurado con mohos.
b) De pasta blanda, prensada o fundido.
c) Doble graso, extra graso, graso y magro.
d) Crema de queso, fermentado y magro.

11. Entre las cremas a base de huevo podemos citar:

a) Crema de mantequilla.
b) Crema fondant.

c) Crema batida.
d) Crema chantilly.

12. La denominación de crema de relleno puede aplicarse a:

a) Crema de trufa.
b) Crema pastelera.
c) Crema batida.
d) Crema de mantequilla.

13. Una de las siguientes se emplea como base en la preparación de helados:

a) Crema de trufa.
b) Crema inglesa.
c) Crema pastelera.
d) Crema de mantequilla.

14. Una de las siguientes no se realiza habitualmente a máquina:

a) Crema de mantequilla en frío.
b) Praliné.
c) Crema de almendras.
d) Crema al caramelo.

15. Para unir pastas pequeñas podemos emplear:

a) Crema parisina.
b) Crema fondant.
c) Praliné.
d) Crema de almendras.

16. La crema fondant se realiza a partir de:

a) Crema de mantequilla a la inglesa.
b) Crema de trufa.
c) Crema inglesa.
d) Crema chantilly.

17. ¿Cuál de las siguientes no se emplea como relleno?

a) Praliné.
b) Crema pastelera.
c) Crema inglesa.
d) Crema de almendras.

18. Para elaborar unas natillas corrientes, a la fórmula de las natillas finas, por cada litro de leche, se añaden:

a) 100 g de fécula.
b) 75 g de harina.
c) 25 de fécula.
d) 25 g de harina.

19. El flan de huevo se cocina a baño maría en el horno a:

a) 120 ºC.
b) 160 ºC.
c) 180 ºC.
d) 220 ºC.

20. Permite aprovechar los restos de bollería:

a) Pudin diplomático.
b) Pestiños.
c) Torrijas.
d) Buñuelos.

21. En su realización se comienza elaborando una crema inglesa:

a) Bavaroise de crema.
b) Buñuelos.
c) Pudin diplomático.
d) Mousse de chocolate con azúcar cocido.

22. Indicar cuál de las siguientes afirmaciones es correcta:

a) Las natillas finas no deben hervir.
b) Los pestiños se cocinan a 160 o 170 ºC.
c) La bavaroise de crema deriva de una crema bávara.
d) Todas son correctas.

23. La cocción del pudin diplomático se realiza en horno a baño maría, a:

a) 120 ºC.
b) 160 ºC.
c) 180 ºC.
d) 220 ºC.

24. ¿Cuántas yemas se utilizan para hacer natillas?

a) 4 por litro de leche.
b) 8 por litro de leche.

c) 12 por litro de leche.
d) 24 por litro de leche.

25. ¿Con qué se espolvorea el arroz con leche?

a) Con canela molida.
b) Con azúcar *glass*.
c) Caramelo.
d) Con azúcar morena.

26. ¿Qué es la crema frita?

a) Una masa.
b) Una cuajada.
c) Una crema pastelera.
d) Una crema de queso.

27. ¿Qué líquido se le añade a las crepes neutras?

a) Leche.
b) Cerveza.
c) Aceite.
d) Todas las respuestas son correctas.

28. ¿Con qué se aromatizan los pestiños?

a) Con limón.
b) Con vainilla.
c) Con ron.
d) Todas las respuestas son correctas.

29. ¿Qué diferencia hay entre la bavaroise de crema y la de fruta?

a) La primera es salada y la segunda dulce.
b) La primera lleva nata y la segunda no.
c) La primera lleva crema inglesa y la segunda puré de fruta.
d) Son iguales.

30. ¿Qué ingrediente no lleva la bavaroise?

a) Yema.
b) Gelatina.
c) Levadura.
d) Nata.

31. ¿Qué ingrediente lleva cualquier mousse?

a) Merengue italiano.
b) Fruta.
c) Crema inglesa.
d) Mantequilla.

32. ¿Qué consistencia tienen las natillas finas?

a) Casi líquida.
b) Gelatinosa.
c) Consistente.
d) Esponjosa.

33. ¿Cuál es el mejor arroz para la elaboración de postres?

a) Largo.
b) Redondo.
c) Aromático.
d) Negro.

34. ¿Cuál de de las siguientes afirmaciones sobre la manipulación de los lácteos es incorrecta?

a) Todas las superficies que entren en contacto con la leche o los productos lácteos deben ser de materiales impermeables.
b) Es muy importante evitar la contaminación cruzada.
c) El uso de instrumentos de madera en su manipulación está aconsejado.
d) Siempre que sea posible, mantener las salas de manipulación de productos lácteos sensibles a una temperatura inferior a 15 ºC.

35. La temperatura de conservación de la leche y sus derivados en general será:

a) Entre 2º y 5 ºC.
b) Entre 12 y 15 ºC.
c) Menos de 20 ºC.
d) Ninguna es correcta.

Solución al test n.º 14

1. d) Mínimo del 3 % de su peso.

2. c) 30 %.

3. a) Es el líquido residual de la elaboración de queso.

4. d) Es el producto obtenido precipitando por el calor, en medio ácido, las proteínas que existen en el suero del queso para formar una masa blanda.

5. c) Doble nata, delgada o ligera.

6. b) Es el principal componente proteico de la leche.

7. d) Todas las anteriores.

8. b) Un 50 % en peso de grasa.

9. d) Todas las anteriores.

10. a) Queso fresco, blanco pasterizado, madurado, madurado con mohos.

11. a) Crema de mantequilla.

12. d) Crema de mantequilla.

13. b) Crema inglesa.

14. d) Crema al caramelo.

15. a) Crema parisina.

16. d) Crema chantilly.

17. c) Crema inglesa.

18. c) 25 de fécula.

19. c) 180 ºC.

20. a) Pudin diplomático.

21. a) Bavaroise de crema.

22. d) Todas son correctas.

23. b) 160 ºC.

24. b) 8 por litro de leche.

25. a) Con canela molida.

26. c) Una crema pastelera.

27. d) Todas las respuestas son correctas.

28. d) Todas las respuestas son correctas.

29. c) La primera lleva crema inglesa y la segunda puré de fruta.

30. c) Levadura.

31. a) Merengue italiano.

32. a) Casi líquida.

33. b) Redondo.

34. c) El uso de instrumentos de madera en su manipulación está aconsejado.

35. a) Entre 2º y 5 ºC.

Cómo acceder al Curso

Escala Auxiliar de Cocina (C2-03-02 Cuerpo de Servicios Auxiliares)
Test del temario

El uso de los códigos **es exclusivo de los compradores de los productos de Editorial MAD**. Cada producto posee un código único y de un solo uso. Es personal e intransferible y da acceso a servicios y contenidos adicionales. Editorial MAD se reserva el derecho de hacer cuantas comprobaciones sean necesarias para identificar al legítimo poseedor del código y dejar de dar servicio a quien haga uso fraudulento del mismo, además de emprender cuantas acciones legales estime oportunas según la legislación vigente.

Deberás acceder a:

mad.es/registro-campus

Si una vez aceptadas las condiciones de uso del Campus decides hacer uso del mismo, necesitarás del siguiente código de acceso junto con los códigos del resto de títulos que se exigen (si fuera el caso):

8YF2W4ZLXV